中国人民大学科学研究基金

（中央高校基本科研业务费专项资金资助）项目（18XNLG09）

"农村社会学与乡村振兴的理论和实践研究"成果

"十四五"时期国家重点出版物出版专项规划项目

农村社会与乡村振兴研究丛书

振兴之道
迈向共同富裕

陆益龙 / 著

The Road to Rural
Revitalization:

*Towards Common
Prosperity*

中国人民大学出版社
·北京·

前　言

　　随着中国特色社会主义进入新时代，乡村振兴作为乡村发展新战略被提出来，并按照产业兴旺、生态宜居、乡风文明、治理有效、生活富裕的总要求，在国家现代化建设的新征程中全面加以推进。由此，乡村振兴已成为一个社会热点问题和重大哲学社会科学议题。本书的研究旨在从理论和实践层面阐释乡村振兴这一国家战略的重要内涵，探讨乡村振兴战略推进过程中的重大现实问题，丰富和发展乡村振兴的社会学理论。

　　对乡村振兴这一国家重大战略问题的研究，有多个不同的进路。从社会学视角来开展研究，其意义主要体现在如下方面：首先，乡村振兴实质是中国式现代化的重要构成。社会现代化研究是社会学的重点领域，对乡村振兴与乡村现代化问题的社会学研究，既可发挥社会学的理论和方法优势，亦可通过乡村振兴实践经验的研究，进一步丰富和深化社会学理论，尤其是完善中国式现代化理论。

　　其次，乡村振兴研究是农村社会学、"三农"问题研究的前沿领域。新时代中国的乡村振兴实践为该领域研究提供了独一无二的经验素材和研究平台。本书的研究聚焦于乡村振兴战略的现实问题，从历史、理论和经验等维度展开探讨和研究，为学科建设与发展增加有关前沿和重大问题的研究成果。

此外，顺利地推进并实现乡村振兴的战略目标，需要有相应理论来指导实践。乡村振兴理论的不断丰富和发展，将会增进人们的理解和认识，理论认识的增强会提升实践的效率。本书研究的意义在于服务于乡村振兴的实践，为有关乡村振兴知识存量的增长做出一份贡献。

本书主要围绕乡村振兴这一主题，展开系列研究。全书共有十五章，内容大体包括三个方面：一是关于乡村建设和乡村振兴的历史与理论史的回顾；二是对乡村振兴战略及实践的具体问题的探讨；三是就乡村发展与乡村振兴的有效路径的理论思考。

本研究力图在三个方面推进创新价值：一是积极响应国家重大发展战略需求，对乡村振兴这一具有前沿性、现实性和时效性的重大课题开展系统探讨和研究，努力回应时代的重要关切。

二是本研究从社会学视角出发，运用社会学理论和方法，系统考察和研究乡村振兴战略问题，旨在为人们理解和实施乡村振兴战略提供一个不同且很重要的视角。从社会学视角看到的问题、所获得的认识，通常具有综合性，或许有助于人们更全面、更公正地去看待乡村发展与乡村振兴。

三是本研究试图在调查研究和理论思考的基础上，就乡村振兴重大战略问题，阐述一些个人见解或有点新意的观点。例如，本研究从保护社会系统多样性角度，提出乡村振兴既是高质量发展，也是保护性发展；从村庄特质的角度，提出乡村振兴道路的多样性；从文化再发现的角度，提出乡村振兴可走文化富民之路；关于中国特色农业农村现代化道路，提出乡村产业融合发展之路；等等。

乡村振兴是新时代的重大社会实践，伟大的实践要有雄厚的理论基础来支撑。顺利推进和实施乡村振兴战略，需要不断积累和增进有关乡村振兴的知识存量。本研究的一个重要目的就是为认识和实施乡村振兴战略贡献一点知识。

目　录

第十五章 新时代的中国乡村振兴之路

第一章　乡村振兴论

人类社会在不断推进现代化、城镇化的进程中，乡村发展与乡村振兴问题也就成了具有普遍性的发展议题。随着中国特色社会主义进入新时代，乡村振兴已作为解决"三农"问题的新战略被提出来，并按照产业兴旺、生态宜居、乡风文明、治理有效、生活富裕的总要求，在国家现代化建设的新征程中全面加以推进。由此，乡村振兴又成为中国乡村发展的热点问题。对于农村社会学而言，快速的社会转型与乡村振兴的实践经验为丰富和发展学科理论提供了真实素材，同时也成为学科发展的社会需要动力来源。

一、乡村振兴：历史的视野

乡村振兴既是一个时事热点问题，实质上又是一个现代性问题。从历史视野来看，乡村发展与乡村振兴问题是在社会现代化、城镇化过程中出现并不断凸显出来的问题。所以在这个意义上，现代社会的乡村振兴问题实际上是现代性问题的构成之一，亦即伴随社会现代化转型而显现的问题。

乡村在现代社会面临的发展困境，犹如费孝通所概括的城镇化的两面性命题，亦即回溯自近代以来的城镇化历程，城镇繁荣的另一面就是乡村的凋敝①。随着现代化的不断推进，大量乡村难以摆脱城镇化带来的宿命，或多或少都要面对各种各样的发展困境问题。从人类社会工业化、城镇化的历史进程来看，伴随着机器化工业和现代城市的兴起与发展，乡村特别是西方工

---

① 费孝通. 乡土重建. 长沙：岳麓书社，2012.

业化国家的农村和传统小农普遍走向了孟德拉斯式的"终结"①。

作为一种现代性问题，乡村问题实质是工业化、城镇化过程中的城乡关系与发展不均衡问题。现代城市与传统乡村呈现为，一边是城市的繁荣和快速发展，另一边则是乡村的日益凋敝和日渐消失。城乡之间的不平等和发展差距成为乡村衰落和终结的真正推手，因为"人往高处走，水往低处流"的社会流动规律，在城乡社会地位不平等的条件下就会发生乡村发展困境的恶性循环。

从西方发达工业化国家的历史经验来看，工业化、城镇化之所以带来的是城乡不均衡发展的格局，而不是城乡共同发展、平等共处的格局，是因为社会现代化转型的机制。在现代化转型过程中，有四种机制导致了乡村的渐趋衰落，亦即乡村发展滞后问题。

第一种机制就是马克思所分析的剥削机制。在早期工业化的原始积累过程中，工业和城市的发展主要是通过资产阶级的剥削而实现的，这其中也包括了工业和城市资本对乡村和农民的剥削。如英国早期工业化过程中，就有着"羊吃人"的圈地运动，这一历史反映出工业资本如何残酷地剥夺农民的土地。被剥夺土地的农民成为彻底的无产阶级，又沦为被剥削的产业工人。

剥削机制反映的是资本主义制度与乡村问题的内在联系，即工业化过程中的乡村衰落问题的根源是资本主义的剥削制度，也就是资产阶级的剥削造成了乡村的贫困落后。工业和城市资本对乡村和农民的剥削，首先从土地开始。失去土地的乡村人口不得不离开农业和乡村，向城市和工厂流动，这样资本又开始剥削他们的劳动。在沉重的资本剥削下，乡村居民难以获得"翻身"的机会，乡村由此也不再具有发展动力，乡村的凋敝在所难免。

第二种机制是波兰尼所说的大转型的"脱嵌"机制。在波兰尼看来，近代以来社会经济发生"大转型"，归根到底是因为"脱嵌"问题，"脱嵌"主要是由土地和人的商品化导致的。在传统社会里，人类经济活动是嵌入社会之中的。而在社会现代化转型中，经济已逐渐脱嵌于社会。② 按照"脱嵌"的逻辑，工业化、城镇化过程就是工业和人口不断地脱离乡村社会、城市不

---

① 孟德拉斯. 农民的终结. 李培林，译. 北京：社会科学文献出版社，2010.
② 波兰尼. 巨变：当代政治与经济的起源. 黄树民，译. 北京：社会科学文献出版社，2013.

断地消灭农村的过程。

"脱嵌"问题看似社会变迁和市场机制自动调节的结果，然而换个角度看则是"市场失灵"的集中反映。工业化、城镇化带来的城乡不平等和乡村衰落问题，被视为理所当然的规律而得到制度的默许甚至是庇护。由此看来，在自由市场制度中，乡村社会发展滞后以及乡村灭失问题并不被当作问题，因为发展不平等并不是此类制度所关注的。此外，自由市场制度的逻辑本身就不会规避乡村社会凋敝问题，更不会有意去干预和解决这一问题。

工业化、城镇化的"脱嵌"机制不仅改变了城乡关系，将乡村社会推向边缘化和不断衰落的境地，而且打破了乡村社会已有的均衡。在工业脱离乡村社会之后，乡村原有的手工业、家庭副业都受到了机器工业的影响和冲击，逐渐走向瘫痪和倒闭，由此乡村内部的经济系统也就失去了均衡，乡村随着经济问题的日益严重而走向问题重重的危机。

第三种机制类似于刘易斯的"二元分割"机制。在现代化转型过程中，经济系统出现了二元分割的结构，也就是以工业为主的现代部门和以小农为代表的传统部门①。二元经济论认为，经济中的传统与现代部门的主要差别就在于劳动生产率和工资水平。现代工商业部门的劳动生产率及工资水平明显高于传统部门，因而一旦现代部门有劳动力需求，传统部门的劳动力就会流向现代部门。对于传统农业和乡村社会发展的滞后问题，二元经济论的解释趋向于结构决定论，亦即把城乡二元格局视为经济发展所导致的必然结果，乡村发展的滞后性是由其经济效率相对低下决定的。

诚然，现代化转型过程中确实出现了工-农、城-乡的二元格局，而且经济系统中也存在传统与现代的二元格局。二元结构之所以产生，主要是因为现代化转型中的二元分割机制，而不是由结构本身决定的。二元分割机制的作用机理就在于偏重和排斥。偏重就是在发展中突出并偏重某个方面，如现代工业或现代部门。这样，在落实发展的实践中就会不断强化这些部门，使得有些部门得到更多的发展机会，以及更多的优待政策。排斥就是对非偏重对象发展的轻视与排斥，使得不被偏重的部门在发展中面临资源短缺和缺乏

---

① 刘易斯.二元经济论.施炜，等译.北京：北京经济学院出版社，1989.

有效支持，从而导致弱势部门陷入发展困境的恶性循环之中。如在工业化、城镇化的过程中，现代工业、现代城市的发展受到政府和政策的重视，从而得到了更充分、更快的发展。相应地，农业和农村社会却遭到冷遇，甚至受到产业政策的挤压，进一步失去发展机会，由此也就造成了乡村发展滞后问题。

二元分割机制实际还包含工农产品价格"剪刀差"功能。社会经济发展过程中出现的工农差别、城乡差别的二元格局，在较大程度上是通过经济体制中产品价格"剪刀差"机制实现的。在自由市场制度中，价格"剪刀差"的作用往往为所谓完全开放的市场竞争与市场调节机制所遮蔽。在计划经济体制下，价格"剪刀差"的功能更容易显现。无论何种经济制度，工农之间和城乡之间的不平等问题的形成都或多或少与工农产品价格"剪刀差"有关。农产品在定价上的劣势，导致从事农业生产的经济效应和效率相应降低，从而形成对农业特别是小农的挤压，影响和制约农业、农村的发展。从某种意义上说，传统农业部门的效益偏低、效率偏低问题，实际上与现代社会的价格形成机制或价格"剪刀差"有一定程度的关联。因而，农业与乡村发展问题的解决，也有赖于消解既有的不合理价格"剪刀差"。

第四种机制就是费孝通所概括的"乡土损蚀"机制①。"乡土损蚀"机制反映的是现代化、城镇化转型对乡村年轻人的影响，也就是对乡村社会的继替主体的"损蚀"。任何社会的发展与繁荣，都需要后继有人。乡村社会的充分发展寄希望于乡村年轻人，他们才是乡村社会的未来，是乡村发展的中流砥柱。然而，在现代化、城镇化过程中，受现代教育体系、现代文化价值观等多种复杂因素的影响，乡村社会却出现了日益严重的"乡土损蚀"现象。所谓"乡土损蚀"，是指现代化的教育体系和文化价值体系对乡村年轻人的"损蚀"，使得教育不是帮助培养乡村建设与发展的接班人，而是让越来越多的年轻人面临"既进不了城，也回不了乡"的尴尬局面。一方面，现代教育体系脱离乡村社会发展需要，加上城市中心主义文化价值的熏陶，让越来越多的乡村年轻人离开乡村、脱离乡村、远离农业；另一方面，由于一些乡村年轻人在进城之后，并无适应城市生活的技能，且城市也无足够的社会经济

---

① 费孝通．乡土重建．长沙：岳麓书社，2012：51．

空间容纳乡村年轻人，从而导致许多乡村年轻人陷入既不愿回乡又不能融入城市的困境，造成对乡村社会的严重"损蚀"。

"乡土损蚀"机制集中反映出现代性转型过程中文化教育体系与乡村发展的背离问题，同时也反映了乡村社会人的发展与现代化问题。乡村发展的动力不足与滞后在一定程度上缘于人力资源的日渐匮乏，这与"乡土损蚀"的作用是分不开的。而且，乡村发展滞后与人才流失之间又会产生相互促动的作用，乡村社会发展越来越滞后，也就会有越来越多的乡村人才向外流动；人力资源的流失，又在不断加重乡村发展的滞后性。

从历史的视角看，中国的乡村发展问题不同于西方工业化国家的乡村问题。在中国传统的农业社会里，农村或乡村是社会的主体构成，乡村人口占中国人口的绝大部分，城与乡属于两个不同性质、不同等级的社会空间，城大多是管理机关的驻地，以及统治阶级和社会上层居住生活的地方，广大百姓大多居住生活在农村或乡野之地。这样，城乡之别主要为社会空间的等级分层，乡村问题也主要是自在的结构问题，在自给自足的小农经济基础上，乡村维持着缓慢而稳定的发展状态，问题并未特别地突显出来。

近代以来的中国乡村发展问题，从根源上看，主要原因还是西方列强的入侵和西方工业化的冲击。随着西方列强用大炮和工业化商品打开中国大门，对以农立国的中国而言，首当其冲的自然是乡村社会和广大农民。连年不断的战乱不仅仅给广大农户增加了徭役赋税的负担，更为致命的是战乱从根本上破坏了乡村民众安心生产生活的环境。西方帝国主义的入侵，不仅是军事和政治入侵，而且是经济、社会和文化的全面入侵。伴随着帝国主义的入侵，中国乡村社会也就被卷入西方工业化的浪潮之中，遭受工业化的冲击和剥夺。正是在这种外来工业化和帝国主义的掠夺之下，中国传统乡村社会经济原有的均衡被彻底打破。例如，费孝通在《江村经济》中描述的苏南农村问题，就是原本富庶的鱼米之乡，却出现了农民的温饱都难以保障的危机问题，其根源在于外国工业化力量打破了乡土社会的经济系统的平衡。在西方工业化国家的商品倾销至中国后，乡村手工业遭受严重冲击甚至瘫痪，致使农户家庭收入失去一项重要来源，并进一步波及农业生产经营，最终导致大量小农家庭入不敷出，出现破产和温饱问题。因此，近现代中国乡村发展所出现的问题虽不同于西方国家的乡村问题，却又与西方工业化有着密切的联系。在某种意义上，近现代中国的乡村发展问题是伴随西方工业化的转移效应或溢出效应，亦即伴随帝国主义及其殖民过程而产生的中心与边缘、掠夺与被掠夺、发达与危机的二元对立问题。所以，解决旧中国的乡村问题，只能通过革命途径彻底打破半殖民地半封建的旧秩序格局，这样才可为乡村发展创造基本条件。

新中国的乡村发展问题，可以说是在中国式工业化、现代化大背景、大环境下产生，与城乡二元体制有着密切关系的社会问题。随着工业文明的兴起与发展，在人类社会现代化的大趋势下，新中国成立后同样要面临工业化和现代化的任务。中国的现代化不同于西方国家，属于"后发外生型"的现代化[①]。后发是指中国的现代化进程的启动较西方工业化国家迟，中国的现代化是在西方国家基本实现工业化、现代化之后发生的，而且现代化水平明显落后于西方国家。后发不仅是指历史时间上的滞后、现代化水平方面的落后，而且反映了中西方之间社会历史变迁的关系，即中国的现代化进程受西方国家的种种影响，包括西方列强的军事、经济入侵带来的冲击，以及政治、社会、文化等方面的影响。外生型现代化是指受外部因素影响而产生现代化的动力，并推进现代化的进程。新中国城乡二元体制的形成在一定程度上与特定背景下的工业化、现代化进程相关联，在西方国家对新中国采取经济、技术封锁的情况下，中国要完成工业化发展的战略目标，只能在国内完成工业化的基本积累过程，农业农村的集体化与社会主义改造，实质上是从体制上为工业化资本积累提供保障，并降低交易成本。当农民向国家交公粮成为一种义务之后，国家不必再与一个个农户进行交易来为工业发展积累资本。

由于农业农村的社会主义改造与建设主要是为了更好地满足中国式工业化的需要，因而这一时期虽然农业得到一定程度的发展，但农民和农村的发展相对滞后。相对城市而言，农村无论是在基础设施、公共服务、福利保障方面，还是在农民的收入和生活水平方面，都存在着明显的差距，城乡差别、工农差别在社会运行过程中日益凸显。城乡、工农两大显著社会差别，反映出该时期农村建设与发展实际处于较为滞后的状态。不仅农民的收入水平很

① 孙立平. 后发外生型现代化模式剖析. 中国社会科学，1991 (2).

低，而且有大量农村贫困人口的温饱难以得到保障。

20世纪80年代，家庭联产承包责任制改革全面推行。虽然改革在形式上体现为农业生产经营体制的转变，即从人民公社化的集体生产经营转向个体农户的承包经营，然而从实质上看，农村改革是一场思想的解放、农民的解放。思想的解放就是从教条主义中解放出来，提倡在实践中发挥人民群众的积极性和创造性；农民的解放则是农村从集体束缚中解放出来，可以独立自主地开展生产经营活动。

如果从国家与农村、国家与农民的关系角度看，那么农村改革之后，国家从农村、农民那里的汲取没有明显增长，而投入则有所增长。尤为重要的是，国家对农村、农民的生产经营活动的直接控制和干预大大减少，农村的自治权、农民的自主权明显扩大，这在很大程度上提高了农村民众的积极性、创造性，正是凭借农民的积极性和创造性，农村的建设与发展取得了显著成就，绝大多数农民的温饱问题得以解决，东南沿海地区的部分农村通过乡村工业化的路径实现了先富裕起来的目标，较多的农户也通过外出打工的方式实现了增收，农民整体收入水平和生活水平有了明显的提高。然而，由于城乡分割的二元体制依然延续，国家投入乡村建设仍显不足，城乡差别依然存在，甚至有拉大趋势。所以，在农村改革之后的20年中，乡村建设及乡村面貌的改变，主要体现为农民经营改善和收入增多后带来的变化，亦即主要依靠乡村内生动能而推动的社会变迁。

自2006年起，国家全面取消了农业税费，这是中国乡村建设与发展的重要历史转折点。农业税费的全面取消标志着国家"反哺"农村、城市"反哺"农村、工业"反哺"农业的时代的到来。在此之前，城市建设、工业化发展都是从农村、农民身上汲取资源，积累资本。尽管汲取的方式并非仅为征收农业税费，但取消农业税费征收则意味着汲取关系在制度上的终止。随着国家推进新农村建设战略，国家加大了对乡村建设的投入，并不断增加支农惠农资金的财政支持力度，乡村的基础设施建设和乡村面貌确实出现了根本性改变。然而，在物质条件、生活水平不断改善的情况下，乡村社会却渐渐走向衰落。特别是在大量人口外出流动之后，越来越多的村落显得格外冷清和凋敝。对诸多乡村来说，乡村面貌越来越美、条件越来越好，而乡村人气却并没有出现越来越旺的景象。

二、乡村振兴：现实的考量

2020年年底，中国脱贫攻坚战取得全面胜利，农村绝对贫困人口全部脱贫。中共十九届五中全会做出重大决定，在农村实现全部脱贫之后，要把全面推进乡村振兴作为新时代"三农"工作的"总抓手"。因此，乡村振兴是继全面建成小康社会之后，全面建设社会主义现代化国家的重大战略构成。

从宏观政策安排的角度看，全面推进乡村振兴战略的实施，一方面是针对新时代"三农"问题的新特点、新趋势，采取新思路、新方法，落实新发展理念，实现"三农"新的发展，促进农业农村的现代化。随着国家开启全面建设社会主义现代化的新征程，乡村现代化建设既是基本构成，也是重点难点，因为乡村发展的相对滞后性以及不平衡不充分性是客观存在的现实。要建设现代化的国家，必须建设起现代化的乡村。要实现乡村现代化，就必须使"三农"在新时代得到新的发展。实施乡村振兴战略，是满足新时代国家现代化建设的现实需要。

另一方面，基于中国的国情，尽管城镇化水平在不断提高，但乡村依然是社会的重要构成。解决城乡、区域发展不均衡不充分问题，推动乡村振兴是关键。社会主义现代化国家建设需要有中国特色，走中国式现代化道路。因此，现代化建设的路径就不是单一的城镇化，而是城乡均衡发展与城乡一体化的道路。要实现城乡均衡发展的目标，必须优先发展农业农村的现代化，让"三农"在现代化建设中得到协调的发展。

就现实而言，随着脱贫攻坚取得胜利，脱贫成果需要加以巩固，这要求有新的发展战略来提供支持。推进乡村振兴战略，一方面可通过一系列振兴乡村的政策措施，有效巩固脱贫攻坚成果，防止农村贫困地区和贫困人口返贫，另一方面可进一步推动乡村现代化建设与发展，改善和扭转乡村不均衡不充分发展的局面。

2020年第七次全国人口普查的结果显示，乡村常住人口占总人口的36.11%，仍有5亿多人居住生活在乡村。尽管在城镇化快速推进的背景下，一方面村庄每年都在减少，另一方面乡村人口向外净流出规模在增长，但在一定时期内，乡村依然是较大规模人口居住生活的社会空间。

　　在现代化、城镇化的大背景下，乡村发展面临的突出现实问题就是小农如何适应现代性的生活，或者说是小农户如何与现代社会相衔接的问题。现代化的社会转型给小农亦即以家庭为单位生产生活的方式带来了巨大挑战，而以小农为主要构成的农村社会自然而然也受到巨大冲击。小农的自给自足的平衡系统在社会转型中逐渐被打破，因为小农户仅仅依靠家庭小规模的农业生产经营，显然越来越不能满足家庭基本社会生活需要。正是因为这一结构性发展困境，越来越多的农村人口流出村庄寻求增收的机会，以应对现代生活带来的需求变化。

　　在改革开放初期，苏南农村探索出了"离土不离乡"的"苏南模式"，即通过发展乡镇企业来促进收入增长，实现富民的目标[①]。"离土不离乡"的模式实际是乡村工业化的路径，富余的农村劳动力可以不离开家乡，在附近的乡镇企业里从事非农业生产。这不仅仅解决了农村劳动力就业问题，更重要的是增加了收入来源，提高了家庭收入水平，为致富创造了条件。

　　对中西部地区农村来说，乡镇企业的发展并不像东南沿海地区那样顺利，农村劳动力为了在农业外获得增收的机会，必须外出打工。由此，农村出现大量劳动力外流现象，形成了规模庞大的"农民工"群体。这一群体既在城乡之间往返流动，也在农业与非农业之间流动。

　　乡—城人口流动反映出城镇化变迁的趋势，同时也意味着乡村发展面临巨大的挑战。振兴乡村所要面对的突出现实问题就是乡村如何聚集"人气"。乡村人口净外流的格局与问题必须得以扭转或解决，这样才有利于各种振兴措施的实施。

　　就现实而言，乡村人口的外流也反映出乡村价值、乡村信心在逐渐削弱。在外流人口中，既包括为增加收入而外出打工的劳动力，也有越来越多的人主要是为了获得更好的城市公共服务而选择进城就学、居住和生活。这种迁移流动现象意味着人们对乡村生活的社会认同感在降低。

　　在新农村建设和脱贫攻坚战略实施过程中，国家对农村基础设施建设的投入力度和产业扶持力度不断加强，农村基础设施和生活条件有了显著的改善，所有村都通了公路，通信网络基本覆盖了绝大部分农村，通自来水的村

---

　　① 费孝通. 从实求知录. 北京：北京大学出版社，1998.

庄比例在不断提高。因而从基础设施和物质生活条件方面看，农村较以前已有巨大改变。但是，不容否认的事实是，居住生活在农村的人口仍处于减少的状态，农村如何"聚人气"仍是一大现实问题。

乡村价值的削弱问题既是结构性问题，也是社会建构性问题。城镇化的结构转型在改变人们生活方式的同时，也影响着社会价值观。当人们倾向于城市生活方式时，不可避免会降低对乡村生活方式和乡村社会的价值认同。从现实经验来看，一些刚完成义务教育阶段而未继续接受高中阶段教育的农村学生，大多会选择进城而不是留在家乡农村。即便在城市并没有找到工作机会，他们也会选择"蜗居"在城市。随着时间的推移，这一群体渐渐成为不愿回乡且回不了乡的年轻人。由此看来，社会建构性因素实际包含了乡村教育和家庭选择等方面因素。在学校教育的功能逐渐简化为升学考试功能之后，乡村教育越来越偏离乡村实际生活，致使乡村教育非但不能有效承担起为乡村社会培养人的功能，反而成为"乡土损蚀"的"催化剂"，让那些走出校门的学生不是建设乡村，而是流出乡村。

当然，小农或小农户适应现代化建设与发展问题的解决关键在于乡村产业结构转型。在工业化、信息化、城镇化和现代化转型不断向纵深推进的过程中，以小农生产方式为主的乡村产业的转型显得较为滞后。乡村的产业形态、结构如果不发生变革，自然就难以适应社会现代化转型的大趋势。乡村如果没有新的业态、新的产业，就难以留住人，更难以吸引人。因此，推进乡村振兴所面临的现实困境就是如何帮助小农户变革以往的经济模式，如何改变乡村的兴业环境，如何发展乡村新兴产业、实现乡村产业的兴旺。乡村产业振兴问题不仅是农业问题或农业如何实现现代化问题，而且是整个乡村产业结构的现代转型问题，亦即乡村经济需要根据大环境探索创新、变革之路，让小农户在现代化发展中获得新的机会。

三、乡村振兴：深层的思考

新时代的乡村振兴是在新的历史条件下以及社会巨变的背景下推进的乡村新发展战略，因此，对乡村振兴的认识和理解需要超越以往的"三农"问题范畴，尽管这一战略仍与"三农"问题密切相关，但要将其置于一个更深层面、更广视域来加以思考。

新的历史条件是指脱贫攻坚已取得胜利，农村贫困人口、贫困地区已全部脱贫摘帽，全面建成小康社会的战略目标已实现。在此基础上，乡村面临着如何全面实现振兴的问题。

社会巨变主要体现在两个维度：一是结构的大转型。在改革开放的制度变革驱动下，在信息技术革命的推动下，中国社会经历了快速转型，工业化、现代化发展速度和程度都大幅提高，经济发展水平与人民生活水平也都显著提高。城镇化的快速推进使人口结构发生根本转变，城镇常住人口超过乡村人口。

二是矛盾的大转变。随着中国经济的持续高速增长，生产力水平和物质生活水平大大提高，由此促使社会主要矛盾已从人民日益增长的物质文化需要同落后的社会生产之间的矛盾转变为人民日益增长的美好生活需要和不平衡不充分的发展之间的矛盾。社会主要矛盾的转变既反映出社会变迁的整体特征，也给新时期乡村发展提出了新要求、新挑战。推进乡村振兴，已不再局限于满足人民群众的基本生活需要，而是要创造美好的生活条件和环境。

满足乡村居民对美好生活的需要，解决发展不平衡不充分问题，实现共同富裕，这是乡村振兴的本质所在。要完成这一目标任务，必然会经历一个艰难的探索过程。在此过程中，既有结构转型带来的乡村发展困境，也有乡村社会自身的阻力。工业化、现代化的转型使传统小农生产经营方式处于弱势地位，小农户如果维持以往的生产经营方式，就难以实现美好生活的目标。而且，小农户的既有社会经济特征也在较大程度上对其适应转型与现代化发展形势产生制约作用。一方面，小农户的传统经营观念和文化难以在短期内发生根本转变，对一般农民来说，他们通常会倾向于选择自己所熟悉的生产经营模式，以尽可能维持家庭生计安全。另一方面，由于多数小农户处于满足基本生活需要的水平，家庭的资本积累相对较少，而转变生产经营模式需要加大投入，因此较多的小农户转变生产经营模式受能力和资本所限。

全面推进乡村振兴，必须正视小农户的基本特征与现代化转型之间的张力。要缓解乃至消除这一张力，可能需要跳出关于现代化的单向思维的陷阱，从两个方面来进一步反思现代化与乡村振兴的关系问题。一是现代化、城镇化如何保护和推进乡村发展；二是乡村发展如何更好地适应现代化的大趋势。

对乡村振兴的深层思考，关键在于理解其根本意义。全面推进乡村振兴，并将其作为新时代"三农"工作的总抓手，这是从宏观层面对该战略的总体规划与设计。从深层次以及长远角度来看，乡村振兴的意义还体现在对文化传统和社会系统多样性的保护与维续上。乡村不是单纯的地域空间，而是社会文化的载体。乡村承载着农业社会和农业文明的丰富内涵与文化传统，振兴乡村应把保护和传承优良的文化传统、保护非物质文化遗产作为重要内容。因此，新时代的乡村振兴需要把乡村文化保护与文化振兴作为一项重要任务，通过合力机制共同促进乡村文化在现代化建设的大趋势中得以可持续、适应性发展。

乡村社会是社会系统的基本构成，是支撑社会运行特别是农业社会运行的基石。在 20 世纪上半叶，中国的基层社会如费孝通所概括的是"乡土社会"①，亦即以乡村为主体构成的社会。进入 21 世纪，中国的城镇化速度在加快，2020 年中国城镇化率达到 63.89%。快速的城镇化意味着越来越多的乡村特别是村庄走向终结，作为社会系统中的子系统，乡村面临着存续的压力。

按照城镇化的逻辑，乡村的减少乃至消失是社会变迁与现代化进程的大势所趋。然而，这一逻辑实际上潜藏着相应的社会风险，亦即乡村社会终结与社会系统单一化的风险。从斯宾塞社会有机论的视角看，人类社会犹如一种有机系统，每个部分都是整个系统的有机构成，而且各种结构之间需要协调地、有机地结合起来，才能保持有机体的正常运转。乡村社会是社会有机系统的重要组成部分，维持乡村的存续与发展，促进城市与乡村协调发展，不仅造福于乡村民众，而且是社会系统协调运行的重要基础。乡村社会的衰落与消失，必然带来乡村这一社会子系统所承载的社会功能的丧失，由此对社会良性运行与协调发展也会造成种种难以预见的消极影响。

如果把社会系统视为类似于生态系统的系统，那么要维持社会系统的平衡和正常运行，就要保持社会系统有多样性的构成，且保持协调、均衡的关系。因为要保持生态系统的均衡，需要使生态系统中的各种生物物种之间形成相互协调与共生的关系，其中保持生物多样性就是重要途径，因为一种物

---

① 费孝通. 乡土中国 生育制度. 北京：北京大学出版社，1998.

种的灭失不仅可能影响到生态系统平衡，而且这种影响是不可逆的。在这个意义上，乡村振兴也就承担着保护"社会系统多样性"与保持社会系统均衡的重要功能。通过振兴乡村，能让处于发展困境中的乡村获得新的发展机会，让乡村民众重塑信心，从而使乡村得以更好地适应现代化转型，并在现代化建设中得以维续。

四、乡村振兴：方向的把握

实现巩固脱贫攻坚成果与乡村振兴有效衔接，首先需要正确地把握大方向。在现代化、城镇化快速推进的大背景下，乡村社会发展处在重要十字路口，乡村究竟何去何从，方向的选择显得尤为重要。

中国乡村幅员辽阔，区域差异性较大，因而在实现乡村振兴的路径选择上需要因地制宜，走具有自己特色的振兴路径。但是，在振兴大方向上，则有共性。把握乡村振兴的正确方向，关键就是根据乡村发展与全面推进现代化国家建设的总体形势，正确认识乡村发展面临的重点问题及其实质，采取有针对性且有效的措施，助推乡村走出发展困境，实现全面振兴的总体目标。

就乡村振兴的总体目标而言，宏观战略确立了"产业兴旺、生态宜居、乡风文明、治理有效、生活富裕"五个方面总目标。宏观战略目标的确立实际为政策实施指明了方向，为达到乡村振兴的总目标，推进振兴的具体实践就要坚持这样几个基本原则和大方向。

首先，坚持巩固脱贫攻坚成果与乡村振兴有效衔接的原则。成功地实现乡村振兴的目标，必须以做好两个战略的有机衔接为基础。虽然脱贫攻坚战略已告一段落，但后续必须有相应的衔接工作，以巩固所取得的脱贫成果。振兴乡村只有在脱贫成果得以巩固的基础上，才有条件和动能来推动振兴措施。

为促进脱贫攻坚与乡村振兴的有效衔接，一方面需要保持已有扶贫脱贫政策措施的延续性，让发展相对滞后的乡村能持续获得扶持和支持，以有效巩固脱贫成果，防止脱贫乡村和农户返贫。农村贫困人口全部脱贫是依靠有效实施脱贫攻坚的一系列政策措施达到的，同样，进一步巩固脱贫成就，仍需要施行合理有效的政策措施。另一方面，采取积极有效的振兴措施可推动乡村获得更大发展，增强乡村的内生动能，提升乡村自身发展水平，从根本上改变贫困发生的环境。

其次，坚持乡村振兴与新型城镇化协调推进的大方向。乡村振兴从本质上看是在新时代推进乡村发展的国家战略，实施这一战略并没有与其他发展战略相背离，而是与其他重大战略紧密相关。相对乡村振兴战略而言，新型城镇化与之有着密切关系。城镇化战略的实施和推进，不仅推动着城镇快速发展，也在改变着城乡关系以及乡村的发展。实施乡村振兴战略，是在城镇化的大背景下进行的。城镇化发展既为乡村振兴提供了新的动力、资源和机会，同时又在一定层面上对乡村发展构成挑战、压力，因为伴随城镇化而出现的乡—城人口迁移及净外流，对乡村内生发展动能构成了一定冲击，甚至有一定的削弱。而且，城乡差别的存在会进一步影响人们对乡村振兴的信心。

坚持乡村振兴与新型城镇化协调推进的大方向，在具体的政策实践中，需要不断加大城市"反哺"农村、工业"反哺"农业的力度，不断提高小农户适应现代化发展的能力，不断拓宽小农户增收渠道，提升乡村社会综合发展水平。

在现代化、城镇化加速发展背景下实施乡村振兴战略，还须把握城乡融合发展方向。在体制机制创新方面，逐步构建并不断完善城乡统筹、城乡一体化的制度体系，在制度安排上为不断缩小乃至消除城乡差别创造条件。在公共服务均等化发展方面，逐步建立起城乡一体化的公共物品及社会福利供给体系。

最后，坚持"补短板"与乡村高质量发展相结合的大方向。对较多的乡村地区来说，实现全面振兴的目标可能在一定程度上受制于"短板"。推进乡村振兴实践，需要补齐这些"短板"，解决制约乡村进一步发展的突出问题。乡村发展的"短板"既有体制遗留的问题，即城乡分割、城乡二元体制造成的乡村基础设施建设和公共服务供给方面的滞后问题；也有在快速变迁过程中乡村社会出现的一些发展相对滞后的"短板"，如在工业化、信息化、数字化的大背景下，小农户的一些传统生产经营模式在大市场中处于相对劣势地位，制约着农民收入水平的增长，以及适应现代社会生活能力的提升。

乡村要振兴，也必须在立足自身特色基础上走高质量发展之路。高质量发展是一种新发展理念的体现，实际是一种新的发展策略。就农业、农村和农民发展而言，高质量发展的核心内涵就是提高现代化发展水平，促进经济效益、社会效益和生态效益的改善和提升。例如，对小农户来说，可以通过生产经营方式的创新，采取产业融合的策略，发挥小农户农业生产的综合功能，提高小农户农业的经济效益，促进小农户收入的增长。要实现乡村产业兴旺，农民生活富裕，必须通过变革，在已有发展基础上推进高质量发展。

第二章　文化自觉论对乡村振兴的启示

费孝通先生在 1997 年北京大学举办的"第二届社会文化人类学高级研讨班"上，首次提出"文化自觉"这一概念①，此后，在一系列关于文化的对话、反省和反思中，形成了系统的"文化自觉论"。文化自觉论的提出，不仅很快在学界产生广泛的影响，而且转化成了公共政策话语。诸如"理论自觉"②、"实践自觉"③、"道路自觉"、"制度自觉"等学术概念和政策话语的广泛传播，一定程度上反映了费孝通文化自觉论的社会影响。2020 年，对中国乡村发展来说有着特别重要的意义：乡村实现全面脱贫，并全面步入小康社会，面临推进乡村振兴战略的重任。费孝通先生的学术实践始终秉持"志在富民"的宗旨，重温并读懂费孝通的文化自觉论，对于乡村振兴的政策实践也显得格外重要。

一、对中华文化与全球化的思考

认识一种社会文化理论的价值，首先要了解该理论的渊源，这样才能理解该理论的底蕴。费孝通文化自觉论的提出，并非一场会议致辞中的即兴发挥，而是在非常丰富的学术积淀和雄厚理论基础上形成的思想升华。正是在大量关于民族研究、民族团结与发展工作，以及对中华民族、中华文化和全球化等历史现实问题的思索中，费孝通完成了"中华民族多元一体格局"理论的系统阐述④。

---

① 费孝通. 中国文化的重建. 上海：华东师范大学出版社，2014：201.
② 郑杭生. 促进中国社会学的"理论自觉"：我们需要什么样的中国社会学?. 江苏社会科学，2009（5）.
③ 洪大用. 巨变时代的实践自觉：学思践悟集. 北京：中国社会科学出版社，2020.
④ 同①.

从理论发展的脉络上看，中华民族多元一体格局理论就是文化自觉论的源头。

之所以说文化自觉论源自中华民族多元一体格局理论，是因为两者在理论要素和逻辑结构上具有同构性特征，且有一脉相承的关系，文化自觉论对中华民族多元一体格局理论做了进一步升华演绎。

在中华民族多元一体格局理论中，费孝通系统阐述了三个宏大问题：一是中华民族问题，二是多元一体格局问题，三是中华文化与全球化关系问题。

中华民族问题，是费孝通在长期从事民族研究和民族团结与发展工作过程中一直关注并思考的重大问题。通过中华民族多元一体格局理论，他将一系列的研究和思考上升为系统的理论表述。费孝通提出："中华民族作为一个自觉的民族实体，是在近百年来中国和西方列强对抗中出现的，但作为一个自在的民族实体则是几千年的历史过程所形成的。"① 在这里，费孝通强调了中华民族的实体性，指出中华民族无论是从历史还是从现实来看，都客观地存在于"国家疆域"之内，且有着民族认同的人民基础。

多元一体格局从理论上高度概括了中华民族这一民族实体的特质。所谓"特质"，是从人类学历史学派和文化相对论的视角来看的，本尼迪克特曾用"特质"作为区分文化类型的依据，认为一种文化类型之所以不同于其他类型，就是因为在历史进程中整合了自己的"文化特质"②。我们今天常用的"中国特色"这个概念，其实与中华民族的特质有着内在的联系。中华民族多元一体格局是在几千年的历史过程中形成的，"它的主流是由许许多多分散孤立存在的民族单位，经过接触、混杂、联结和融合，同时也有分裂和消亡，形成一个你来我去、我来你去、我中有你、你中有我，而又各具个性的多元统一休"③。费孝通对多元一体格局的论述，不仅系统梳理了这一格局形成的历史过程，而且总结了多元一体格局的重要特征，并在此基础上展望了中华民族的未来："在现代化的过程中，通过发挥各民族团结互助精神达到共同繁荣的目的，继续在多元一体的格局中发展到更高的层次。"④

中华民族多元一体格局理论的深邃意涵还体现在对中华文化与全球化关

① 费孝通. 中国文化的重建. 上海：华东师范大学出版社，2014：1.
② 本尼迪克（本尼迪克特）. 文化模式. 何锡章，黄欢，译. 北京：华夏出版社，1987.
③ 同①3.
④ 同①30–31.

系问题的思考和论述方面。费孝通概括和总结了中华民族多元一体格局的特点，回溯了中华民族和中华文化几千年变迁与发展的历史进程。中华民族实现了"和而不同"的一体格局，不同民族、多元文化在一体中得到了共生和共同发展的机会。中华民族与中华文化发展的历史经验和智慧，对当今世界在现代化、全球化过程中处理不同国家、不同民族、不同文化之间的关系来说，有着非常重要的参考借鉴意义。

亨廷顿在其文明冲突论中，虽关注到世界秩序问题，但却从西方文化中心主义立场，旗帜鲜明地将文化与文明间的差异上升到文化与文明间冲突的高度①。图海纳指出："欧洲人把多元文化主义看作一种边缘乌托邦或文化病理学；这就使他们犯了一个大错误，将来，受害的主要是他们自己。"② 相对于文明冲突论，中华民族多元一体格局理论则显得积极得多、乐观得多，显得更加和平、更加开放。费孝通提出并系统阐述中华民族多元一体格局理论，也是为了给应对现代化和全球化带来的挑战与世界性难题提供中国经验和智慧。在中华民族几千年的发展历史中，不同民族、不同文化实现了在统一的国家之中共生、共存。直到如今，中国 50 多个少数民族除几个民族之外，依然保留着各自的民族语言，在日常生活中仍然可以用民族语言进行交流。而美国仅仅在短短几百年的现代化发展中，就让北美土著文化近乎灭失，使得美国社会真正成为一个文化大"熔炉"，将多元文化的遗产和痕迹熔为灰烬。

在西方学者眼里，集权的国家或政体"总想在文化上使一个社会整齐划一，以便对个人和那些在经济利益、政治观点和宗教信仰上千差万别的群体实行绝对的控制"，而自由、民主的政体似乎天然就有利于多元文化的发展，其实这是一种成见，甚至是偏见。中华民族多元一体格局不论是从历史经验还是从现实的角度，都表明多民族、多元文化在统一的国家疆域内完全可以形成"和而不同""多元交融汇集""多元统一"的"大混杂、大融合"的格局。③ 由此说明，民族、文化发展的大格局并不取决于政体的特征，而可能与文化观念、文化态度以及文化政策有着密切的关系。历史与现实经验显示，西方文化优越感和西方文化中心主义已成为文明冲突的重要根源，也是当前

---

① 亨廷顿. 文明的冲突与世界秩序的重建（修订版）. 北京：新华出版社，2010.
② 图海纳. 我们能否共同生存?. 狄玉明，李平沤，译. 北京：商务印书馆，2003：214.
③ 费孝通. 中国文化的重建. 上海：华东师范大学出版社，2014：5-14.

及未来多元文化共同发展与繁荣的主要障碍之一。中华民族多元一体格局理论所倡导的"和而不同""多元统一"文化理念，或许是规避文明冲突和文化全球化风险的价值与本体论基础。

二、从实求知、反思与文化自觉

文化自觉是费孝通晚年学术思想发展的重要体现。作为社会学人类学的一种重要理论，其形成经历了三个主要阶段：一是从实求知阶段，二是反思阶段，三是自觉阶段。这三个阶段既相互衔接、紧密联系，又不断递进，所以，文化自觉论反映的是费孝通学术思想的高级阶段，也是理论升华的阶段。

费孝通在回顾自己的学术生涯时，总结了自己一生始终注重并一直坚持从实求知。1998 年出版的文集《从实求知录》所收录的文章，从许许多多方面记录了费孝通从实求知的所思所想。

从实求知既是对费孝通学术历程的概括，也是其社会学人类学研究的方法论。就方法论而言，从实求知是在社会学人类学研究中主张"理论联系实际，学术为社会服务"[①]。在社会学人类学研究方面，费孝通倡导并践行"中国化的路子"，反对"唯书、唯上、脱离实际、贩卖洋货"的风气[②]。在英国留学期间，费孝通师从英国著名人类学家马林诺夫斯基。在选择博士研究方向时，如果按照当时英国人类学的主流范式，那就要以未开化的"野蛮人社会"为研究对象，也就是要对偏僻岛屿的土著文化和异文化开展研究。而费孝通并没有选择所谓的"野蛮人社会"为研究对象，而是选择自己的家乡农村进行人类学研究。这一选择不仅充分体现出费孝通的从实求知精神，而且展现出费孝通的学术开创性。后来，马林诺夫斯基不仅认可了《江村经济》的人类学研究范式，还给予了这一研究以高度评价。在费孝通的本土人类学研究中，马林诺夫斯基看到了人类学与文化研究新路径的可行性和希望，认为人类学对人类文化的研究并不是非要从那些极少数的未开化社会入手不可，对文明社会的文化研究其实更加重要。

---

① 费孝通. 从实求知录. 北京：北京大学出版社，1998：3.

② 同①.

从实求知在具体研究方法层面就是注重实地调查。费孝通主张的从实求知，既是对自己学术实践经验的总结，也是针对社会学人类学研究的特点和需要，尤其是社会学中国化的需要而提出的宝贵方法。对中国社会学人类学学科建设和理论发展来说，必须有深入实地的调查研究，才能创建出"接地气"、有生命力、服务于社会需要的理论。所以直到晚年，虽然已过 70 岁，但费孝通依然坚持开展实地调查，切切实实地践行从实求知。费孝通曾回忆道："自从 80 年代初恢复学术工作以来，争取一切机会下乡做实地观察，这几年每年至少有三分之一的时间用在社会调查上。"① 正是因为秉持从实求知的学术原则，费孝通晚年的社会学人类学研究如他所概括的那样"行行重行行"，他从农村到区域发展，从东南沿海到西北边区，开展了大量实地考察与调查研究。他通过对中国社会现实问题的关注、考察和思考，为文化自觉论的形成积淀了社会学人类学的知识基础。

费孝通晚年完成对文化自觉论的论述，离不开他在 20 世纪 90 年代也就是迈入 80 岁高龄后对社会与文化所进行的一系列反思。按费孝通的回忆，他的学术反思阶段始于 1993 年，是"在苏州召开的两岸三地社会人类学座谈会上开始的，当时我在会上宣读了《个人·群体·社会》一文，是我重读《生育制度》一书时的新体会"②。学术反思源自费孝通对"敬惜字纸"文化意义的理解。童年时费孝通的祖母会将写了字的纸收集到炉中焚烧并教育他要"敬惜字纸"，由此让他逐渐领会到个人的学术发表不仅是个人的事，还会影响到社会大众，所以，回过头来重读自己以往发表的文章，写下新的体会，也是对"字纸"的一种尊重。在这一阶段，费孝通写下了一系列重读旧作、纪念老师的反思性文章，收录在《学术自述与反思》文集之中，其中有重要影响的文章包括《个人·群体·社会》《人不知而不愠》《从史禄国老师学体质人类学》《小城镇研究十年反思》《从马林诺斯基老师学习文化论的体会》等③。费孝通通过写下这些反思性文章，不仅重温了自己的学术历程，而且在民族、小城镇与城乡发展和文化等研究领域提出了一些新观点。

从认识论的角度看，学术反思实际上是在研究方法上的一种转向，即从

---

① 费孝通. 从实求知录. 北京：北京大学出版社，1998：3.

② 同①390.

③ 费孝通. 学术自述与反思. 北京：生活·读书·新知三联书店，1996.

关注客观对象转向关注自身、从理论抽象转向实践反思。如布迪厄等的反思社会学就注重对知识分子和社会学的对象化"观注"（gaze），主张"科学折返科学本身"，倡导反思性认识"旨在扩大社会科学认识的范围，增强它的可靠性"①。作为一种社会学人类学方法，费孝通的学术反思更多受英国反思人类学方法论的影响，反思人类学强调跨文化的"席明纳"（seminar），也就是对话与反思。不同理论、不同认识可以通过平等对话、讨论，实现自我对话、自我讨论，并在重新思考和认识中达到自我反思。②

从某种意义上说，费孝通的系列反思性文章也为反思社会学人类学做出了重要贡献。在重读马林诺夫斯基为《江村经济》所写的序言后，费孝通特别强调了序言中这样的评论："作者并不是一个外来人在异国的土地上猎奇而写作的，本书的内容包含着一个公民对自己的人民进行观察的结果。"③ 在费孝通看来，这句话不仅是导师对他研究的一种评价，其实也蕴含着马林诺夫斯基对自身研究和文化论的一种反省和反思。马林诺夫斯基通过对特罗布里恩群岛土著人"库拉"（kula）现象的田野调查，写出了人类学民族志作品《西太平洋上的航海者》④。费孝通认为，马林诺夫斯基在人类学研究上迈过了"从书斋到田野"的这道"关"，但在面临"文野之分"那道关时，却只能叩关而未能夺关。也就是说，马林诺夫斯基后来在反思中也意识到了人类学与文化研究的本土化的重要性，亦即"一个民族研究自己民族的人民"的价值和意义。从另一个角度看，费孝通的《江村经济》突破了人类学研究"文野之分"那道关，从而具有"里程碑"的意义。

费孝通用"关"这个概念来总结和概括自己学术反思的一些新认识，其用意是把握社会学人类学研究的关键性问题，亦即重大理论问题和战略性问题。"关"在地理上是两个地理空间之间的唯一通道，在军事上是战略要塞，学术上的"关"主要指两种不同认识、不同领域之间的障碍和通道，"夺关""过关"就是在一些关键问题、困难问题上取得突破。

---

① 布迪厄，华康德. 实践与反思：反思社会学导引. 李猛，李康，译. 北京：中央编译出版社，1998：38-39.

② 费孝通. 从实求知录. 北京：北京大学出版社，1998.

③ 同②356.

④ 马林诺夫斯基. 西太平洋上的航海者. 北京：商务印书馆，2017.

那么，经过反思性认识，费孝通究竟把哪些问题看作社会学人类学研究之"关"呢？根据费孝通自己的概括，主要有"三关"：一是从"微观到宏观"之关，二是从"传说到历史"之关，三是从"生态到心态"之关。尽管费孝通谦虚地认为自己在第一道关上"观望"、在第二道关前"犹豫"、在第三道关口"缩手缩脚"①，但事实上，面对社会学人类学研究中的这三道"关"，费孝通已经实现了重大突破。关于城乡发展模式的理论概括，显示了他迈过了从"微观到宏观"的那道关，中华民族多元一体格局理论的提出标志着他通过了从"传说到历史"的那道关，文化自觉论的系统阐述意味着他在从"生态到心态"之关口有了巨大突破。在这个意义上，文化自觉论实际是费孝通对从"生态到心态"这一关键问题或重大理论问题进行反思性认识的结果。

关于"生态与心态"问题，费孝通1992年在北京大学社会学系重建10周年纪念会上的讲话中，以"孔林片思"为题谈到社会学学科面临的这一道关。所谓生态问题，费孝通用来指人与地、人与物、人与自然的关系问题，如解决中国的贫困问题，即为"生态的层次"。而"小康之后人与自然的关系的变化不可避免地要引起人与人的关系的变化，进到人与人之间怎样相处的问题，这个层次应当是高于生态关系"，这也就是"人的心态关系"。"生态与心态"的区别实质是共存共荣问题，"共存是生态，共荣是心态，共存并不一定共荣"②。对心态的研究需要上升到科学化的程度，弗洛伊德从反面、"病态"角度来研究人的心态，孔子则从正面、人伦关系角度来探索人们怎样共荣的问题，新的时代呼唤着新的孔子，因为在新的时代，冲突倍增，民族与民族、宗教与宗教、国家与国家之间的关系，归根到底还是人的心态关系。社会学人类学的研究就需要思考和解决人类社会普遍面临的这个关键性问题，或者说重大战略问题，探索人类和平共处、共同繁荣的方略。关于费孝通的心态秩序观，麻国庆曾评述道："对于生态和心态秩序的关注，也正是费先生的人类整体观的反映，是对文化的多元与一体关系的整体把握。"③

---

① 费孝通. 从实求知录. 北京：北京大学出版社，1998：396.
② 同①7.
③ 麻国庆. 走进他者的世界. 北京：学苑出版社，2001：366.

在人的心态关系反思性认识基础上，费孝通提出了"文化自觉"的构想，认为"文化自觉是当今世界共同的时代要求，并非哪一个人的主观空想"①。也就是说，要解决我们这个时代人与人怎样共处共荣的问题，根本的途径是人类共同实现文化自觉。关于文化自觉的意义，费孝通提出："文化自觉只是指生活在一定文化中的人对其文化有'自知之明'，明白它的来历、形成过程、所具的特色和它发展的趋向，不带任何'文化回归'的意思，不是要'复旧'，同时也不主张'全盘西化'或'全盘他化'。"② 对中国社会学人类学发展来说，文化自觉论提出要致力于对中国社会和文化的科学反思，通过实证主义的系统研究，实事求是地认识中华悠久的历史和文化。当然，文化自觉论的内涵并非局限在某个学科、某个国家、某个民族或某种文化，而是具有全球性、世界性和普遍性的意义，是人类社会在现代化时代面临的重要课题。

三、从"各美其美"到"美美与共"

文化自觉论既是对现代化、全球化背景下社会现实的反思，也是对新时代"美好社会"的一种前瞻。关于文化自觉的理想状态，费孝通用十六个字做了高度概括，那就是："各美其美，美人之美，美美与共，天下大同"③。在1993年举办的英迪拉·甘地国际学术讨论会上，费孝通提出了"重释美好社会"议题，"重释"也就是从文化自觉论的角度来反思和重新认识什么是"美好社会"。

文化自觉的理念包含着对文化历史传统和社会发展事实的尊重和重视。从社会发展事实来看，人类群体自形成以来，就不缺乏建设"美好社会"的意念。然而，"美好社会"在不同群体中有着不同的内涵、不同的理想，每个群体都有各自共同认可的行为准则和价值体系，由此也就形成了"各是其是，各美其美"的格局。在人类社会发展的历史进程中，"各是其是，各美其美，

---

① 费孝通. 从实求知录. 北京：北京大学出版社，1998：398.
② 费孝通. 中国文化的重建. 上海：华东师范大学出版社，2014：160.
③ 同①399.

各不相干"的相互隔绝状态只会出现在自给自足的封闭阶段，这一状态已经一去不复返了。"群体间的接触、交流以至融合已是历史的必然。"① 人类社会从"各美其美"走向了多元文化接触互动，文化的交流是否促进了不同群体间的和谐共处、协同合作呢？在费孝通看来，在哥伦布发现"新大陆"后的 500 多年里，西方世界的兴起让整个地球紧密地联系起来，但并没有建立起和平共处的秩序，也没有形成人类普遍认可的"美好社会"，而是掠夺、争霸、殖民统治、瓜分势力范围、战争频发。总结回顾社会发展事实，"各美其美"的群体在从相互隔绝到交往接触的过程中之所以没有建立起共同认可的"美好社会"，根本原因就在于西方文化"唯我独美"的本位中心主义。② 西方文化的本位中心主义有着自我优越感、自我中心主义的"基因"，排斥和自己不同的价值标准、意识形态和制度规则。尽管有很多学者也在反思现代性的危机③，但他们并没有像费孝通那样从文化层面去反思现代性的问题。"各美其美"之于现代世界秩序的构建依然有着重要的价值，因为现代社会建设需要从历史传统和不同文化中汲取智慧与营养，如费孝通提到儒家的"有教无类""己所不欲，勿施于人"等文化包容的价值理念，对于调节不同群体在相互交往接触中的"心态关系"是非常有益的。

诚然，文化交流之于文化自觉来说很重要，因为通过不同文化之间的接触、碰撞和交流，将有助于知己知彼，消除彼此的误解和偏见，实现相互间的取长补短④。不过，费孝通认为，跨文化的交流需要从反思开始，对社会学人类学来说，就是学术反思。学术反思是对个人来说的，要求个人了解自己的思想、自己的社会、自己的文化。也就是要回归"本土社会"，有"本土文化的觉醒"⑤。文化自觉是学术反思的扩大和发展，从个人扩大到一个学科，扩大到孕育自己思想的文化，乃至达到跨文化对话和跨文化交流⑥。

在学术反思中，费孝通特别强调了自己思想的几个来源：一是吴文藻的

---

① 费孝通. 中国文化的重建. 上海：华东师范大学出版社，2014：263.
② 同①264.
③ 艾森斯塔特. 反思现代性. 北京：生活·读书·新知三联书店，2006.
④ 刘曙光. 全球化与文化自觉. 山西大学学报（哲学社会科学版），2002（5）.
⑤ 赵旭东. 从文化差异到文化自觉. 民俗研究，2006（1）.
⑥ 同①181.

社会学中国化以及将人类学与社会学相结合的思想；二是潘光旦的"两个世界"即人与物的关系世界和人与人的关系世界思想；三是帕克的功能论；四是史国禄的民族学理论；五是马林诺夫斯基的文化动态论，即人类必须解决文化共荣问题。

从个人学术反思扩展出的文化自觉思想，主要关心如何从中华民族多元一体格局理论中获得启示，帮助人类走出 20 世纪——"世界性的战国世纪"，迈向 21 世纪和平共处、相互合作的"人文世界"，共同建构起一个"世界文化统一体"，也就是实现"天下大同"①。当然，"天下大同"并不是指世界只有同一种文化，而是指同一个"世界文化统一体"，也就是习近平总书记倡导的"构建人类命运共同体"②。人类历史发展的事实表明，"天下大同"无法通过霸权主义的途径实现，而是需要通过文化自觉来实现，亦即通过文化的融合和世界的和平发展，因为文化既具有多元属性，也有同一的面向。因此，"天下大同"是多元文化"美美与共"的统一格局，而非"一枝独秀"的同化过程。文化自觉就是要实现你中有我、我中有你、和而不同、共同繁荣发展的格局。

针对从"各美其美"到"美美与共"进程中遇到的障碍，也就是亨廷顿所指的"文明冲突"问题，费孝通在文化自觉论中给出了解决方案，也就是"美人之美""中和位育""和而不同"的文化理念和价值，这些策略都是在中华文明的启迪下产生的。

文化自觉首先是要对自己的文化有"自知之明"，在认识、了解自己文化的长处和劣势的基础上，也需要了解其他不同的文化；其次要善于"美人之美"，亦即看到其他不同文化的优点和长处，取长补短。"中和位育"是儒家思想的重要内容，体现在文化接触与互动中就是文化包容，也就是不同的文化和价值体系在相互联系、共存共生的世界里，需要兼容并包、"有教无类"，而不是绝对的极端主义排斥，或是"唯我独尊"的自我中心主义。如果多元文化是在"中和"的环境中进行接触和交流的，那么不仅不同文化之间可以和谐共存，不同文化之美也能得以共处。实现"美美与共"的理想目标，关

---

① 费孝通.中国文化的重建.上海：华东师范大学出版社，2014：186.

② 习近平.习近平谈治国理政：第 2 卷.北京：外文出版社，2017：541.

键之处在于"和"。如果坚持"中和"原则，不同的文化和价值体系就能够和平共处、共同协作，即形成"和而不同"的统一格局。

在《"美美与共"和人类文明》中，费孝通指出，"和而不同"是中华传统文化的重要核心，也是文化自觉的很高境界。世界上的各种文明、各个文化、各个民族或不同族群都认同和贯彻这个原则，是一件非常困难的事。因此，文化自觉是一个艰难的过程，需要认识自己的文化，理解多种不同的文化，在多元文化的世界确立自主位置、找到自主适应模式，并在交流合作中寻求和平共处、"和而不同"的共存共荣路径。在全球化、信息化的新时代，人类必须寻找到解决文化心态问题的有效途径，费孝通提出的"各美其美，美人之美，美美与共，天下大同"的文化自觉论，为解决这一问题提供了一种有价值的参考方案。

四、文化自觉与文化富民

费孝通的文化自觉论对全球化背景下的民族、国家以及国家关系来说，具有重要的理论启迪意义。在本章中，笔者则试图将费孝通的文化自觉论与其"志在富民"的学术追求联系起来，由此联想到当下社会学人类学在农村研究领域的重大课题——乡村振兴战略。

虽然文化自觉论主要从宏观层面阐述了人类未来发展的终极关怀问题，亦即"世界文化统一体"与"天下大同"格局的形成，但就费孝通一生的学术志向而言，其社会学人类学研究则更趋向于将宏观与微观结合起来的中层理论。在《江村经济》的研究中，费孝通关注到中国农村的"饥饿问题"，并将农村基本问题的成因归结为两个方面：一是土地制度，二是人口增长[1]。这一经验研究让费孝通产生了致力于促使中国农民脱贫致富的使命感，为其一生"志在富民"扎下了根子[2]。由此看来，费孝通学术研究的根基在中国农村，目标在中国农村，文化自觉论也会对中国的乡村振兴实践有重要启示，因为"产业兴旺""生活富裕"就是乡村振兴的重要方针与任务。

---

[1] 费孝通. 乡土中国 乡土重建. 上海：上海世纪出版集团，2007.
[2] 同[1]391.

在"富民"的实践方面，费孝通充分发挥社会学人类学的学科优势，为城乡发展"出主意、想办法、做实事、做好事"①。在广泛的实地调查基础上，费孝通总结出了多种不同的"发展模式"，如"苏南模式""温州模式""民权模式"和"珠江模式"等，为迟发展的农村地区探索富民之路提供可以参考和借鉴的经验与做法。

费孝通的"志在富民"学术理想与社会学中国化的思想是一脉相承的。社会学致力于让广大农村和农民富裕起来，并不意味着社会学的研究完全走向应用研究，而是强调社会学的理论研究要与中国的现实需要紧密结合起来，即理论联系实际。在大量调查经验基础上，费孝通总结出的"富民"思想主要包括：一是对"小城镇，大问题"的阐述。"小城镇，大问题"是基于中国实践经验而提出来的，小城镇的建设对推动农村经济发展和解决人口出路来说都是一个大问题②，因为小城镇为乡村工业发展和劳动力就业创造了新的空间。二是提出"全国一盘棋"的设想。从改革开放后中国社会经济发展的实际情况看，存在着区域之间的差距和不平衡问题。要解决区域发展不平衡问题，费孝通提出要坚持"国家支持，自己走路"的原则③，解决经济发展的启动问题，形成发展中心，重开向西的丝绸之路。三是论述了"边区发展"战略。针对中国民族地区发展的现实状况，费孝通指出了边区发展中存在的"自然生态"和"人文心态"两种失调问题，指出了实现少数民族现代化及各民族共同繁荣的重要性，提出了建设"黄河上游多民族经济开发区"的构想④。

费孝通的"富民"思想根植于中国发展的实际经验，同时又具有超越现实的理论性和前瞻性。当前，中国农村发展正处于百年未有之大变局之中。通过精准扶贫和脱贫攻坚，中国已实现全面脱贫的发展战略目标，进入后脱贫时代，乡村振兴战略将全面推进。

时代在变化，社会在巨变，但农村发展的主题是永恒的，"富民"仍是中心任务，因而费孝通的"富民"思想之于乡村振兴来说，依然有着重要的理

---

① 费孝通.乡土中国 乡土重建.上海：上海世纪出版集团，2007：7.
② 同①22.
③ 同①239.
④ 同①418.

论价值。因为中国农村发展是一个历史连续统，犹如派克曾论述的那样："一切中国的东西，任何一项文化的特质——器具、习俗、传习以及制度，无不相互地、极正确地适合，因之，它们合起来，足以给人一种它们是一适合而一致的整体的印象。"① 在农村发展和富民道路问题上，费孝通论述较多的可能是乡村工业化、致富模式、区域协调等，虽然在论及民族地区或边区发展时，也阐明了要发挥各民族、各地区的历史传统、文化特色和自然条件等优势，实现相互协作、共同繁荣的发展目标，但没有就"文化富民"问题做专门论述。

不过，如果将文化自觉论与"志在富民"的学术理想联系起来，再结合当下乡村振兴的现实需要，就会发现费孝通的文化自觉论实际为乡村振兴指明了一条"文化富民"的新路径。文化自觉论给我们的重要启示是：乡村文化中的优良传统，其价值在全球化、现代化、城镇化和市场化的大背景下可以被再发现、再利用。② 随着技术更新与社会变迁的加速，乡村传统生产与生活方式虽面临更多挑战，但同时也迎来了更多的发展机会。乡村文化的特质在现代社会也可以转化为发展资源，如乡村文化旅游服务业的发展，既可为现代化、城镇化进程中多元文化的共存创造条件，也可为富民开辟一条新路径。

此外，文化自觉论不仅重视多元文化共存共荣，实现人文心态的和谐秩序，而且倡导文化主体的自知、自觉和自信，相对贫困文化论、建设论、改造论而言，文化自觉论更加尊重社会文化主体的自主性、创造性。中国的乡村能否在现代化、城镇化大潮中重振、复兴，关键在于乡村主体，文化自觉则是根本。

中国乡村巨变的一个显著标志就是在 2020 年随着全面决胜脱贫攻坚，农村贫困地区和贫困人口全部脱贫。后 2020 年的小康社会建设与乡村振兴，既为乡村带来重要发展机遇，同时也面临费孝通概括的诸多重大"关口"，也就是从小康到富裕、从单一农业向多业融合的关口。在城镇化大势的冲击下，乡村振兴逆势前行，也将面临重重困难和阻力。然而，如果从费孝通的文化

---

① 派克. 论中国//北京大学社会学人类学研究所. 社区与功能：派克、布朗社会学文集及学记. 北京：北京大学出版社，2002：19.
② 陆益龙. 后乡土中国. 北京：商务印书馆，2017.

自觉论视角来前瞻中国的乡村振兴，那么可以把握两个方面的战略定律：一是乡村文化的自觉与自信；二是乡村文化重建与文化富民道路自信。

乡村文化自觉是指在现代化背景下推进乡村振兴的过程中，要有对乡村文化的全面认识，并在现代文化中确立乡村文化自信，为乡村文化传统与现代城市文化以及多元文化探索出存续和共荣之路。乡村文化传统是建立在农业文明基础上的文化系统，与当今以工业化、信息化为基础的现代城市文化有着较大差别。按照"美美与共"的文化包容原则，不同于现代城市文化的乡村文化也可以"和而不同"地存在和发展，这样现代化、城镇化进程就不致消灭人类文化的多样性，从而可维护人类文化生态的平衡，这也是乡村振兴及乡村文化自觉与自信的价值所在。

当然，乡村振兴需要推动乡村产业兴旺、人民富裕，也就是要"志在富民"。乡村振兴的"富民"之路需要在文化上大做文章，重建乡村文化，保护乡村特色文化和优秀传统，发挥乡村文化的特质和特色的优势，重构乡村文化的功能，不仅让具有特质的文化传统得以共存，而且为乡村"富民"开创了一条新的路径。

五、小结

思想的演进方式不同于技术的进步方式，两者沿不同方向、遵从不同逻辑。技术的创新要求研究者始终向前看，不断突破旧技术的限制甚至是抛弃旧的技术手段；然而，思想的演进往往需要在对旧思想的回顾和反思中获得新的思想、新的认识，亦即"温故而知新"。回顾费孝通的文化自觉论，重温经典，对于我们把握新的时代中国社会学人类学发展大方向，洞察现实社会中的实践难题，无疑有着非常重要的理论启示价值。

文化自觉论是费孝通在从实求知的社会学人类学研究积淀基础上，通过学术反省与文化反思，从人类社会文化发展的历史事实中，尤其是中华民族多元一体格局的历史事实中，高度总结和概括出的一种具有人类终极关怀意义的文化理论。在构建人类命运共同体、应对百年未有之大变局中的国际关系以及多元文化所面临的问题方面，文化自觉论给出了和平共处、协作共荣的理念与方案。关于文化自觉的本质问题，费孝通非常精练地用"心态"关系概念进行了概括。至于如何推进文化自觉，费孝通生动形象地将之阐述为"各美其美，美人之美，美美与共"，也就是倡导每一个文化主体，都既要看到自己文化的优点，也要发现其他文化的长处，不同的文化要保持和平共处，而非"唯我独尊"、以自我为中心，排斥与己不同的文化。

文化自觉论虽主要探讨文化心态关系问题以及人类社会的和平共处与发展问题，但这一宏观社会文化理论对微观社会实践也有重要的启示。将文化自觉论与乡村振兴实践联系起来，主要是基于两个方面的思考：一方面，乡村研究是费孝通学术研究的起点，也是其学术生涯的重点领域。"志在富民"的学术理想表明费孝通希望看到乡村的发展和振兴，希望看到城乡协调发展，多民族共同繁荣，多元文化"和而不同"地共存共荣。因此，文化自觉论给乡村振兴的理论启示是：推进乡村振兴，就是要实现乡村的真正繁荣发展，使乡村文化特色在现代化、全球化大势中能够真正地与现代多元文化共存共荣、共同发展，而不致出现"都市兴起和乡村衰落在近百年来像是一件事的两面"[1] 的局面。

另一方面，从社会需要递进论的观点[2]看，实施乡村振兴战略，也需要推动乡村文化的自觉，探索"文化富民"之路，推进乡土文化的重建和乡村文化振兴。因为在新时代，文化需要将在社会需要中占据主要地位，人民对美好生活的需要已成为社会主要矛盾的一个方面。美好生活的创造、美好社会的建设，离不开文化机制的建构和文化建设。在某种意义上，乡村振兴中的"文化富民"之路也就是乡村文化自觉之路。面对现代化、城镇化的大趋势，乡村社会主体必须实现文化觉醒，认识并发现乡村文化的价值，并在与外部文化的交流、对话中探寻有效的功能调整与整合机制，以便将特色文化转换为发展资源，并发展起新的业态，如休闲观光农业、农家乐、田园民宿度假村、民俗文化旅游等，实现乡村从单一农业或亦工亦农到产业的融合发展。

---

① 费孝通. 乡土重建. 长沙：岳麓书社，2012：12.
② 陆益龙. 后乡土中国. 北京：商务印书馆，2017.

第三章 社会学重建 40 多年来的乡村研究

社会学在中国自 1979 年开始恢复重建，至今已有 40 多年的历程。农村社会学作为社会学的一个重要分支学科，在 40 多年的重建过程中，也得到了相应的发展。回顾和总结农村社会学 40 多年来的重建与发展历程，其意义在于了解和把握这一分支学科的理论与方法的进展现状及动态趋势。从学科史的角度看，回溯并梳理学科研究的理论脉络，将有助于我们更清晰地认识一个学科已取得的进展，规避过密化的重复研究，更准确地把握学科研究推进的方向，从而更加有力地推动学科向前发展。重建 40 多年的中国农村社会学在诸多领域、多个方面都有显著的进展，如果按照逻辑重心将这一过程连接起来，那么我们可以重点考察以下这样几个方面的重要进展。

一、小城镇与发展模式的探寻

在中国社会学恢复重建过程中，费孝通不仅领导、协调着社会学学科的恢复重建工作，而且直接参与了中国农村社会学的重建与发展。在早期的农村社会学研究中，费孝通通过对江苏一个村庄农民生活的实地调查，探讨了为何即便是"上有天堂，下有苏杭"的苏南农村，也面临着农民收入不足以维持生活的问题，并概括出"中国农村真正的问题是人民的饥饿问题。……当前经济萧条的直接原因是家庭手工业的衰落。……萧条的原因在于乡村工业和世界市场之间的关系问题"[1]。在农村社会学重建初期，也就是 20 世纪 80 年代，费孝通关于农村社会学的基本理念在其对中国农

---

[1] 费孝通. 江村经济：中国农民的生活. 北京：商务印书馆，2001：236.

村社会的研究和探索实践中得以充分体现。这一理念用费孝通的话来概括就是"志在富民"①，亦即努力探寻让广大农民富裕起来的出路。因为要致力于实现"富民"的目标，所以在 20 世纪 80 年代，恢复重建中的农村社会学更多地聚焦于农村经济与发展。

农村生产经营制度的改革，释放出了农村家庭提高经济效率的潜能，而在城乡二元分割体制维续的背景下，出现了"工业下乡"的现象。乡镇企业快速兴起并发展起来，不仅带动了农村经济结构的转型，也推动了农村社会结构的转型。"工业下乡"及乡镇企业的发展，使较多人口向乡镇企业较为聚集的地方集中，从而形成了小城镇快速发展的局面。

针对农村出现小城镇快速发展的社会事实，重建初期的农村社会学开始关注对小城镇问题的探究。正如费孝通所说："小城镇问题，不是从天上掉下来的，也不是哪一个人想出来的，它是在客观实践的发展中提出来的，问题在于我们是否能认识它。"②

小城镇之于农村发展而言，是一个"大问题"，之于农村社会学来说，也是一个有着重要学术价值的"大问题"。从苏南农村发展的经验来看，小城镇的快速兴起，确实让农民富起来了，也让农村生活水平提高了。农村社会学关注小城镇问题，主要是从实地调查出发，从已发生的社会事实出发，考察小城镇是怎么发展起来的，还有哪些问题需要解决，小城镇发展的经验中哪些是值得借鉴和学习的。

在小城镇问题研究方面，涌现出较多研究成果，如朱通华的《乡镇工业与小城镇》，主要基于苏南农村和小城镇发展经验，探讨了小城镇发展的相关问题及对策③。李云才的《小城镇新论》主要从城乡关系协调的角度，讨论了发展小城镇的意义④。潘秀玲在《中国小城镇建设》一书中，总结了当时小城镇建设存在的问题，重点探讨了如何规划、设计和建设有中国特色的小城镇⑤。此外，也有较多对小城镇的考察和发展对策研究论文，汇编在一些

---

① 费孝通. 从实求知录. 北京：北京大学出版社，1998：21.
② 费孝通. 志在富民：从沿海到边区的考察. 上海：上海人民出版社，2007：27.
③ 朱通华. 乡镇工业与小城镇. 北京：中国展望出版社，1985.
④ 李云才. 小城镇新论. 北京：气象出版社，1994.
⑤ 潘秀玲. 中国小城镇建设. 北京：中国科学技术出版社，1995.

论文集里。

小城镇问题一度是一个研究热点，然而，对小城镇问题的农村社会学研究，却曾有一些误读和误解。一些有关城镇化问题的研究提出了这样的质疑：发展小城镇不是也不应成为中国城镇化的主导模式，城镇化还是需要依靠发展大中城市。然而事实上，农村社会学对小城镇问题的关注，并不意味着就是倡导把发展小城镇作为整个中国的城镇化模式，小城镇发展并不排斥大中城市的发展。有关小城镇问题的社会学研究，注重的是小城镇发展的现实究竟是如何形成的、有哪些意义。

改革开放之后，东南沿海地区的农村，通过发展副业，不仅解决了温饱问题，而且迅速富了起来。如费孝通在三访江村时，就发现江村农民人均纯收入在 1978 年还仅为 114 元，通过发展家庭副业，到 1980 年就达到了 300 元，是全国平均水平的 3 倍[①]。看到一部分农村地区率先富裕起来的现象，越来越多的农村社会学研究以及其他学科的农村研究开始聚焦于农村发展模式。所以，在 20 世纪 80 年代，"模式"成为中国学界最为流行的概念之一[②]。

对农村发展模式的关注，由于受时代特征的影响，更多的是关心农村经济发展问题，亦即如何让农村富裕起来。如有学者认为，农村发展模式就是对农村经济发展中某种鲜明的、相对稳定的和具有区域代表性的经济关系和经济运行机制的理论概括[③]。将先富起来的农村的发展经验总结为一种模式，如"苏南模式""温州模式""珠江模式"等，其中常常隐含着一种预设，即从农村先富模式中，可以汲取或借鉴某些经济发展经验和发展路径。

然而，费孝通提出"模式"这个概念，"是从发展方式上说的"。"模式""来自我们身边正在发生的客观历史事实。让这样的概念再回到正在成长的新事物中，用它来认识现实，也就能把问题说得更清楚一点"。"模式"的真正意义是"在一定地区、一定历史条件下，具有特色的发展路子"[④]。在这个意

---

① 费孝通. 三访江村//费孝通. 江村经济：中国农民的生活. 北京：商务印书馆，2001：295.

② 张敦福. 区域发展模式的社会学分析. 天津：天津人民出版社，2002：47.

③ 林坚. 试论中国农村经济发展模式的研究. 经济研究，1987（8）.

④ 费孝通. 农村，小城镇，区域发展//费孝通. 从实求知录. 北京：北京大学出版社，1998：200.

义上，农村发展模式研究的目标并非总结可供模仿、可供推广的农村榜样。概括、总结农村发展模式的逻辑，需要有别于"农业学大寨"的逻辑。既然农村发展模式的真实内涵是独具特色的发展路径，那么考察、总结和提炼"模式"，其意义就在于理解不同的农村地区如何发现特色、如何利用特色，以及如何形成特色的路子。虽然一种模式并不能被照搬，但模式形成的过程以及这个过程中所蕴含的机理是具有参照价值的。

无论是对小城镇问题的探讨，还是对农村发展模式的关注，抑或是陆学艺等对一些典型村庄开展的实证调查研究①，都体现了农村社会学恢复重建之初的理论焦点和研究重心，亦即对农村经济问题的重视和考察。恢复重建之初的农村社会学强调对农村经济问题的研究，这与20世纪80年代的时代需要有着密切的关系。中国社会学的恢复重建，是在改革开放的时代背景下推进的。改革开放之初，经济发展成为第一要务，也就是"发展才是硬道理"。农村社会学的研究自然也就顺应时代的需要，重点服务于农村经济的发展，力图去探讨让农民富裕起来、让农村发展起来的路子。农村社会学关于农村经济发展问题的研究及其所形成的小城镇理论和发展模式理论，可以说为人们对农村经济问题的认识提供了一些新视角。这些新视角强调了基层社会的现实基础、实践创新和发展经验，在较大程度上有别于经济学的研究，让人们得以更加具体地了解和认识经济发展的现实过程，而不是理想主义的模型。所以，农村社会学重视对经济问题的探讨，并未削弱学科的特点和优势，而是在对同类问题的研究中，贡献和积累了不同的学科知识和理论。

虽然在中国农村社会学恢复重建之后的最初10年的发展中，对农村经济问题及小城镇发展的研究成为学科研究的重点，但这并不意味着农村社会学在其他方面的研究处于空白。实际上，农村社会学在那10年的发展过程中，既有关于农村社会学理论的探讨和研究，对中国农民、农村婚姻与家庭、农村贫困问题、农村社会保障和农村自治等方面也有所涉及。虽然在一些研究领域的研究尚未达到透彻的程度②，但在某种意义上，农村社会学研究及这一分支学科发展所取得的进步，在中国社会学的恢复重建过程中具有显著的

---

① 陆学艺. 改革中的农村与农民：对大寨、刘庄、华西等13个村庄的实证研究. 北京：中共中央党校出版社，1992.

② 李守经，邱泽奇. 中国农村社会学十年：课题与观点. 社会学研究，1989（6）.

地位。在社会学的经验或实证研究方面，以农村社会为研究对象，以农村社会事实为基础的研究仍占据主要部分。由此可见，农村社会学的重建与发展是推动中国社会学逐步走向繁荣的重要力量。

二、村民自治与乡村治理研究的兴起

农村改革是从经济领域开始的，自农村基本生产经营制度由"三级所有，队为基础"的集体经营制度变革为家庭联产承包经营制度之后，改革也逐步从经济领域向农村政治和社会领域推进。1982 年修订的宪法确立了村民委员会为群众性自治组织，到 1984 年，各地农村已基本完成撤社建乡的工作，从此，农村人民公社制度宣告终结。1988 年，《中华人民共和国村民委员会组织法（试行）》开始试行。一系列新的制度安排反映了农村政治改革已全面开启，村民自治制度在这一改革进程中逐步建立起来，并在乡村社会治理方面产生了相应的效应。

所以，到了 20 世纪 90 年代，农村政治与治理问题成为学界关注的热点问题。村民自治制度在农村施行之后，首先引起了政治学界学者们的广泛关注，较多的政治学研究开始聚焦农村村民自治实践以及制度施行过程中出现的问题。例如，张厚安等运用农村社会学的方法，通过对村民自治的具体实践的实地调查，揭示了村民自治的具体实施情况以及村级治理的实际状态[1]。这些研究虽主要关注农村政治问题，但开创了政治学与农村社会学跨学科研究的新领域，而且对恢复重建的中国农村社会学起到了促进作用。此外，徐勇从中国特色基层民主形式的角度，系统地探讨了中国农村村民自治制度的进程、体系、组织形式、活动内容、运作模式、内在机制以及面临的问题和发展趋势，同时结合对村民自治实践的实地调查，讨论了实践中的村民自治所关涉的政治、经济及文化等方面的问题[2]。围绕着村民自治与乡村治理问题，华中师范大学的政治学学者们开展了大量的实地调查研究，并涌现出丰

---

[1]　张厚安，徐勇，项继权，等. 中国农村村级治理：22 个村的调查与比较. 武汉：华中师范大学出版社，2000.

[2]　徐勇. 中国农村村民自治. 武汉：华中师范大学出版社，1997：1-5.

富的研究成果。如项继权在对河南省几个村庄的实地考察的基础上，探讨并比较了集体时代的村级治理的模式和特征①。还有吴毅等试图用"规划性社会变迁"的概念，来概述村民自治的实际形貌，并将村民自治视为进入乡土场域的"外置之物"，由此来理解和评价村民自治在农村尤其在乡村治理中的实际作用②。《小镇喧嚣：一个乡镇政治运作的演绎与阐释》中关于农村乡镇政治的研究，实际上也是对村民自治及农村基层民主政治研究的拓展③。

随着越来越多具有政治学学科背景的研究者加入对农村村民自治与乡村治理问题的经验研究，并产出了大量基于对村民自治与乡村治理实地考察的经验研究成果，规模效应由此形成，大大提高了村民自治与乡村治理研究在中国农村研究领域中的影响。受主要来自华中师范大学的学者对村民自治及农村基层民主政治研究的影响，村民自治与乡村治理成为有关农村研究的热点问题。

村民自治制度的实施，反映了改革开放后农村社会的一种新变化，与此同时，农村政治的变革又在一定程度上影响着农村社会的现实生活。因此，恢复重建后的农村社会学虽然并不像政治学那样特别地关注村民自治及农村基层民主政治研究，但同样聚焦于这一时期的热点问题，即村民自治与乡村治理。

在关于村民自治与乡村治理的农村社会学研究中，研究者所关注的问题不仅是村民自治在具体实践中所呈现出的问题，还包括随着农村政治制度变迁，国家与农村、国家与农民之间的关系，以及农村基层政治结构与功能所发生的变化。例如，张静从政治社会学的角度，提出农村基层秩序问题的解决，并非通过经济致富就能得到保证，对农村基层冲突和秩序问题的认识，需要把基层作为一个重要的分析单位④。由此，对农村政治的探讨和研究，超越了对村民自治和基层选举等具体问题的关注，开始对农村基层政权、社会冲

---

① 项继权. 集体经济背景下的乡村治理：南街、向高和方家泉村村治实证研究. 武汉：华中师范大学出版社，2002.

② 吴毅，吴淼. 村民自治在乡土社会的遭遇：以白村为个案. 武汉：华中师范大学出版社，2003：2.

③ 吴毅. 小镇喧嚣：一个乡镇政治运作的演绎与阐释. 北京：生活·读书·新知三联书店，2018.

④ 张静. 基层政权：乡村制度诸问题. 杭州：浙江人民出版社，2000：3.

突与秩序等更为宏观的理论层面的问题加以关注。此外，在对农村基层政府的研究中，张静认为地方政府在某些方面具有企业的属性，也有自己的利益追求，因此可用"法团主义"（corporatism）来概括农村地方政府的特点①。党国英从民主政治与乡村社会之间关系的角度对村民自治相关问题进行了一些讨论，认为民主需要在传统农村社会解体的情况下才会出现，由此进一步探讨了作为基层民主的村民自治在整个政治体制中的地位及可能面临的问题②。毛丹则从单位制的视角，考察和分析了村级政治的结构和运行机制③。

改革开放后的中国村民自治实践和经验，是农村政治生活的基本构成，也是农村政治变迁的主要内容。因为虽然乡村自治有较为悠久的历史传统，但自 20 世纪 80 年代后期推进的村民自治制度，并非乡村自治历史的简单复原，而是在农村政治改革进程中产生的新制度、新形态。村民自治与乡村治理研究抓住农村社会变迁中的时代核心问题和重点问题，不仅推动了政治学研究的范式创新，即从注重理论推理研究转向对经验研究的强调和重视，而且对恢复重建中的农村社会学的发展起到了一定的促进作用。尽管较多村民自治研究是基于政治学理论而推进的，但很多研究借鉴了农村社会学的调查研究方法，采用了社会学经验研究策略，因而这一领域的研究显然丰富了农村社会学的研究和理论，同时也为农村社会学拓展了研究视野。

诚然，农村政治只是农村社会系统的一个构成方面，而且村民自治及其具体实践也只是农村政治在一个阶段的具体形式和内容之一。一个学科如果想要不断取得发展和进步，就需要在理论和方法上追求创新。因此，无论是农村政治学还是农村社会学，都不宜仅局限在村民自治或村治研究这一单一领域，也要注重研究问题和研究视野的拓展和更新。

对农村社会学来说，跨学科的研究对理论和方法创新固然很重要，但是回归或遵循学科研究范式也具有科学研究基础性的意义，因为常规的科学研究活动的一项基础性功能就是为建构学科范式做出相应贡献，也就是要服务于学科的建设与发展。农村社会学当然需要研究农村的政治问题，但不是纯

---

① 张静. 法团主义. 北京：中国社会科学出版社，1998：158.
② 党国英. 论乡村民主政治的发展：兼论中国乡村的民主政治改革. 开放导报，2004（6）.
③ 毛丹. 一个村落共同体的变迁：关于尖山下村的单位化的观察与阐释. 上海：学林出版社，2000.

粹意义上的政治问题，而是农村政治与社会的关系问题，亦即从社会学的视角来看农村政治。

恢复重建后的农村社会学从关注农村经济发展问题到聚焦于村民自治与农村政治问题，这样的转向一方面体现了时代特征对农村社会学的需求的变化。在改革开放之初，农村社会急需解决的问题是温饱与脱贫问题，对农村社会学来说，探讨农村社会如何发展经济也就显得更为重要。到 20 世纪 90 年代，农村改革在经济方面已取得立竿见影的效果，大部分地区的农村解决了温饱问题，农村经济特别是农业的绩效得到明显改善。而在这一时期，农村改革面临政治体制改革带来的诸多问题。因而对农村社会学来说，研究并回答有关农村政治改革过程中的各种问题也就成为时代的急需。如：怎样让农民减轻税费负担？如何改善农村干群关系、缓解农村矛盾？这些问题实质上反映的就是农村治理和农村政治问题。

另一方面，恢复重建的农村社会学把研究重点置于农村经济或农村政治问题之上，也是学科发展阶段性特征的一种体现，反映了作为社会学的一个分支学科，农村社会学的学科独立性仍处于发展和变化之中。可能受经济学在农村研究方面的影响，农村社会学也将本学科的研究焦点放在农村经济问题之上；可能受政治学关于农村政治的研究的影响，农村社会学便聚焦于农村政治问题。当然，在农村经济、政治与社会文化之间，或许并没有绝对的区分，经济学、政治学和社会学在农村研究方面的分工亦非绝对清晰，并非经济学只研究农村经济问题，政治学只研究农村政治问题，社会学只研究农村社会问题，人类学只研究农村文化问题。实际上，不同学科都有关于农村问题的研究，一个学科的独立性和发展情况可能体现在一些具有学科视野的研究上，农村社会学的学科视野可能就主要表现为从农村社会学的视角来认识和理解不同领域的问题。所以，农村社会学对农村政治问题的研究，也就需要避免单纯的政治分析，要从综合性、整体性的角度，来考察农村政治与社会的诸多方面的关系问题。

中国农村社会学在恢复重建的第二个 10 年中，可以说"逐步摆脱前 10 年的单纯经济研究和单纯描述性研究而开始步入理论与实践相结合、归纳与演绎相结合的阶段"[1]。但是，强调对村民自治与乡村治理实际问题的研究又

---

① 邱泽奇. 农村社会学在中国：1989—1992 年. 社会科学研究，1993 (4).

成为一种新趋势，在农村社会学有着更为现实的关怀和问题研究取向的时候，对学科理论的关怀和研究的学科范式意识则在一定程度上被淡化和弱化。

三、关注农村人口流动和农民工

从社会结构转型的角度看，改革开放后农村社会出现的突出现象和形成的典型特征就是社会流动。这里所说的"社会流动"是广义的，既包括农村人口在地理空间位置上的移动或流动，即农村人口与劳动力流动，同时也包含农村居民在社会位置尤其是所从事职业方面的流动，即职业流动。这两种流动虽有区别，但又是相互统一的，共同构成农村社会结构转型的重要内容。对改革开放后农村社会的认识和理解，需要与农村社会的流动密切地关联起来。或许正是基于这一时代的需要，中国农村社会学开始聚焦于对农村社会流动现象和农民工群体的考察和研究。

尽管社会学研究提倡价值中立，然而，在关于 20 世纪 90 年代之后农村出现的大量人口流动现象方面，较多社会学研究则带有明显的价值倾向，亦即把农村人口流动视为一大社会问题，而且将这一现象界定为"民工潮"。例如，宋林飞提出，"民工潮"的形成主要受比较利益和农村剩余劳动力两方面因素的驱动，他预测"民工潮"及农村剩余劳动力转移风险均呈上升趋势，且将成为"摆在中国人面前的一个跨世纪难题"，因为中国城市无力承受"民工潮"的冲击，因此，为了维护城市秩序与社会稳定，需要通过发展小城镇来构筑第一级"蓄水池"，以便对"民工潮"进行分流、"泄洪"[①]。雷洪则把农村人口流动看作"盲流"。所谓"盲流"，是指超量的、失控的人口流动，是一种"自然性的盲目社会流动"。"盲流"现象给社会带来了一些弊端和潜在的矛盾，不过也呈现出积极的意义和历史的进步。[②] 对改革开放后农村人口流动和农民工群体形成这一社会事实的认识和理解，类似"民工潮"和"盲流"的观念及判断在 20 世纪 90 年代的农村社会学研究中比较流行和普

① 宋林飞. "民工潮"的形成、趋势与对策. 中国社会科学，1995（4）.
② 雷洪. 中国目前的"盲流"现象探析：矛盾、弊端与冲击、震荡. 社会主义研究，1996（6）.

遍。在一些相近学科对此现象的认识中，亦有类似的观点，如有经济学、人口学研究认为，虽然农村出现大规模人口流动，是农民继家庭联产承包责任制和发展乡村工业之后的第三次创举，也是市场经济中最活跃的因素，以及农民第一次积极主动地工业化、城市化和现代化，是农民向旧体制下的观念提出的挑战，但是，农民过量和盲目流动却带来了个人和社会成本的提高[1]。

由此看来，农村社会学对农村人口流动和农民工现象做"问题化"的价值判断，并非孤立、偶然的，而可能是一个时代观念的反映，也是社会存在的一种反映，表明城乡二元分割体制及其现实存在，影响着农村社会学研究的立场和观念。

当然，随着农村人口流动现象的持续，农村社会学对此现象的关注和研究在不断拓展和深入，越来越多的研究将此作为一种客观的社会事实，注重对其形成机制和微观形态的考察和研究。例如，吴鹏森的研究跳出了农村劳动力剩余说和推-拉理论的框架，从社会转型的视角，解释了农村人口流动的社会机理。他认为城乡隔离、计划经济、封闭发展抑制了农民流动，中国社会结构转型必须完成从计划经济向市场经济、从城乡隔离向城乡一体化、从封闭发展向对外开放的转变，而正是在社会转型过程中，体制机制的转变带来了大规模农民流动现象。[2]

农村社会学关于农村人口流动和农民工现象研究的拓展和深入还体现为从注重宏观理论探讨转向对微观经验研究的重视。例如，王春光对北京市"浙江村"的研究，将视角转向对流动主体的关注，而且注重运用微观社会学的方法，对农村流动人口聚居区加以经验考察，旨在了解流动群体在流动过程中及在城市生活中的社会网络和社会认同[3]。同样，项飙也通过对北京"浙江村"等流动人口聚居区的经验调查，从"社区"理论的角度，阐释了城市里农村流动人口聚居区并不等同于"移民聚居区"，而是具有聚合性与开放性的统一，流动的"社区"实际是农民在"大社会"背景下进行实践的舞台[4]。对农村流动群体及其聚居区的研究，也逐渐从国内向国际拓展。如王

① 王洪春. 中国"民工潮"与经济发展. 社会学研究，1997 (4).
② 吴鹏森. "民工潮"形成原因的社会结构分析. 中国农村经济，1997 (6).
③ 王春光. 社会流动和社会重构：京城"浙江村"研究. 杭州：浙江人民出版社，1995.
④ 项飙. 社区何为：对北京流动人口聚居区的研究. 社会学研究，1998 (6).

春光等对移居巴黎的温州人及其社会融入状况的研究，从身份合法化、非法生存与合法发展、教育、代际关系等方面进行了经验考察，发现温州农村人口在国外呈群体聚集状态，保存和利用乡土性社会资源，使社会经济结构一体化与社会文化多样性并存，形成了"非精英移民"的社会适应和融入模式①。对农村人口流动和农民工现象研究焦点的转移，不仅反映了这一研究领域的范围得以拓展，而且蕴含着农村社会学在此问题研究上范式的转变。越来越多的农村社会学研究开始超越传统的定性推论研究范式，尝试运用各种实证经验研究范式，不再泛泛论证"民工潮"或"盲流"现象的利弊和应对策略，而是注重揭示和解释流动的农民在现实社会中的具体行为和问题。

在对农村人口流动和农民工的社会学研究范式转变方面，也开始出现运用定量实证方法的研究。如李强利用大型抽样调查数据，对农民工的职业流动问题进行了定量实证研究。研究指出，农民工在初次职业流动中实现了职业地位的提升，而在再次职业流动中却维持水平流动，职业地位没有获得上升。对农民工再次职业流动地位未能上升的原因的理论解释则是，农民工缺少地位积累、地位继承和社会资源。② 农民工虽在城市里工作、生活，但却来自农村，因此，对农民工的研究，也是认识农村社会的一个窗口，更是理解城乡关系变化的重要维度。对农民工群体的定量社会学研究，为农村社会学的发展提供了另一种可能性。运用定量实证方法来开展农村社会学研究，不仅是可能的，而且有着非常重要的意义。

随着市场转型的推进和深化，农村人口流动在继续甚至扩展，每年有规模巨大的流动人口在乡城之间流动，因而农村社会可以说进入了一个"大流动"的时代。人口流动现象不仅为农村社会学研究提供了丰富的经验素材，也促进了农村社会学研究的丰富。农村社会学对农村人口流动的研究，逐渐拓展到对新生代农民工的关注。如有研究探讨了新生代农民工与农村社会的关系问题，指出新生代农村流动人口由于有着不明确和不稳定的社会认同，因而进一步催化和强化着农村社会的"流动性"，因为随着新生代农村流动人

---

① 王春光，BEJA J-P. 温州人在巴黎：一种独特的社会融入模式 . 中国社会科学，1999（6）.

② 李强 . 中国大陆城市农民工的职业流动 . 社会学研究，1999（3）.

口规模的扩大，游离于农村和城市社会体系之外的流动人口将会增多。一旦社会经济处于不景气的状态，这些流动人口就很有可能演变为游民，也就是处于在农村待不住，而在城市又难以待下去的状况。① 也有研究关注到，农村社会已经形成流动的价值观，"务农没有出息，已经成为许多农村青年的一个很重要的价值观，甚至连他们的父母都持有这样的看法"②。受这种观念的影响，新生代农村流动人口自然而然在流动动机、流动方式以及社会认同等诸多方面具有了一些新的特征。

其实，农村人口流动现象依然是近些年农村社会学研究的重要领域之一，也是诸多理论观点产生的经验依据。例如，目前农村社会学中流行的乡村"空心化"的观点，主要是基于农村人口流动现象而提出的。由于较多的村庄面临着大量的人口外流，因此村庄在平常时间也就呈现出空落状态。然而，乡村人口外流是否就等同于乡村空心化呢？当前农村社会学研究的较多观点趋于悲观，类似于 20 世纪 90 年代的"民工潮"论调，亦即把农村人口流动视为一种带来消极社会效应的社会问题。然而，在笔者看来，对于现代化进程中农村的人口流动现象，需要辩证地看待。农村人口流动虽给农村发展和城市管理带来一定的冲击，但与此同时也给农村发展和城市建设创造了新的机会。农村并不会随着人口的流动而导致空心化乃至走向终结，相反，农村以人口流动的方式适应现代社会，也通过人口流动的途径获得新的生机。因而，农村人口流动在当前及未来一段时期内会成为农村社会发展的新常态。③

既然农村人口向外流动已是一种社会事实，且已成为新时代农村社会的新常态。那么，农村社会学研究仍需正视这样的客观事实，关注和探究农村社会在"大流动"背景下的运行与发展状态及诸方面问题，以价值中立的立场，寻求对流动的农村社会基本性质和基本问题的科学合理认识，并在概括和总结中国农村人口流动与农村发展经验的基础上，构建起多种提供有效解释的农村社会学理论，推动农村社会学理论和方法的创新与发展。

---

① 王春光. 新生代农村流动人口的社会认同与城乡融合的关系. 社会学研究，2001（3）.
② 赵树凯. 纵横城乡. 北京：中国农业出版社，1998：24.
③ 陆益龙. 农村劳动力流动及其社会影响：来自皖东厂村的经验. 中国人民大学学报，2015，29（1）.

四、聚焦"三农"问题与乡村建设

进入 21 世纪，随着改革开放的全面推进和不断深化，经济发展取得了显著成就，与此同时，不均衡不充分发展也显现出来。其中，农业、农村和农民的发展面临瓶颈的问题就是一种突出体现。由此，"三农"问题也就开始成为政策和学界关注的焦点和热点。

在农村社会学界，陆学艺一直关注着中国的"三农"问题，并形成了较为系统的理论论述，有"三农"问题论[①]、"三农"问题新论[②]和"三农"问题续论[③]。关于中国的"三农"问题，陆学艺认为，农业问题已基本得到解决，而农民问题和农村问题尚很严重，主要根源在于计划经济体制下所形成的一套政策，如户籍制度、土地制度等。要很好地解决农民问题和农村问题，仍要继续深化农村体制改革。[④]

由于"三农"问题是对与农业、农村和农民相关的问题的综合，因而"三农"问题就不是单纯的社会问题，也是经济问题和公共管理问题。这样，也就有了来自多个学科、多种角度的对"三农"问题的阐述。例如，从农业经济管理的角度所进行的研究认为，"三农"问题就是城镇化进程中的粮食及主要农产品的供求问题即"粮"的问题、农村的土地问题即"地"的问题，以及农民转市民问题即"人"的问题[⑤]。而从公共管理角度的论述，则认为"三农"问题主要是城乡二元结构问题。解决这个问题的关键在于四个方面的实质性突破：一是确权和赋权，明晰产权边界，赋予农民更加完整的土地权利；二是构建"普惠、均等、一体"的基本公共服务体系，赋予农民平等享有基本公共服务的权利；三是赋予农民更加自由的迁徙权；四是建立普惠型农村金融体系，赋予农民平等获得金融服务的权利。[⑥] 此外，也有学者试图

---

① 陆学艺．"三农论"：当代中国农业、农村、农民研究．北京：社会科学文献出版社，2002．

② 陆学艺．"三农"新论：当前中国农业、农村、农民问题研究．北京：社会科学文献出版社，2005．

③ 陆学艺．"三农"续论：当代中国农业、农村、农民问题研究．重庆：重庆出版社，2013．

④ 陆学艺．中国"三农"问题的由来和发展．当代中国史研究，2004（3）．

⑤ 陈锡文．我国城镇化进程中的"三农"问题．国家行政学院学报，2012（6）．

⑥ 韩俊．中国"三农"问题的症结与政策展望．中国农村经济，2013（1）．

构建一个由时间、空间、制度和农民主体组成的"三维一体"的中国"三农"问题分析框架。根据这一分析框架，可总结出"三农"问题的解决之道：以农民发展为根本任务，以维护、增进农民的地位和权益为切入点，深化农村体制机制改革，统筹协调城乡发展，调整利益分配格局，发展现代农业，推进新农村建设。① 包括农业、农村和农民三个方面的"三农"问题，虽然其中各个方面有着内在的关联，且都与农村有着紧密的联系，但是"三农"问题中的不同方面其实有着较大的差异，各方面问题可能有着各自不同的特点和形成机制。把三个方面的问题统合为"三农"问题来加以对待，有助于更加全面、更加综合地认识农村发展问题。不过，与此同时，对"三农"问题的综合研究，也可能面临着专业性、针对性削弱的问题，因而一些关于"三农"问题的论述及应对策略，也就显得较为笼统和宽泛。

在追求时效性的过程中，越来越多的农村社会学研究聚焦于"三农"问题。在某种意义上，随着"三农"问题研究的兴起和流行，学科的边界渐渐淡化和模糊，"三农"问题研究似乎等同于农村社会学研究。针对"三农"问题研究的学理性，叶敬忠提出了一种反思意见，指出"三农"问题的提法并未成为国际认可的学术概念，影响了国内学界在农业问题、农村问题和农民问题的研究方面与国际学界的交流。如果运用"农政问题"概念来概括中国的"三农"问题，则既体现了马克思主义政治经济学传统，也可成为国际学术概念。② 确实，对农村社会学来说，反思并重新思考"三农"问题研究与学科发展的关系，将有助于农村社会学在此研究领域的学科定位，从而可更好地保持学科理论和方法的延续、积累和创新。"农政问题"研究在欧洲农村社会学研究中有广泛影响，也形成了一些有影响的农村社会学理论。中国农村社会学研究也可关注这一研究领域，参考借鉴相关的理论。但是，"农政问题"研究显然不宜替代所有的中国农村社会学研究。如果用"农政问题"概括农村社会学的研究问题，那么农村社会学的研究视野和范围在一定程度上将变得狭窄，社会学的学科属性将被削弱，毕竟"农政问题"研究更

① 黄祖辉，徐旭初，蒋文华. 中国"三农"问题：分析框架、现实研判和解决思路. 中国农村经济，2009（7）.

② 叶敬忠. "三农问题"：被夸大的学术概念及其局限. 东南学术，2018（5）.

注重政治经济学的分析和批评，而中国农村社会学研究需要注重农村建设，以及对中国农村建设与发展经验的理论概括和总结。

21 世纪初，全面取消农业税费的政策开始推行，新农村建设被确立为应对新时期"三农"问题的国家战略。此后，农村社会学及"三农"研究界也就开始聚焦于对新农村建设的相关理论和实践问题的探究和讨论。

关于新农村建设的战略意义，温铁军认为，新农村建设是现代社会应对"三农"问题的普遍战略，因为"三农"问题其实是一个具有普遍性的全球问题，人口占全球人口的 80% 的发展中国家都面临这个问题[①]。钟涨宝从社会学的理论视角，阐述了农村社会建设之于新时代农村发展的重要性[②]。在笔者看来，中国的新农村建设是在现代化、市场化和全球化大背景下，为推动农村取得新的发展而实施的战略。作为农村发展的国家战略，新农村建设既要超越传统乡村建设的理念，也要规避将农村建设当作政治运动来推行的误区。在推进新农村建设的过程中，需要坚持尊重农民主体性和自主性的原则，将农村民生建设作为新农村建设的重心。[③] 此外，新农村建设的推进策略还需要与当下农村社会的现实基础相吻合。进入后乡土社会的农村，其结构和社会需求都已发生变迁，乡村社会的分化也较为明显。后乡土社会的发展需要遵循因地制宜原则，寻求多样化的发展道路。[④] 新农村建设问题既是一个时势政策问题，也是农村社会学研究的一个传统领域。关注和研究新农村建设，既可体现农村社会学的应用研究取向，也是对农村社会学的学科传统和理论脉络的传承和延续。为何要建设新农村、建设什么样的新农村、如何建设新农村，对这些问题的探究，主要基于新时期农村建设与发展经验，这不仅丰富了农村社会学的国家与农村、国家与农民、农村社会变迁与现代化等方面的理论，也推动了这些理论的与时俱进。

关于新农村建设的农村社会学研究，不仅注重对新时代农村建设与发展战略的宏观理论的探讨，也有越来越多的农村社会学经验研究开始聚焦于农

① 温铁军. 新农村建设：挑战与反思. 理论探讨，2006（6）.

② 钟涨宝. 在"四个全面"布局中推进农村社会建设. 华中农业大学学报（社会科学版），2017（4）.

③ 陆益龙. 社会主义新农村建设的背景、模式及误区：一种社会学的理解. 北京大学学报（哲学社会科学版），2007（5）.

④ 陆益龙. 农民中国：后乡土社会与新农村建设研究. 北京：中国人民大学出版社，2010.

村建设的实践经验。例如，在后税费时代的新农村建设实践中，农村的并村现象较为普遍。为降低农村基层组织的行政运行成本，减少农村基层自治组织的数量，很多地方的农村建设推进了并村的措施。一些农村社会学研究开始关注到这一现象，并在经验考察的基础上，探讨了农村并村的实践逻辑，以及这一措施所产生的社会现象和面临的问题，讨论了农村社区建设与发展的路径[①]。并村是在新农村建设中，以美丽乡村建设、农村社区建设、乡村治理创新和乡村城镇化等理念为依据而推行的一种建设措施，反映了来自农村外部的建设力量对农村社会空间结构、社会认同结构的"裂变"所产生的巨大作用。农村社会学对并村现象的关注和研究，可能还需要从农村社会变迁的内在规律的理论视角来反思这一建设措施对乡村历史、文化和社会认同连续性的割裂以及对"乡愁"的斩断。

此外，也有农村社会学的经验研究利用大规模抽样调查数据，分析和探讨农村社会主体对新农村建设的现实需求，解释农村不同阶层对新农村建设的需求背后的社会学意义[②]。运用定量方法来研究农村社会及新农村建设的相关问题，在快速发展的中国农村社会学中已渐渐形成一种趋势。这一发展趋势不仅反映了农村社会学的范式在不断创新，也体现了农村社会学的学科专业性在不断增强，分支学科的发展越来越显著。

"三农"问题是一个跨学科的研究议题，当不同的社会科学学科参与到对"三农"问题的研究之中时，它们虽然共同讨论一种问题，但实际上存在着理论基础和认识方法的差异。农村社会学的焦点转向对"三农"问题和农村建设的关注，会丰富"三农"问题研究的理论和方法。与此同时，不同学科介入同一研究议题，也会在一定程度上虚化学科的边界性。

五、小结

回溯中国社会学恢复重建的 40 多年，不难看到农村社会学的研究和学科

---

① 林聚任.村庄合并与农村社区化发展.人文杂志，2012（1）.

② 陆益龙.转型社会的农村各阶层分析：新农村建设的经验研究.中国人民大学学报，2009，23（2）.

发展在这一进程中所扮演的重要角色和占据的重要地位。农村社会学的重建和发展也成为社会学本土化的主要领域之一，因为中国农村社会所经历的社会变迁过程和具有的发展经验，有着本土性的特色。中国农村社会学在把握中国农村社会正在发生的巨大变迁的经验事实基础上，从诸多方面丰富和发展了本土社会学的理论和方法，特别是在小城镇与农村发展模式、村民自治与乡村治理、农村流动与农民工群体、"三农"问题与农村建设等方面，可以说涌现出诸多具有本土性知识的农村社会学研究成果。

随着后乡土社会的来临①，中国农村社会发展进入了新时代。国家推行的乡村振兴战略将对乡村发展产生新的影响。面对农村社会发展的新形势，农村社会学可能要在一段时期内聚焦于乡村振兴这一时势热点问题，探讨乡村振兴的战略内涵与意义，以及国家战略在基层的具体实践和产生的具体社会效应。

回溯农村社会学的恢复重建过程，可以发现在不同阶段，学科的研究有不同的关注点或重点：从注重农村经济，到注重农村政治，再到注重农村人口和社会建设。从这一学科的发展历程中，我们可能会发现农村文化在某种意义上被忽视甚至忽略。因此，展望农村社会学的未来发展，可能需要重拾农村文化，再发现农村文化的价值。特别是在探讨乡村振兴的实现路径过程中，需要关注和研究乡村文化重建的重要性和可行性。

在农村社会学重建和发展过程中，运用定性方法开展研究成为主要研究范式。对快速转型的中国农村社会所进行的定性调查，确实为人们了解和理解中国农村社会提供了"接地气"的素材，也丰富了农村社会学的本土知识。然而，就农村社会学的学科发展而言，农村社会学的研究需要用"两条腿"来走路。所以，展望未来，在农村社会学研究中，定量研究方法将受到重视，其运用也将越来越多，由此也会推动农村社会学研究范式的创新。

作为社会学的一个分支学科，农村社会学的未来发展仍需要处理好应用性与基础性的关系问题。农村社会学关注和讨论农村建设与发展的时势政策及实践问题，会发挥学科研究的应用功能。而对一个学科来说，其建设和发

---

① 陆益龙. 后乡土中国. 北京：商务印书馆，2017.

展需要依托于本学科的基础理论和方法。因此，农村社会学还将面临学科理论的创新与发展重任，在重视对时势热点问题的应用研究的同时，需要加强学科基础理论的积累和创新，推进具有学科理论导向的经验研究，把农村社会学的应用研究与基础理论研究有机统一起来，以更好地促进农村社会学学科建设和理论发展。

第四章　中国农村建设60年：1949—2009

1949年后的中国农村经过60年的发展历程，在面貌和结构上确已发生了巨大变迁，农民的命运、生存状态及生活水平都有了很大改善。在发展过程中，农村和农民也经历了种种困境并依然面临诸多挑战。对农村建设历程的社会学回眸，正是要正视我们在建设过程中所积累的经验和所存在的问题，以便更好地展望未来的发展道路。

一、改革开放之前30年的建设经验及问题

改革开放之前的30年，旨在解决农村发展问题的建设实践主要包括：土地改革、农业合作化和人民公社化运动。中国革命和社会主义国家建设之所以首先将重点放在农村，是因为农村和农民的发展存在严重问题。如费孝通通过对20世纪30年代苏南农村的考察发现，"中国农村的基本问题，简单地说，就是农民的收入降低到不足以维持最低生活水平所需要的程度。中国农村真正的问题是农民的饥饿问题"[①]。所以，新中国成立后，也就面临着如何改变农民的命运和农村面貌的问题，由此农村建设贯穿国家建设始终。

（一）土地改革的成就

1949年新中国成立后，国家在农村建设中首先引入了革命时期的成功经验，那就是组织和发动土地改革运动。1950年中央人民政府通过的《中华人民共和国土地改革法》，是根据1947年颁布的《中国土地法大纲》，进一步确

---

① 费孝通. 江村经济：中国农民的生活. 北京：商务印书馆，2001：236.

立在农村分地区、分阶段推进土地改革。

农村土地改革是国家试图通过对土地制度的重新安排，改变土地过分集中于少数集团和个人的局面，达到农村平分地权，实现耕者有其田，以促进农业生产效率的提高。那么，如何使这种土地调整和再分配制度得以执行呢？谁会自愿把自己的土地拿出来再分配呢？为了达到土地改革的目的，国家依然通过农村基层的力量，采取在农村划分阶级成分的政治方法，然后根据阶级成分，以阶级斗争的方式来推进"抽多补少，抽肥补瘦"。早在老解放区的土地改革运动中，也曾采用"划阶级"的办法。如在河北省十里店村，为了给贫雇农"补窟窿"分配土地，土地改革工作队动员在全村根据家庭土地和经济生活情况来进行阶级划分，被划分为贫农、中农的，自然是团结对象，地主、富农也就成了斗争对象①。

农村土地制度改革的顺利完成，彻底地改变了农村社会发展的制度基础，标志着农村建设和社会发展进入一个崭新阶段。土地改革对农村社会发展和进步的重要历史意义在于：第一，土地改革为农村土地集体所有制奠定了基础，消除了农村阶级剥削的根基，为实现农村社会的平等奠定了坚实的制度基础。第二，土地改革终于实现了几千年来广大农民所追求的"耕者有其田"的夙愿，大大激发了广大农民群众的劳动积极性，促进了农业生产力的迅速提高。第三，土地改革从根本上改变了农村底层群众的命运，使广大的贫下中农的经济、政治和社会地位得以大大提高。第四，土地改革的顺利推行，为巩固农业的基础地位，为新中国的各项建设事业打下了坚实的基础。新中国在60年的建设和发展历程中，也经历了国内外环境的风云变化，正是农村和农业的稳定和繁荣发展，极大地支持和保障了新中国社会主义各项事业的顺利推进。

就结果而言，土地改革无疑对新中国农业的发展有着极其重要的促进作用，而且对构建农村新秩序也有着积极意义。然而在土地改革过程中，由于借鉴和沿袭了革命时期的政治方式方法，土地改革的制度创新和制度变迁的意义有所削弱，农村建设的政治运动化色彩变得更浓，这样一种建设模式为

---

① 柯鲁克，柯鲁克．十里店（二）：中国一个村庄的群众运动．安强，高建，译．上海：上海人民出版社，2007.

政治力量过多嵌入农村经济与社会生活提供了经验参照，从而给农村发展埋下了隐患。

土地改革成功的地方主要在于其解决了农村土地使用中的问题，以及土地与劳动力配置的低效率问题。土地改革让广大贫下中农能够公平地分配到土地，使得土地的劳动力投入更加充沛，因而促进了农业生产力的发展。农村土地改革并未改变农业生产经营体制，农户自主经营的体制仍得以保留，这也是土地改革取得成功的重要原因之一。在以农户为单位的个体经营中，农户可以根据自己的经营决策进行农业生产，这样个体农户有着充分的生产经营自主权和较为独立的经营核算权。农户在所分配的土地上，可以独立自主地从事农业生产经营。这一经营体制的维持，对恢复农业生产和农村经济具有积极的意义。所以，在新中国成立初期，土地改革之后，中央关于发展农业生产的十大政策中，依然允许维持农户的个体经济，中央农工部提出的农业发展策略是："从小农经济的现状出发"，去大力发展农业生产力。[①] 十大政策允许农户之间进行适当的土地调整、允许雇工、允许借贷、允许自由贸易。

虽然农户的个体经营体制属于小农经营，与大规模的农场经营机制存在一定差别，但是，在新中国成立之初，各项事业刚刚起步，农村及农业的发展经历了旧制度的阻碍，再加上战争的影响，农业发展水平较为低下，新的土地制度刚刚为农业生产的恢复创造了条件。因此，在社会主义农业的起步阶段，农村维持小农经营体制，不仅完全符合当时的历史条件，也符合农业生产发展的自身规律。

农业生产不同于机器工业生产。工业生产企业能够有效地计量每个工人的工作绩效，并能根据工作绩效给予奖惩，通过有效的奖惩休系，为工业生产企业建立起有效的激励机制，从而调动工人的积极性。但是，农业生产劳动是难以计量的，因而大规模集体农场往往难以建立起有效的激励机制来促使农民提高劳动积极性。相对大规模集体农场来说，个体农户能够在家庭内部建立起有效的劳动激励机制，这对提高农业生产积极性有着重要意义。新中国成立初期农业生产的快速恢复、农业经济的快速发展，农户的独立自主经营体制在其中发挥了非常重要的作用。在农业生产力水平相对较低的背景

---

① 杜润生．杜润生自述：中国农村体制变革重大决策纪实．北京：人民出版社，2005：32.

下，小规模农户经营体制能更好地满足生产力发展的需要。在个体农户独立生产经营的过程中，农业劳动生产率大大提高。

小规模农户经营体制，也非常符合中国的国情。中国农村幅员辽阔，地域广阔。各地自然条件、社会经济发展水平、历史文化都存在一定差异。各地农村的生产发展条件也存在较大差异，针对不同的客观条件，各地农业发展生产的方式和经营体制自然也需要根据实际情况进行合理选择。农户独立自主经营体制允许农业生产经营者根据现实的条件做出合理的生产决策，同时农户也能根据现实条件灵活地进行生产调整。所以，小规模农户经营体制确保了因地制宜发展农业生产的策略得以推行。

农户的个体经营体制就是确立以家庭为基本生产单位。把家庭作为农业生产的基本单位，完全符合传统农业生产的基本要求。从另一个角度看，正如周其仁所认为的那样，家庭具有作为传统农业生产基本单位的先天优势[①]。因为家庭内亲密关系便于传统农业生产的分工合作，而且家庭也是传统农业生产高效的组织者，此外，家庭的生命和生活周期与传统农业生产有高度吻合之处，因而能更好地满足农业生产之需要。

历史经验表明，1949—1953年农村土地产权制度改革与农户的个体经营体制之间保持了高度协调，这样一套制度安排符合社会主义初级阶段农村和农业发展的基本规律，提高了农业生产要素的配置效率，从而促进了生产力水平的提高。尽管土地改革中的一些实践具有政治运动化倾向，但其影响的毕竟是少数集团，对调动广大农民群众的积极性则是有利的。因此，国家在农村推行的土地改革运动对解决农村问题、促进农村发展起到了积极作用。

（二）合作化的困境

从1953年起，第一个五年计划开始执行，由此掀开了社会主义经济建设和工业化的序幕。为了实现"一五"计划的目标，国家需要农业生产水平和基础进一步提高。而在决策层看来，分散的小农经营影响了农业生产力的再提高。于是在土地改革之后，国家把农业社会主义改造作为农村建设的核心任务。起初，国家试图通过促进农户间的生产合作来提高生产效率，于是便

---

① 周其仁.农村变革与中国发展.香港：牛津大学出版社，1994.

积极鼓励农户组成互助组，提高分散农户间的互助合作水平。

由于互助组是在政策鼓励下农户自愿组成的，因而它对提高农户间的分工合作水平有积极的作用，而且互助组并没有改变农户的生产经营体制和利益格局，所以它对农村生产关系和经济绩效的影响主要是正向的。

为了进一步提高农业生产的合作化水平，国家又在农村大力推行合作社的经营体制，倡导和鼓励农村成立合作社，引导农户积极加入合作社。早期合作社的试验是成立初级合作社，农户主要按照自愿的原则将土地和大型生产工具带到合作社之中，开始合作经营。合作社根据入社的份额和劳动量来核算并分配收入。由于初级合作社在经营管理和操作上存在很多难题，尤其在农户入社的资金、生产资料、劳动与经营收入分配的关系方面，是难以清晰地计算的。毕竟农业合作社不同于工商业股份公司，合作社的股份及劳动投入都是难以精确地计量的。由于操作上的困难，自愿加入初级合作社的农户规模非常有限。为了扩大合作社的规模，国家又在农村广泛推行高级合作社。高级合作社的成立，意味着农户不再享有自愿加入和自由退社的权利。政策的实际目标就是将所有农户都纳入合作社集体经营之中，于是政府采取自上而下的策略来推进合作化，即在全国掀起合作化运动。作为一种运动，其主要是通过政治手段、意识形态宣传方式将所有农户强行拉进合作社。例如在安徽省凤阳县，一些农户并不愿意加入合作社，在当时的政治形势下，如果农户不加入合作社，就被批为"小脚女人"、"走资派"、拖社会主义的后腿。所以当农户不情愿将自己的田地、生产资料纳入合作社时，他们就选择采取宰杀耕牛等导致生产资料损失的行为。[1]

当所有农户都进入合作社之后，合作社的劳动计量和分配成为一个严重问题。很多合作社就如何计算劳动工分，常常争吵到深夜。此外，在收入分配问题上，更引起了社员的极大争议。一些地方只好采取了一种妥协性的原则，即"劳六人四"原则——合作社 60％的收入按照劳动力的劳动工分来分配，40％的收入按照农户的人口来计算，因为农村土地是按人口来平分的。这一分配原则虽侧重于劳动，但实际还是按人口进行平均分配。建立在小农

---

[1] 陆益龙．农民中国：后乡土社会与新农村建设研究．北京：中国人民大学出版社，2010：192.

生产基础上的合作社，参与合作的是农户，而不是单纯的生产要素，因此，合作社的分配难题是无法破解的，这也就导致了合作社的最终结果与其初衷相背离，即合作社的经营管理问题使农户间的合作成本大增，而不是促进互助合作。

虽然从理论上看，深化分工合作将大大地促进效率的提高。但是，这种分工合作必须具备两个前提：一是分工合作必须是自愿自主的选择；二是合作组织的管理必须具有效率。这两个前提在合作化运动中都不具备，所以合作社的普遍成立非但没有达到促进互助合作的目的，反而压制了个体农户人力资本和劳动积极性的发挥。当国家通过政治的方法强制推行合作经营体制后，实际上将不合作倾向压制了下来，但其潜在危害或隐患并未消除。所以，合作化运动在成功地将所有农户拉入合作社的同时，也为农业生产危机设下了陷阱。

合作化是在新中国成立初期农业基础地位刚刚确立之后做出的一项决策，这一决策是基于农业生产力已经得到发展，可以在生产关系方面推进社会主义所有制的改造的形势判断做出的。在决策层看来，小农经营已经出现增产的局限，要进一步发展农业生产力，就需要改造小农经营，推行农业规模化生产经营，促进生产的互助合作。[①] 然而实践经验表明，虽然小农经营分工合作水平有限，生产效率有限，但是在外部环境并未发生质的改变的情况下，完全取代这一体制并不是一件易事，操之过急就会适得其反。这就是在改造传统农业、促进农村发展过程中所要面临的一大困境：一方面，小农生产的效率需要提高；另一方面，小农的经营模式却又不能被效率更高的机制完全替代。

（三）人民公社化运动：对所有制改革的幻想

从 1958 年开始，从决策层到基层群众，社会主义建设热情高涨，普遍认为农业生产的基础已经牢固，可以向公有制大步迈进。于是各地农村掀起了从高级合作社迈向人民公社、一步跨入共产主义的"大跃进"运动。

人民公社制度确立了农业生产资料公有制，即土地及其他农业生产资料都归集体所有。在经济上，人民公社制度实行"三级所有，队为基础"的体制，即土地等生产资料和劳动产品归公社、生产大队和生产小队集体所有，其中生产小队是基本单位，集体生产和分配主要在生产小队范围内进行。在

---

① 杜润生. 杜润生自述：中国农村体制变革重大决策纪实. 北京：人民出版社，2005：44.

农村管理方面，人民公社又是基层行政机构，管理着农村社会的公共事务。

在人民公社制度推行之后，农村生产经营体制也全面转向集体经营。人民公社既作为生产集体的代表成为生产资料的所有者，也是一级生产经营单位，同时又是农村的基层行政机构。从理论上看，人民公社制度的推行，能够把分散的个体农户集中到大集体之中，并通过集体生产劳动，更好地实现分工与合作，从而可以提高农业的劳动生产率，促进农业生产的更快速增长。然而在现实中，虽然所有制发生了根本转变，但集体分配体制仍不能解决集体劳动与个体劳动的关系问题。所以，人民公社就必须牺牲社员的个体创造力，把所有劳动力强行控制在集体之中。集体难以选择让哪个社员外出发展，哪个社员必须留在集体劳动，在这种情况下，集体只能限制所有社员都不能离开集体。由此可见，人民公社制在有些地方虽排除了部分合作的障碍，但却遏制了农民个体的创造性，同时也遏制了农村的进一步发展。正因如此，虽然人民公社化实现了所有制的改革，但这种改革非但对提高效率无济于事，反而造成了发展的危机。在各地农村大步跨入人民公社之后不久，从 1959 年到 1961 年，农业和农村发展的危机就全面暴露了出来，农业生产陷入了艰难的困境之中，由此出现了粮食生产和供应的严重危机。

为了走出危机，国家不得不对合作化和集体化运动中的一些政策加以调整。政策调整主要有三个方面：一是在一定范围内允许农户的个体生产经营，如恢复农户的责任田，农户可在自家责任田自主生产经营。二是加强农业科学技术研究，发挥科学技术在农业生产中的作用。1963 年，中央召开了关于农业生产的会议，正式把提高农业科学技术水平作为促进农业发展的重要战略目标。这在新中国农业科学技术事业的发展史上具有里程碑意义，对农业生产力的提高，以及解决我国庞大规模人口的粮食问题有着特别重要的意义。尤其是对面临重重困境的中国农业来说，发展农业科学技术是一个极其重要的突破口。三是加大对农业的投入。1962 年，国家财政用于农业的支出达到38.2 亿元，占财政支出的 12.5%，比"一五"期间的比例高出近 5 个百分点；1965 年，国家支农支出提高到 55 亿元，占财政支出的 11.8%[①]。此外，

---

① 国家统计局农村社会经济调查司. 中国农村统计年鉴：2008. 北京：中国统计出版社，2008：71.

在农业基本建设投资和新增固定资产方面，"一五"期间，农业基本建设投资为 41.8 亿元，农林牧渔新增固定资产为 34.5 亿元；"二五"期间，两项分别提高到 135.7 亿元和 84.6 亿元；1963—1965 年间，两项分别为 74.5 亿元和 60.6 亿元①。由此可见，国家对农业的投入从"二五"计划起就有了很大幅度的提高。

经过政策调整和广大农民群众的艰苦奋斗，农业生产在 1959—1961 年间所遇到的困难逐渐得以克服，粮食生产水平渐渐恢复到"大跃进"前的水平。1962 年，全国粮食总产量已达到 3 088 亿斤，人均粮食产量达到 480 斤，与 1952 年的水平相差不大。到 1965 年，全国粮食总产量达到 3 891 亿斤，人均粮食产量达到 544 斤。1978 年，全国粮食总产量达到 6 095 亿斤，人均粮食产量达到 637 斤。在 20 多年间，全国粮食总产量先后突破了 3 000 亿斤、4 000 亿斤、5 000 亿斤和 6 000 亿斤四个重要关口。②

农业改革的经验教训表明，在小农生产改造中，把所有希望寄托在所有制的改革之上，是一种幻想。农业合作社难以解决小农的合作化经营问题，人民公社虽改变了所有制，但仍然不能解决集体中的生产合作问题。或许，我们所努力追求的高效率农村合作化经营本身就是脱离实际的，因为农村毕竟是由小农组成的大社会，而不是一个现代企业组织。在现代企业组织中，制度的目标对象是经济人个体，而农村则是由农户组成的社会综合体，所以寄希望于通过一种制度改革就能立即改变农村面貌的想法不太现实。

二、改革开放之后 30 年农村发展的成就与困局

虽然迈入人民公社的广大农民为农业的发展做出了巨大贡献，但是不可否认的事实是，在很多地方，农民不仅没有富裕起来，甚至还要为温饱而发愁。因此，解决农村温饱问题也就成了农村改革的首要动力和首要目标。

---

① 国家统计局农村社会经济调查司 . 中国农村统计年鉴：2008. 北京：中国统计出版社，2008：71.

② 同①.

（一）"大包干"：一剂"补药"

中国的改革开放始于农村改革，农村改革始于"大包干"。1978 年安徽凤阳县小岗村的 18 户农民私下达成协议，将生产队集体土地分到各户，实行"大包干"。按照农民的理解，"大包干"就是"保证国家的，留足集体的，剩下都是自己的"。小岗村农民的改革实践取得了立竿见影的效果，不到一年时间，不仅解决了困扰他们近 20 年的温饱问题，彻底走出粮食、生产和生活上的"三靠村"的困境，而且取得了农业生产效率的极大提高。[①] 小岗村的改革经验逐渐得到管理层和决策层的认可，自 1979 年后逐步在全国得以推行和推广。由此，中国掀起了以家庭联产承包责任制为核心的农村经济体制改革大潮，随着农村改革的不断深入，人民公社制终于在 1984 年走向终结，取而代之的是农村乡镇体制。

农村家庭联产承包责任制改革实际上恢复了农户的土地使用权和独立自主的经营管理体制，从而可以让农户充分发挥家庭人力资本的作用，通过自己的创新和劳动，来提高自己的生产效率和收入水平。

农村改革的影响不仅体现在经济领域，还拓展到了政治经济关系领域。随着农村集体经营体制的解散，嵌入集体经济中的政治影响也被大大削弱。在集体经营时代，"以阶级斗争为纲"的思想开始让位于对经济生产的重视。农村社会生活从以政治斗争为中心逐步走向以经济建设为中心，这种社会中心的转变是推动农村社会结构变迁的重要动力。

正是因为农村劳动力在经济和政治上摆脱了集体的束缚，自主性和创造性得以恢复和发展，所以自 20 世纪 80 年代中期以后，东南沿海地区的农村乡镇企业广泛兴起，由此掀起了中国乡村工业化的高潮。在江浙一带，乡村工业开始主要由集体经济时期留下的社队企业由私人承包而发展起来，后来逐渐带动越来越多的农民创办私人企业。乡村工业的快速发展，改变了部分地区的农村经济结构。以往由农业产值占主导的经济结构，向由工业或非农业产值逐渐占主导的结构变迁。由此可见，农村改革带动了乡村工业化的进

---

① 陆益龙. 嵌入性政治与村落经济的变迁：安徽小岗村调查. 上海：上海人民出版社，2007：168.

程。改革为个体家户充分利用自己的人力资本和家庭资源提供了宽松的环境，农户不仅可以自主地选择农业生产经营方式，也可以根据自己的家庭情况从事非农业生产和经营。所以，农村改革的重要意义在于它解放了农村劳动力，使劳动者的能动性、创造性和积极性都得以充分地发挥出来，这在很大程度上促进了农村生产力和经济的发展。

"大包干"取得了立竿见影的效果，它犹如一剂"补药"，让广大农村地区很快解决了温饱问题，这剂"补药"的关键作用在于恢复了农户自身的生产经营功能。改革的成功从另一个角度说明，任何旨在改造传统农业的努力，如果忽视了农户自身的独立自主性，那么都是相当危险的。任何改革创新，都需要在维护小农家庭的独立性的基础上寻求新的路径。

（二）后集体化时代的发展成就

随着农村改革政策的全面推行，家庭联产承包责任制逐步取代了集体经营体制，到 1984 年，农村人民公社制也宣告终结，标志着农村集体经营体制已全面结束，同时也意味着农村基层管理体制发生了重要变迁。

农业生产经营体制的改革，有效解决了农业生产中的低效率问题，尤其是集体生产中的劳动积极性低下所导致的生产效率过低问题。随着家庭联产承包责任制的广泛推行，农户的生产积极性再次得到了恢复和提高。于是，农业经济迅速恢复，特别是粮食生产，改革后农村粮食播种面积和粮食总产量大幅提高。1978 年，全国粮食总产量为 6 095 亿斤，1979—1998 年十年间，粮食总产量先后突破 7 000 亿斤、8 000 亿斤、9 000 亿斤和 10 000 亿斤四大关口，实现了历史性的飞跃。1998 年粮食总产量达到 10 246 亿斤，人均占有量达到 800 斤。[1] 这一巨大成就彻底解决了我国的粮食供需矛盾，并将困扰人们的温饱问题彻底解决了。

粮食生产的快速发展，很快解决了困扰广大农民的温饱问题，大多数农户能通过自己独立自主的生产经营，来满足家庭成员的粮食需求。可以说，农村改革立竿见影的社会效应就是快速缓解了农民的温饱问题，使农村绝对

---

① 国家统计局农村社会经济调查司．历史的跨越：农村改革开放 30 年．北京：中国统计出版社，2008：7.

贫困现象得以锐减。在改革开放前，全国处于绝对贫困，也就是每年都受温饱问题困扰的人口有 2.5 亿；到 1985 年，绝对贫困人口锐减至 1.25 亿，7 年间减少一半，平均每年减少 1 700 多万，贫困发生率从 30.7％减至 14.8％；2007 年，我国绝对贫困人口只有 1 479 万，贫困发生率下降到 1.6％[①]。

随着农村改革的继续深化，农村经济得到进一步快速发展。正是凭借农村经济的迅猛发展、经济实力的不断增强，农村社会生活水平得以快速提高。农村改革后的 10 年左右时间里，农民的生活就从解决温饱问题逐步走向小康。例如，在 1978 年到 1991 年间，农民"人均纯收入从 1978 年的 133.6 元增加到 1991 年的 708.6 元，增长 4.3 倍，扣除物价因素，年均增长 9.3％；人均生活消费支出从 1978 年的 116.06 元增加到 1991 年的 620 元；恩格尔系数从 1978 年的 67.7％下降到 1991 年的 57.6％，下降 10.1 个百分点"[②]。从这一统计数据即可看出，农民的家庭收入水平和消费水平在十几年间已经有了大幅度提高，生活质量也有了明显提高。

1992 年后，农村改革继续向纵深方向发展，改革开始以建立社会主义市场经济为重心，市场经济体制改革也为农村和农业的进一步发展带来了重要历史机遇。不断开放和完善的农村市场，为广大农户提供了更多的发展机会。广大农户在巩固农业生产的同时，逐步掌握了按照市场的要求来调整经营结构，多数农户在发展多种经营，走农业和副业相结合的道路，从而改变了依赖于农产品产量增长和价格提升来提高收入水平的路径。很多农户通过家庭内的分工合作，让农业富余劳动力向农业外转移，或者是通过发展专业化、规模化经营，来促使家庭总收入的提高。所以，在改革开放之后的第二个十年，农村居民的社会发展水平基本达到小康标准，农户家庭人均纯收入从 1991 年的 708.6 元增长到 2000 年的 2 282 元，人均消费支出从 1991 年的 620 元提高到 2000 年的 1 714 元，恩格尔系数从 1991 年的 57.6％降到 2000 年的 48.3％[③]。

---

① 国家统计局农村社会经济调查司. 历史的跨越：农村改革开放 30 年. 北京：中国统计出版社，2008：21.

② 新中国 60 年：城乡居民从贫困向全面小康迈进.（2009 - 09 - 10）[2023 - 10 - 10]. https://www.gov.cn/gzdt/2009 - 09/10/content_1413985.htm.

③ 同①315 - 327.

从发展趋势来看，21世纪是中国农村发展的新的机遇期，农村社会及农民的发展将进入全新阶段。农村发展迎来的新局面不是偶然的，而是有坚实的物质基础。只要宏观政策确定正确的方向，那么农村发展的新目标是完全能够实现的。首先，粮食生产已经连续多年增产增收，粮食生产的基本政策维持稳定，这为农村各项事业的发展提供了重要物质保障。其次，国家推进的城乡一体化战略，会让更广泛的农村居民从中获得更好的福利待遇，让广大农民共享改革开放的成果。最后，随着宏观调控趋向拉动内需，农村的市场将会得到进一步的发展，农村和农民也会在市场发展过程中获得更多的机会。表4－1的统计数据反映了农村社会生活水平在改革开放之后30年的变迁过程。从统计数据来看，经过30年的发展，农村居民的社会生活水平普遍得到了极大提高，消费支出水平增长了20倍左右。

表4－1　按农村居民家庭收入五分组生活消费水平比较　　单位：元/人

	低收入户（20%）	中低收入户（20%）	中等收入户（20%）	中高收入户（20%）	高收入户（20%）
1980年	105	126	152	190	261
1990年	332	440	538	668	1018
2000年	977	1 233	1 501	1 877	3 086
2005年	1 548	1 913	2 328	2 879	4 593
2008年	2 145	2 653	3 286	4 191	6 854
2008年比1980年增长（倍）	19.4	20.1	20.6	21.1	25.3
1980—2008年年均增长（%）	11.4	11.5	11.6	11.7	12.4

资料来源：国家统计局农村社会经济调查司．历史的跨越：农村改革开放30年．北京：中国统计出版社，2008：7.

（三）后税费时代的新农村建设

进入21世纪，农村发展的相对滞后性问题凸显出来，城乡差距在拉大，农民增收难度在加大，农民发展的不确定性在增大。面对农村发展的困局，一方面，中央政府采取一系列积极的财税政策以及有效的行政措施，有效遏制农村的乱收费现象，切实减轻农民的负担。2001—2004年，全国共减免农业税234亿元，免征除烟叶外的农业特产税68亿元，核定农业税灾歉减免160亿元，其中中央财政负担85亿元，各级农业税征收机关共落实社会减免50亿元，落实种粮大户等其他减免9亿元。2005年全国进一步减轻农民负担

220 亿元。到 2006 年，也就是"十一五"规划开局之年，国家已经全面取消了农业税费的征收，每年减少征收农业税费达 1 000 亿元，减轻每个农民的负担约 220 元。存在两千多年的农业税最终走向了终结，标志着国家与农民的关系开始从索取转向多予的新型关系；同时也标志着新中国工业与农业的关系、城市与农村的关系发生重要转变，即从农业支持工业、农村支援城市转向工业反哺农业、城市支援农村的新格局。另一方面，中央政府通过不断增加对农业和农村的投资来促进农民的增收。农村交通、通信等基础设施的不断改善，为农村经济的繁荣发展和农民生活水平的进一步提高创造了有利条件。

2006 年，中央提出把建设社会主义新农村作为当前和今后一段时期农村发展的重要战略，努力把广阔的农村建设成为"生产发展、生活宽裕、乡风文明、村容整洁、管理民主"的"新农村"。新农村建设战略的提出，是在新的历史时期中央根据时代发展的要求、全球化和市场化以及当前农村发展的特点而做出的重大决策。

在推进新农村建设过程中，国家对农村的政策的基本原则是多予少取乃至不取。多予就是中央财政尽量对农村经济与社会建设给予大力支持，在农村基础设施建设上，中央财政支持的"村村通"工程对改善农村交通状况、发展农村经济起到了非常重要的作用，此外，中央财政支持的农村电力和通信工程，也大大改善了农村生活的基本条件。在农业生产方面，中央财政不仅全面免除农业税，还对种植小麦、玉米等等主要农作物的农户给予补贴，让广大农户能够从农业生产中直接受益，极大提高了农户的农业生产积极性。为了减轻广大农村居民的负担，促进农民增收，从 2006 年开始，中央推行了农村免费义务教育政策，此项政策大大减轻了农村家庭在教育方面的负担。在社会事业方面，国家推行的新型农村合作医疗体制改革，使农村医疗卫生事业的发展有了新面貌。2009 年，国家又启动了全面覆盖农村的养老保障体制改革，这为农村老年人事业的发展开创了新局面。

中共十七届三中全会再次把农村建设和发展问题提到重要历史地位，全会通过了《中共中央关于推进农村改革发展若干重大问题的决定》。这一决定强调了要加强农村制度建设，在农村体制改革关键环节上取得进一步突破，其中主要包括农村基本经营制度、农村土地管理制度、农业支持保护制度、现代农村金融制度、促进城乡经济社会发展一体化制度和农村民主管理制度。特别是，决定提出了要稳定农村基本经营制度；完善土地承包经营权权能，依法保障农民对承包土地的占有、使用、收益等权利；建立城乡统一的公共服务制度，促进公共资源在城乡之间均衡配置。

新农村建设过程体现出国家在农村建设中的作用在增强，如果建设仍沿袭以往改造农村的思路，而不是跳出农村，从城市化发展战略高度来推动农村发展，那么新农村建设也将不可避免地陷入结构性的困局之中。

三、农村建设经验及教训的社会学分析

纵观新中国农村建设与发展 60 年的历程，可以看到成功与挫折、发展与滞后的并存。社会学的视角实质上就是从结构与变迁的角度来看农村社会及其发展。从农村社会学的视角来分析，可以对农村建设的发展经验和滞后原因做如下总结。

首先，改革开放之前 30 年，农村建设既解决了农民的生产和生活基本问题，而其间又在不同程度上导致了温饱问题。就成功经验而言，农民生活及发展问题的解决，与在农户之间均等配置土地使用权，同时又维持农户独立自主经营体制有着密切关系。而集体化的挫折不仅反映出集体经营体制并不总是促进农民的合作、提高生产力水平，而且说明用政治运动化方式来推进农村建设极可能挫伤农民的积极性，从而对农业经济造成负面影响。

其次，改革开放之后 30 年，农村社会的温饱问题基本得以解决，但农村及农民的发展仍面临一些结构性困境，农民的持续增收和可持续发展面临困难，农村社会处于发展的相对滞后状态，农村与城市的反差呈拉大趋势。农村改革所取得的成绩，主要归功于改革将农村劳动力从集体中解放出来，也就是允许农民从农村、农业中走出来；而农村发展的相对滞后性则是改革的局限所致。农村改革已经让农民自主地走出来，但是旧体制却并没有彻底地接纳来自农村的劳动力，农村居民仍受城乡二元体制的排斥。所以，改革要想彻底，农村发展要想取得突破，必须改变那些阻碍农村劳动力进入非农业行业的旧体制，让广大农村居民更加自主、更加便利地进入自己所选择的生产和生活领域及场所。

再次，60 年的建设历程显示，中国农村建设与发展问题的核心不是西方学者所说的国家与农民的关系问题，而是国家与农户的关系问题，因为农民作为一种职业具有高度同质性，而农户则是复杂的综合体，具有较大的异质性。国家与农民的关系问题较为容易处理，而国家与农户的关系问题复杂多样，难以用统一模式来处理。所以，国家在农村建设中旨在改造分散小农的努力，往往会因为统一的模式而达不到期望的目标。无论是合作社还是人民公社都没有真正解决农民的合作化经营问题，原因就在于参加合作社、人民公社的不光是农民，还有农民的家庭。由此可见，把新农村建设的所有希望都寄托在合作社之类的合作组织建设上[①]，显然是不切实际的。农村建设不是单纯的经济、政治、组织建设，而是一项复杂的社会系统工程，因此要从系统论、综合论的视角去探讨农村发展道路。

最后，人民公社化运动对农业和农村发展所造成的负面影响，说明了对某种经营体制怀抱幻想是危险的。发展的绩效取决于多种因素的综合作用，"一大二公"的所有制和经营体制虽然在理论上可以找到其优越性的依据，但到了中国农村实际之中，可能并不一定能实现高效率。所以，一些受西方经济学产权学派影响的学者提出的农村土地私有化能有效解决农村和农民发展问题的观点，同样也是幻想。农村土地问题的核心不是所有制问题，而是如何高效配置问题，即土地如何能与劳动力、资金和技术等生产要素高效配置，以及农民如何能从土地中获得更高收益的问题。

---

① 温铁军. 我们还需要乡村建设. 开放时代，2005（6）.

第五章　中国农村百年发展的社会学回眸：
1921—2021

　　2021 年是中国共产党成立 100 周年，站在百年的历史节点上，从社会学理论视角来回眸中国农村发展所走过的历程，其意义在于可以回溯并理解中国共产党与中国农村发展之间的密切关系，一览这一过程中各个阶段所经历的重要历史事件、所取得的成效，理解其中的发生机理及其社会学意义。回顾历史，意在从过往的经验、做过的选择和已有的实践中总结概括出具有规律性、启发性的理论，为前瞻新时代中国农村发展提供可靠的基点。

　　无论是过去还是现在，乃至未来，农村发展问题都是关乎中国发展的核心议题。在任何一个历史时期，中国的发展问题都与农村发展有着重要且密切的关联。即便当今世界正经历百年未有之大变局，中国农村发展的意义依然显得尤为重要。在费孝通描述的"乡土中国"中，由于基层社会是"乡土性的"农村，因而搞清楚农村发展问题，"就可以帮助我们去理解具体的中国社会"①。当前，随着工业化、城镇化的持续、快速推进，在 2011 年，中国城市化率首次超过 50%，意味着城镇人口开始超过农村人口。基于人口结构与社会经济结构变迁的现实，有学者提出"乡土中国"已经步入了"城乡中国"，即中国基层社会不仅有乡村社会，还包括城镇社会②。快速转型与城镇化其实并不能消解农村发展问题，而是使这一问题更加凸显出来。城乡发展不均衡和乡村发展不充分问题的存在与维续，使得解决农村发展问题的重要性和紧迫性变得更为突出。所以，解决好"三农"问题也就一直是全党工作

---

　　①　费孝通. 乡土中国 生育制度. 北京：北京大学出版社，1998：4.

　　②　刘守英，王一鸽. 从乡土中国到城乡中国：中国转型的乡村变迁视角. 管理世界，2018，34
(10).

和政府工作的重中之重。虽然"三农"问题的表述包括农业、农村、农民三个方面，但正如陆学艺所认为的，"'三农'问题的核心是农民问题，因为农业是农民的职业，农村是农民居住的社区"①。就实质意义而言，"三农"问题与农村发展问题其实是高度统一的，农业、农村和农民所面临的问题，归根到底是农村在经济、社会、文化等方面的发展中所出现的问题。

回溯中国农村发展的百年历史，不仅是为了再现过去的经验，也是为了反观中国社会学对这些经验所做的解读和构建的理论。中国社会学有着关注和探究农村发展问题的传统与特色，20世纪上半叶，吴文藻、费孝通、李景汉、晏阳初、杨开道、言心哲等众多社会学前辈，都将社会学的研究聚焦于农村，形成了诸如社区研究学派、乡土社会论、乡村建设思想等本土化的社会学认识。基于农村发展的百年历史经验，结合新时代的现实经验，或许可从中总结和概括出有关中国农村发展的新理论、新框架。

一、结构转型与制度变迁的互构：回眸视角

对中国农村发展历史过程的认识和理解，比较常见的分析框架和理论视角就是社会变迁理论，即把农村发展视为一般社会变迁过程的组成部分，遵循着社会进步的客观历史规律。现代化论与社会转型论是社会变迁理论中较为流行，影响也较广泛的观点，此类观点基本上是将当代人类社会的发展置于现代化进程之中加以理解，认为当代社会所发生的各种变迁、所取得的各种发展成果，本质上都是社会现代化的过程与结果，与现代化的大格局、大趋势密不可分。社会现代化的典型特征就是社会转型或是结构转型，亦即社会结构较之传统社会已发生根本转型。如郑杭生认为，"社会转型是社会生活和组织模式不断从传统走向现代、走向更加现代和更新现代的变迁过程"，中国社会发展也正经历着从传统农业国向现代工业国不断转型的过程，即社会结构"从一种传统型结构向现代型结构转型"②。按照社会转型论的概括，中

---

① 陆学艺."三农"续论：当代中国农业、农村、农民问题研究.重庆：重庆出版社，2013：49-50.

② 郑杭生.改革开放三十年：社会发展理论和社会转型理论.中国社会科学，2009（2）.

国农村发展既是社会现代化和社会转型的大势所趋，也是社会转型的具体表现。伴随工业化的不断推进，以传统农业为基础的传统农村社会不可避免地要发生变迁和转型，而且要朝着现代化的社会转变。

同样，在对全面小康建设的阐释方面，王春光认为，中国农村发展从乡村建设到全面小康建设的实践实际上遵循着现代化的逻辑[1]。也就是说，无论是 20 世纪 30 年代兴起的乡村建设运动，还是 21 世纪的新农村建设、全面小康建设和乡村振兴战略，都始终围绕着一个核心问题，那就是如何推进农村社会的现代化。

社会转型理论强调发展的整体性和结构性。如李培林提出，"社会转型是一种整体性的发展"，也是"一种特殊的结构性变动"，结构转型犹如"另一只看不见的手"，会对社会发展形成一些"不可逆的趋势"，并会成为变革的压力[2]。如果将中国农村发展问题放在社会结构转型的大背景下加以理解，就会得到这样的认识：农村变迁与发展的根本驱动力在于结构转型，发展的方向、路径和特征是由社会整体结构转型决定的，发展过程中所出现的和所面临的问题都是结构性的问题。

现代化论与社会转型论确实为理解中国农村百年发展提供了一个宏观的大框架，因为在农村发展历史过程与现代性转型之间存在着高度的一致性，因此有理由将农村发展相关问题与结构转型联系起来。然而，农村发展的具象体现可能并未呈现出狭义上的结构转型，即从传统型向现代型的转变。经历了百年的发展和变迁，中国农村社会的现代性特征自然在不断增强，但很难说在结构上已经转变成了现代型。对中国农村发展与社会转型的理解，或许还需从动态性转型或者是现代化过程的角度出发，因为现代化并不存在定形的结构，而是处在不停变动之中。在某种意义上，如同齐格蒙特·鲍曼所描绘的"流动的现代性"那样："旧结构一被宣告落伍或一过有效期就失效，取而代之的每一个新结构，都只是另一次被暂时性的、'有待进一步通知'的短暂安排。……一百年前'成为现代'意指追求'最终的完美状态'，现在却是指永无休止的改进，既没有'终极状态'也别无所求。"[3] 农村是社会结构

---

① 王春光. 乡村建设与全面小康社会的实践逻辑. 中国社会科学, 2020 (10).
② 李培林. 另一只看不见的手：社会结构转型. 中国社会科学, 1992 (5).
③ 鲍曼. 流动的现代性. 欧阳景根, 译. 北京：中国人民大学出版社, 2018：4-5.

中的一个重要组成，社会现代化与结构转型自然会带动农村社会的变迁，同时也在农村社会变迁中体现出来。农村发展或变迁会显现出现代性特征，但现代性特征并非固定的类型结构，而是一种不断变动的形态过程。经过百年的发展，农村社会的维续表明社会结构转型与现代化并未在结构上终结农村，农村发展与结构转型两者始终是相伴而行的，而非结构决定发展的关系。因此，结构转型只是为我们回看农村发展提供了视窗，即现代化进程给农村发展所带来的影响。

从现代化与结构转型的视角来回溯中国农村百年发展的历史，我们能看到的主要是那些结构性因素决定并影响着农村发展以及农村社会在结构上的变迁，难以看到农村发展的能动性的一面，以及变迁的具体面向和具体内容。回眸中国农村百年发展的历史，还需要看到农村社会主体在结构上或大趋势中如何做出能动性的选择、如何主动地推进变革和发展，以及那些能动性的选择和变迁又会对结构变迁产生怎样的影响。

在农村发展的历史过程中，结构转型体现的是发展的"大势"、大背景和大方向，反映变迁的一个方面。然而要全面认识和理解农村发展所达到的实际状况或所取得的具体成效，就需要从制度变迁的视角去加以把握。道格拉斯·C.诺思认为，"解释历史中的经济实绩需要人口变迁理论，需要知识存量增长理论，也需要制度理论"，这样可以弥补新古典模型的欠缺[①]。制度是由社会主体选择并制定出来的行动规章、法律规定、道德规范，以及影响和约束人们行为选择的各种规则体系。社会中的制度并非一成不变的，而是处在动态的变迁之中。制度变迁是"指制度创立、变更及随着时间变化而被打破的方式"[②]。作为社会变迁重要组成部分的农村发展，既包含结构转型带来的发展和变化，同时又包括社会主体所做出的能动反应和选择，这些反应和选择主要表现为实践策略、变革、制度创新与制度变迁。制度变迁的出现，会影响新结构的形成和运行，同时也为结构和制度的新变化积累着动能，新结构、新制度的形成又意味着成为变迁或变革的对象。因此，对中国农村百年发展历程的回溯和分析，如果运用结构转型与制度变迁互构的理论框架

---

① 诺思.经济史中的结构与变迁.陈郁，罗华平，等译.上海：上海三联书店，上海人民出版社，1994：7.

② 同①225.

（如图 5 - 1 所示），就可将发展问题中结构和能动性两个方面的内容纳入进来，从而做出相对较全面的概括和理解。

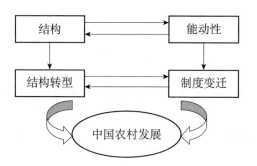

图 5 - 1　中国农村发展历程分析的理论框架

　　结构转型与制度变迁互构的社会学理论框架不同于新制度主义经济学的制度变迁理论框架。在对农业发展问题的分析方面，新制度主义经济学提出了两种制度变迁的形式：诱致性制度变迁和强制性制度变迁。诱致性制度变迁是指由要素和产品相对价格的变化，以及与经济增长相关联的技术变迁所诱致的制度变迁，包括特定组织行为的变化、组织与其环境之间关系的变化以及支配组织行为和相互关系的规则的变化①；强制性制度变迁则是由政府法令带来的制度变迁，与国家或政府力量的推动以及意识形态的影响有密切关联。介于诱致性制度变迁与强制性制度变迁之间，现实中可能还存在另一种变迁形式，这一变迁形式可被概括为引导性制度变迁。"所谓引导性制度变迁，是指政府通过各种具体政策或策略帮助和激励生产经营者的某些经济活动，以达到引导人们提高经济与社会效益之目的。"② 对制度变迁类型的理论概括，其意义主要体现为揭示了制度之于农业发展的重要性以及农业发展中制度所发生的变革。

　　农业发展中的制度变迁，林毅夫认为是由"制度不均衡"导致的，而制度的不均衡状态主要源自四个方面的改变："制度选择集合改变、技术改变、制度服务的需求改变、其他制度安排改变。"③ 无论是诱致性制度变迁还是强

　　① 科斯，阿尔钦，诺斯，等 . 财产权利与制度变迁 . 刘守英，等译 . 上海：上海三联书店，上海人民出版社，1994.

　　② 陆益龙 . 制度、市场与中国农村发展 . 北京：中国人民大学出版社，2013：123 - 124.

　　③ 同①.

制性制度变迁,都主要被用于分析和解释农业发展的特征和规律。虽然"三农"问题中的农业、农村和农民发展问题是相互关联的,农业方面的制度变迁也必然会影响农村和农民的发展,但制度变迁的理论框架更多地聚焦于农业经济系统内部的结构与变迁的关系,而农村作为农业的社会基础、农民作为农业的主体其实有着更为复杂的结构。如果仅仅从制度变迁的视角来看农村发展问题,那么实际上可能看到的主要是农业经济制度的变革和技术革新等方面的实绩和影响,而难以发现农村社会结构转型和社会现代化与制度变迁相互影响、相互作用而构建的发展格局。

当然,在结构转型与制度变迁互构的分析框架里,制度变迁分析也是不可或缺的组成部分,因为"制度变迁是发展中国家经济发展的一个组成部分。如果没有一个已被验证的制度和制度变迁的理论,经济学家将难以完全了解经济发展过程"①。所以,要想全面地理解中国农村发展过程,就需要从制度变迁视角,考察和分析发展过程中所发生的制度变革与创新情况及其发生机制,以及制度变革与创新带来的发展绩效。不过,制度分析并非仅仅局限于农业经济系统之内,而是相对农村整体发展而言的,亦即将"三农"包含在内。

采取结构转型与制度变迁的互构视角的意义在于,一方面可以弥补结构决定论对农村发展过程解释的局限性,另一方面也可以突出制度创新和制度变迁在农村发展中的重要性。结构与制度的互构视角虽不强调结构的决定性和制约性,但对结构的分析也不同于安东尼·吉登斯的结构化理论提出的"结构二重性"观点,制度变迁分析也不是从对策略行为的研究转向对"结构二重性"的认识②。对中国农村发展百年历史的回眸,并不是为了再现已经发生的历史事件,而是要研究和探讨历史过程中所出现的具有典型特征或特质的时间结构,亦即发展历史所显现出的阶段性特征,以及这些具有特质的时间结构是如何整合起来的,其中结构的变化与制度的变革之间有着什么样的互动和互构模式。根据不同历史阶段结构转型的特殊形态和制度变革的突出特征,可以构建起中国农村百年发展四个历史分段的结构-制度互构模式,也就是"问题与革命""工业化与改造""发展与改革"以及"市场化与建设"四种互构模式。

① 林毅夫. 再论制度、技术与中国农业发展. 北京:北京大学出版社,2000:76.
② 吉登斯. 社会的构成. 北京:生活·读书·新知三联书店,1998:428.

二、问题与革命：1921—1949 年的沧桑历程

20 世纪上半叶，中国农村发展从总体上看可以说出现了严重的问题，农村社会经济陷入危机之中，这一阶段甚至可以说是旧结构的崩溃阶段。1921 年，中国共产党成立后，为解决农村发展出现的严重问题，努力寻求救国救民的制度变迁之路，并最终通过发动广大农民起来革命的方式，实现了农村社会结构的更新和制度的彻底变革。因此，从 1921 年到 1949 年新中国成立，中国农村发展可谓经历了问题与革命交织的沧桑历程。

那么，中国农村发展在这一时期究竟出了什么问题？问题是什么性质的？问题的根源又在哪里呢？

关于农村发展问题的存在及严重性，无论是从客观历史事实的角度，还是从学界的研究和讨论的角度，都已基本上形成共识。当时的农村社会，普遍出现了经济衰退、民不聊生、秩序动荡的局面。如顾复在其《农村社会学》一书中对 20 世纪 20 年代的农村状况总结道："吾国难以农立国，然近年以来农民日益贫困，农村日益衰微，各地状况虽不能一致，但不论何地，试旅行乡村，观察其实况，其贫困之情形，实令人不寒而栗者也。"[1] 农村所面临的困境问题不仅是农村发展问题，实际上也是当时整个中国面临的问题，因为农村是中国的基层社会和主体，农村发展出问题，也就意味着当时的社会运行存在问题。关于这一时期农村出现的是什么问题，社会学界有几种主要观点。社区学派的观点认为，农村出现的问题就是民生问题，亦即温饱问题。如费孝通指出："中国农村的基本问题，简单地说，就是农民的收入降低到不足以维持最低生活水平所需要的程度。中国农村真正的问题是农民的饥饿问题。"[2] 乡村建设学派将农村问题归结为"愚、贫、弱、私"问题。如晏阳初认为，乡村所出现的问题概括起来就是农民的"愚、贫、弱、私"四大问题，也就是农民缺乏教育、经济贫穷、卫生条件差和组织化程度低等问题[3]。农

---

① 顾复. 农村社会学. 上海：上海商务印书馆，1924：26.
② 费孝通. 江村经济：中国农民的生活. 北京：商务印书馆，2001：236.
③ 晏阳初. 晏阳初全集：第 2 卷. 长沙：湖南教育出版社，1992：35.

政学派的观点认为，农村所出现的问题是农村经济问题，其核心问题是土地问题。如项天及提出："现阶段中国国民经济中心问题，是农村经济问题，而农村经济的核心问题，则又是土地问题。……然而直到现在中国的土地问题仍然没有丝毫解决，中国土地问题的严重性，仍然没有为大众所认识。"[①] 农政学派提出的土地问题包括两个方面："民国时期，中国农村中的土地问题主要有两个方面，一是土地分配问题，一是土地经营问题。"[②] 土地分配问题反映的就是土地占有和使用方面的不均与不公；土地经营问题则是指农户农业生产经营面临的困难和困境。

从当时的社会调查所呈现的社会事实来看，农村问题主要表现为社会不公与底层的绝对贫困问题。如有调查显示，1937 年在华北的一个自然村，有 4 户中农，其中有 1 户的生产经营净利润是负的，即 25％的中农处于亏损状态，有 5 户贫农，他们的生产经营净利润都是负的，只有经营农场主和富农的生产经营净利润都是正的，显现出明显的差别[③]。由此可见，农村所出现的真问题实际上还是民生问题，尤其是广大的农村底层民众的生计和生活得不到保障。

对农村问题，中国共产党经历了由不重视到重视的转变过程[④]。中共一大通过的党纲里未关注农村和农民问题，到中共三大时通过了《农民问题决议案》，将农民问题与农民运动列为重要议题。关于农村问题的认识，也从"平面"地看农村逐渐走向"立体"地看农村，也就是从将农村问题看作农民的破产和贫穷问题，逐渐转向用阶级的观念来看待农村问题，即更深刻地认识到农村问题是阶级剥削与阶级压迫问题。

关于农村所出现的问题是什么性质的，20 世纪 30 年代在思想理论界曾引发激烈的论战。论战主要围绕当时中国农村社会的性质和出路问题而展开，一派是以王宜昌等人为代表的"中国经济派"，认为社会性质是由生产技术和生产力决定的，中国农村已是资本主义占优，因而农村社会性质是资本主义

---

① 项天及. 现阶段中国土地问题及其解决途径. 乡村建设，1937，6 (16).
② 颜昌盛，汪睿. 民国时期农村经济问题研究：以《乡村建设》为考察对象. 北京：商务印书馆，2018：177.
③ 黄宗智. 华北的小农经济与社会变迁. 北京：中华书局，2000：196.
④ 武力，郑有贵. 中国共产党"三农"政策思想史（1921—2013 年）. 北京：中国时代经济出版社，2013：21.

的。农村的核心问题并非"土地所有形态、地权、租佃关系"等问题，而是资本制度下的农业生产过程问题。[①] 另一派是以钱俊瑞（陶直夫）、薛暮桥等人为代表的"中国农村派"，认为决定社会性质的因素是生产关系而非技术因素和生产力，"中国的农村社会还是具有半封建的性质，在那里，封建和半封建的生产方式乃由帝国主义维持着，半封建的势力与国内资本乃在外资的支配之下，结合地存在着"[②]。

对农村问题性质的认识和判断，会直接关系到对问题产生根源的分析和理解。很显然，如果把当时农村发展所出现的危机仅仅视为土地问题、贫穷问题或是教育问题等具体表象问题，对问题根源的认识也就会指向那些诸如土地占有与使用、小农生产经营以及平民教育等具体因素。然而，如果深刻认识到当时的农村问题是生产关系性的问题，亦即阶级结构和阶级关系问题，就会看到封建的、帝国主义的剥削和压迫对中国农村和农民造成的深层次影响和破坏。以费孝通调查的"江村"为例，即便在这样相对较为富庶的"鱼米之乡"，由于受帝国主义资本入侵的影响，农村在经济上的系统均衡被打破，农村手工业及副业遭冲击而衰退甚至崩溃；列强势力的介入和侵略也带来了政治与社会秩序的动荡，连年战乱更是让中国农村雪上加霜，由此导致广大农民陷入饥饿问题的困境之中。由此看来，当时中国农村出现的问题，其产生根源并不在于农民的"愚、贫、弱、私"，也不在于小农户耕种土地规模有限、经营效率低下，问题的真正根源是深层次的、结构性的因素。

从社会学结构转型的视角看，20世纪上半叶中国农村发展出现的危机根源于社会转型，这一转型在结构上表现为传统农村社会向半殖民地半封建社会的转变，农村社会的原有秩序被破坏，农民不仅受封建势力的剥削和压迫，而且受帝国主义力量的剥削和压迫。在双重挤压的不平等结构之中，农村已经陷入难以支撑广大贫下中农基本生活的危机之中。

虽然在结构转型中农村问题的产生和存在是客观的历史事实，而且对农村问题的存在也有广泛的共识，然而，不同社会主体对农村问题的性质和根

---

① 王宜昌．论现阶段的中国农村经济研究//中国农村经济研究会．中国农村社会性质论战．上海：新知书店，1935：99-110.

② 陶直夫．中国农村社会性质与农业改造问题//中国农村经济研究会．中国农村社会性质论战．上海：新知书店，1935：22.

源的认识则有较大差别，而且主观认识上的差别也会从应对与解决问题的政策主张和行动实践上反映出来。那么，面对这一时期因结构转型而出现的问题，社会主体又做出了哪些能动性反应呢？

在解决这一时期农村发展问题上，形成了两种截然不同的思想观念和行动路线：一种是改良主义的思想和乡村建设的社会实验；另一种就是中国共产党的革命思想和农民运动的革命实践。在改良派的眼里，农村问题主要是农村自身的、内在的一些问题，也就是内生发展问题。他们尽管也意识到了这些问题具有结构性，但还是将问题的症结归结于农村的内部结构，并未从更为宏观的社会系统与社会秩序结构层面去看待农村出现的问题。既然将农村问题归因于农村自身，那么改良派在应对问题的政策主张和行动实践中，也就倾向于采取社会改良的政策措施。如在 20 世纪 30 年代，梁漱溟、晏阳初等人倡导并推进乡村建设运动，在华北、四川等地农村开展平民教育和乡村建设等社会实验活动，试图通过改善农民的教育和乡村治理状况，以解决农民的"愚、贫、弱、私"问题，重新恢复农村的正常发展。乡村建设的初衷是突出"多解决些问题"，这种社会实验活动在当时也有较大社会反响，而实验最终只停留在理论与社会活动的形式层面上，在实际中却并未真正解决农村发展问题。由此，实践表明乡村建设理论对农村问题的认识并不太深刻和准确。

为应对和解决这一时期农村发展的结构性问题，中国共产党提出了革命的政策主张，也就是主张彻底打破不合理、不公平的旧秩序，即致使广大农民遭受封建主义和帝国主义双重剥削和压迫的旧秩序，从根本上解决农村的民生民主问题。旧秩序不会自动瓦解，新秩序也不会自然形成。要建立起一个更加公平合理的新秩序，就需要通过革命的途径，去争取劳动人民的解放。1927 年，毛泽东在《湖南农民运动考察报告》中充分肯定了农民运动的革命意义，指出了农民要翻身就必须建立农民武装，并提出放手发动农民、依靠农民、领导农民起来革命的思想①。

为争取革命的胜利，从根本上解决农村和农民问题，中国共产党在具体实践中逐步确立并不断推进了两项基本方针政策：一是确立以农村为根据地，

---

① 毛泽东．毛泽东选集：第 1 卷．北京：人民出版社，1966：22-44.

二是开展土地革命。经过国民革命，中国农村发展所面临的结构性问题并未得到顺利解决。在艰苦探索之后，中国共产党调整了革命策略和路线方针：一方面，依靠农村和农民建立起革命根据地，也就是依靠农民的力量，创立起农民武装；另一方面，通过在农村推进土地革命，促进农业生产发展，解决农民特别是广大贫苦农民的民生问题，以实现农村社会的大变动。

针对结构转型中的农村问题，中国共产党一直倡导并推进土地革命实践，以此来推动土地制度的变迁，并最终达到改变农村社会、解决农民问题的目标。在土地革命的具体实践中，农村土地制度发生了一系列变迁。在国民革命时期，土地革命的政策主张以"打土豪、分田地"为主，制度变革直接指向地主的土地所有权。到了抗日战争时期，为团结更广泛的力量共同抗日，土地革命在实践中主要推行的是"减租减息"运动，并没有采取大规模没收地主的土地的策略。到1946年，中共中央发出"五四指示"，1947年又召开了全国土地会议，通过了《中国土地法大纲》，这一系列举措标志着农村土地制度改革运动已经更广泛、更激烈地开展开来，而且制度变革越来越直接指向封建土地所有制。如《中国土地法大纲》就提出了要"废除一切地主的土地所有权"，并规定"乡村中一切地主的土地及公地，由乡村农会接收，连同乡村中其他一切土地，按乡村全部人口，不分男女老幼，统一平均分配，在土地数量上抽多补少，质量上抽肥补瘦，使全乡村人民均获得同等的土地，并归各人所有"[1]。从对当时农村土地改革运动的观察和记述来看，改变农村土地占有和使用格局、给贫雇农"补窟窿"、实现"耕者有其田"的制度变革通常是在具体革命实践中完成的，如柯鲁克夫妇描述的河北十里店村的土地改革运动，就是土地改革工作队发动群众，并根据全村土地和经济生活的实际情况开展阶级成分的划分，然后动员群众与地主富农做斗争，抽取地主富农多占的土地分给贫雇农[2]。

伴随着土地革命而推进的制度变迁，其意义不仅体现在对农村和农民问题的解决之上，这一系列制度变迁也为革命的最终胜利奠定了基础、创造了

---

① 中共中央文献研究室，中央档案馆. 建党以来重要文献选编（一九二一——一九四九）：第24册. 北京：中央文献出版社，2011：417.

② 柯鲁克，柯鲁克. 十里店（二）：中国一个村庄的群众运动. 安强，高建，译. 上海：上海人民出版社，2007：53—66.

条件，因为制度变迁的实践证明了所采取的变革措施对解决结构性问题是有效的。与此同时，制度变迁也为新结构的确立积累了制度基础。

三、工业化与改造：1949—1978 年的集体化过程

新中国成立后，农村发展进入了一个全新的格局与环境之中。从结构转型角度看，新政权的确立意味着政治结构转型的完成。在新的政治结构中，广大农民的政治地位得以根本转变，满足农民的需要成为重要政策原则。从制度变迁角度看，新政权的成立也宣告了旧体制瓦解，新制度体系逐步形成。伴随着社会主义新中国的成立，旧的半殖民地半封建制度被彻底废除，各项事业包括农村重建与发展都处于百废待兴的状态。

新中国成立初期，农村发展在结构方面主要围绕"破"和"立"两项基本任务展开。"破"即破除农村旧的经济社会与阶级结构，推动农村结构性变革。在结构性变革方面，农村发展工作以土地改革运动为中心，继续在全国范围内不断推进农村土地改革，以彻底打破农村旧的土地占有和使用结构，提高农业生产力。1950 年 6 月，中央人民政府通过了《中华人民共和国土地改革法》，进一步从法律制度层面彻底废除了封建土地制度，打破了农村土地资源旧的配置结构，取消了地主阶级的土地所有制，实行农民的土地所有制。由此看来，为打破旧结构而推行的农村土地制度变革又为农村发展奠定了新的经济结构基础。此外，土地改革运动中阶级成分划分措施的实行，一方面彻底打破了农村社会存在的剥削与被剥削关系，对地主土地和多余财产的没收政策，其意义就在于改变农村不平等的结构。另一方面，阶级成分划分措施的实行也意味着建立起新型的、以农民为主体的农村社会结构。那些被划分为剥削阶级成分的家庭，在土地改革过程中需要被改造为与贫下中农一样的劳动阶级。这样，农村社会结构实际上也就转变成了一个相对平等的结构状态。

新中国成立初期农村社会结构转型的"立"主要体现在乡村基层政权体系和组织的建立之上。在土地改革期间，各项政策措施的实施与执行，主要依靠土地改革工作队和各地农会组织的力量。根据当时的政策，农村中的一切权力归农会组织。农会组织由农民代表大会选举产生，以各个行政村为单

位。各个村的农会组织也就成了农村基层治理的主要力量，农村新的治理结构以及新政权的基层体系由此逐渐得以确立。

在1949—1952年间，农村的农户个体生产经营制度逐步形成并得以确立。为尽快地让农业生产恢复到正常状态，解决农村温饱问题，土地改革在重新调整和分配农村土地时，主要采取了将土地在农户间均等配置的措施。农户在分得土地之后，可以独立自主地开展各自的农业生产经营，这样也就使农户个体生产经营制度成了事实上的制度。这一阶段的农村社会结构平等化转型和农户自主经营制度的变革，对农业生产力的恢复和提升发挥了巨大作用。从农业生产和农民生活的基本情况来看，农作物的播种面积和产量出现恢复和逐年提升的态势，农民的收入水平也处于增长趋势（见表5-1）。

表5-1　1949—1978年间中国农业生产和农民收入的基本状况

	农作物总播种面积（千公顷）	粮食作物面积（千公顷）	粮食作物产量（万吨）	粮食作物单产（千克/公顷）	农村居民人均纯收入（元）
1949年	124 286.1	109 958.7	11 318.0	1 029	43.8
1952年	141 255.8	123 978.7	16 391.5	1 322	57.0
1957年	157 244.0	133 633.0	19 504.5	1 460	73.0
1962年	140 228.3	121 620.7	15 441.0	1 270	99.1
1970年	143 487.3	119 267.3	23 995.5	2 012	/
1978年	150 104.1	120 587.3	30 476.5	2 527	133.6

资料来源：中华人民共和国农业部.新中国农业60年统计资料.北京：中国农业出版社，2009：13，17.

1952年后，农村发展进入社会主义改造阶段。随着土地改革在全国绝大部分地区的推进和完成，自1953年起，中国开启了发展国民经济的第一个五年计划，由此也拉开了新中国工业化的序幕。党在过渡时期的总路线要求在一个相当长的时期内，逐步实现国家的工业化，并逐步实现国家对农业、手工业和资本主义工商业的社会主义改造。农村的社会主义改造起步于农户的互助合作，然后到成立初级合作社，再到加快发展高级合作社，直到1958年向人民公社的巨大跃进。

国家对农村和农业的社会主义改造的出发点是大幅提高农村社会的生产力和农业经济水平，以便为国家的工业化战略奠定更坚实的基础。当时对"三农"问题的认识是分散的小农生产经营制度既不利于农村生产力水平的提高，也不能适应国家的工业化战略需要，因而农村和农业的社会主义改造的重点就是农村生产经营的基本制度。

在农业合作化运动早期，主要政策措施是鼓励和促进小农户成立互助组和初级合作社，这些政策措施的目标是通过提高农村生产经营中的合作化程度，来发展和提高农业的生产力。农户在自愿的情况下选择是否加入互助组和初级合作社，也在较大程度上享有退社的权利。这样，农业合作组织对农户并没有构成强制性约束，农户可以根据自愿、自主和优化原则进行经营决策。因此，早期的互助合作政策对农业生产起到了一定积极作用。然而，到了合作化运动后期，随着高级合作社被强行地、广泛地建立起来，广大农户被动地加入高级合作社之中，而且不再享有退社自由。农户的土地和生产工具都被纳入高级合作社之中，实际上也就导致了农村生产经营制度的强制性变迁，亦即从农户个体生产经营制度转向农村集体生产经营制度。高级合作社虽实现了农村土地及其他主要生产资料的集中和规模化，但并不能完全解决分配问题，因此在较大程度上影响了农民的生产积极性。加上集体经营又使个体农户经营决策的独立自主性受限，农业高级合作社制度的施行在很多地方并没有达到预期的积极效果，反而在一定程度上对农业生产的正常发展造成了一些负面影响。如一些档案材料反映，安徽省小岗村在被当作拖合作化后腿的"小脚女人"遭到批评后，被迫加入高级合作社。虽然高级合作社确立了"劳六人四"的分配原则，即合作社的收入六成按劳动工分来分，四成按人口与土地来分，但是，在计算劳动工分方面，农户之间却争论不休，甚至矛盾不断激化，非但没有达到合作效果，反而打破了村庄内部的关系平衡，破坏了农民生产劳动的积极性。[①]

1958年全国农村相继迈入人民公社阶段，既标志着农村发展进入三年"大跃进"年代，同时也意味着农业发展进入集体化阶段。"大跃进"是1958年从农业开始的，当时的农业发展纲要《工作方法六十条（草案）》规定："十年决于三年。争取在三年内大部分地区的面貌基本改观。"[②] 也就是号召和动员各方力量，把握好时机，实现农业和农村社会主义建设的一个巨大的

<hr>

① 陆益龙. 嵌入性政治与村落经济的变迁：安徽小岗村调查. 上海：上海人民出版社，2007：110.

② 中共中央文献研究室. 建国以来重要文献选编：第11册. 北京：中央文献出版社，1995：43.

跃进。

从制度设计方面来看，农业《工作方法六十条（草案）》的目标是通过强化土、肥、水、种、密、保、管、工八个方面的增产措施，提高增产指标，促进农业快速增产，改变农业生产的落后面貌。然而，在实施此项制度的实践中，却普遍刮起了"浮夸风"。很多地方大放农业生产方面的"卫星"，传播一些不切实际的做法，并最终导致农业发展陷入危机境地。从这一历史事实中可以看到，制度变迁的过程其实具有互构性和共构性，制度设计中所蕴含的决策层对农业增产和工业化急于求成的思想，会传导给制度的实施者，而且实施者在具体的制度实践中，会相应采取有效的"变通"策略来满足决策者的期望，而在缺乏有效的制度执行监督与反馈机制的情况下，偏离制度目标的"变通"实践最终就会成为制度变迁的事实，而这一事实则是从上到下互构与共构起来的。

人民公社化与农业集体化运动的兴起，主要是出于改变农村社会结构和分散小农经营体制的目的。人民公社的特点是"一大二公"和"政社合一"，以公社为单位不仅大大扩大了生产经营组织规模，而且大大提高了生产资料公有化程度。同时，人民公社承担着农村基层政权组织的功能。随着人民公社的普遍成立，"三级所有，队为基础"的农业集体生产经营体制也逐步形成。驱动农村和农业集体化制度变迁的深层次动力，实际上仍来源于结构转型的需要。对新中国来说，其依然面临着从农业国向工业化国家转型的压力。正如温铁军所分析的那样："中国的问题，基本上是'一个人口膨胀而资源短缺的农民国家追求工业化的发展问题'。""不同条件下的工业化原始积累方式和过程，导致不同的制度路径，并对其后的制度变迁构成'路径依赖'。"[①] 新中国在国内工业基础极为薄弱的条件下，又面临被严厉封锁的国际大环境，推进并实施"赶超型"工业化国家战略，也就催生了超常规的制度变迁。发展工业既需要粮食来保障工人的生活，也需要大量资金和资源的供应，在只有内部单一循环系统的情况下，这些都依赖于农村和农民提供有力的支持。如果农村和农民仍是分散的、个体的，资源的调配就需要与一个个农户进行交易，这样的交易成本和难度非常之大。所以，农村集体化改造实际上大大

---

① 温铁军."三农"问题与制度变迁.北京：中国经济出版社，2009：5，9.

降低了国家工业化战略实施过程中的交易成本。当然，从公平的角度看，中国农村和农民实际上为工业化的快速推进做出了巨大贡献。因此，理解农村和农业集体化制度变迁的历史，不仅要从农村和农业系统内在的因素去加以认识，还需要将视野拓展到农村之外的宏观结构，从国家工业化结构转型需要的角度来客观地把握制度变迁的机理。

如果说人民公社制的实行是从政治经济与社会方面对农村的社会主义改造，那么"文化大革命"对农村的影响则主要是在社会文化层面。在"文化大革命"初期，红卫兵的活动主要在城市，并未下乡。然而后来，"文化大革命"的"破四旧"运动也在农村广泛推行，农村传统的自治组织、社群组织、民间信仰、民俗活动等被当作封建的旧思想、旧文化、旧风俗和旧习惯而普遍地遭到破除。"破四旧"给农村带来了强制性的文化变迁，因为伴随着农村诸多旧的文化设施被破除，乡土文化在诸多方面受到巨大冲击，农村社会的价值体系和生活方式也相应地发生了变化。

在农业发展方面，"农业学大寨"运动的兴起和全面推广，是"文化大革命"时期的一种制度路径选择，当时在宏观政策层面属于农业发展的路线斗争，即关于农业是走集体化路线还是走个体化路线的政治争论。"学大寨"的核心就是学习大寨的农业集体化经验和集体主义精神，如"自力更生，艰苦奋斗，一心为公"等集体主义精神。广泛开展"农业学大寨"运动，实际上就是确立和强化了农业发展的集体化制度。在这个意义上，"农业学大寨"不仅是一项政治运动，也是农业集体化制度变迁过程中的一个重要环节，意味着农业发展在路径选择上基本完成了集体化的改造。

"文化大革命"中农村强力推进的平均主义、"穷过渡"、阶级斗争扩大化等措施，目的在于通过改变农民的精神面貌，建立起"超越阶段的农村生产关系"[①]，然而那些"左倾"的路径和措施，在较大程度上挫伤了农民的积极性，对农村和农业发展产生了消极影响。不过从宏观统计数据来看，农业产值在这一时期依然取得了整体上的增长。就农业发展的核心指标——粮食总产量而言，1965 年全国粮食总产量为 3 891 亿斤，人均粮食产量为 544 斤；

---

① 武力，郑有贵. 中国共产党"三农"政策思想史（1921—2013 年）. . 北京：中国时代经济出版社，2013：410.

到 1978 年，全国粮食总产量达到 6 095 亿斤，人均粮食产量为 637 斤。在 10 多年间，粮食总产量突破了 4 000 亿斤、5 000 亿斤和 6 000 亿斤三个重要关口。① 统计数据反映出，"文化大革命"时期农村和农业从微观或局部事实来看处于问题重重的发展状态，而从宏观来看农业产值仍处于不断增长的状态。

1949 年至 1978 年间，中国农村发展经历了土地改革、合作化、人民公社化与集体化、"文化大革命"等重要历史事件。从社会学的角度看，每一个历史事件实际都包含着相应的制度变迁，或者就是一种制度变迁的过程与结果。在对不同的历史事件、不同的制度变迁内容的认识上，人们通常倾向于将发生在不同历史时间维度上的事件或变革看作历史的必然，属于历史演进的不同阶段。然而事实上，任何一种制度变迁，都存在制度供给的选择性和社会主体的能动性。制度变迁的选择性和能动性不仅仅体现在具体制度内容上，更重要的是体现在制度方向和制度路径的选择上。从土地改革到"文化大革命"，其间的每次制度变迁虽有内在的关联，但同时也有选择和互构的成分。每一次变革都有突出的重点，其内在联系就是都旨在建立和完善社会主义计划经济体制和农村集体经营制度。而在实现制度变迁目标的过程中，制度的设计、订立和实施则是在具体历史情境中的最终选择和互构的结果。

在对农村发展进程中的"大跃进""人民公社化""破四旧"以及"农业学大寨"等历史事件的理解上，人们更多是从主观方面去进行评价的，认为这些事件的发生是在极左思想的影响下做出的错误选择。诚然，制度路径的选择会受到特定历史时期的思想观念的影响，对计划经济体制和农村集体经营制度的选择，受社会主义政治思想和意识形态的影响和支配。主观思想和意识形态的作用固然重要，然而主观思想和意识形态的作用并非孤立的，而是与结构转型有着密切的关系，这一结构转型就是从农业国向工业化国家的转型。新中国成立后，仍面对着工业化转型与发展的大环境。国家在农村强力推行的各种制度变迁以及各项政策实践，根本的目标就是工业化的成功转型。在特定历史情境中和客观条件的制约下，制度变迁选择了对农村进行社会主义改造的路径，并通过社会建构机制共构出相应的变迁格局。

---

① 国家统计局农村社会经济调查司.中国农村统计年鉴：2008.北京：中国统计出版社，2008：7，138.

四、发展与改革：1978—2006 年的快速转型和增长

中国农村在经历了社会主义改造及农业集体化的制度变革之后，虽然对国家工业化进程起到了一定推动作用，但农业和农民的发展问题也渐渐凸显出来，特别是工农差别和城乡差别问题突出。而且农业发展陷入困境之中，农民的温饱问题在很多地方存在，农村集体经济问题重重，农业对工业化发展的推动力明显降低，甚至产生拖累。据杜润生回忆，改革开放前全国农村共计 506.6 万个核算单位，社员人均分配收入在 40 元以下的占 16%。在这些地区，"一是穷；二是集体经济没有吸引力，农民丧失信心；三是领导上用过许多办法改不过来，始终缺乏一种内在动力"①。可见，农村集体化改造已陷入困境之中，农村发展面临严重挑战。

1978 年 12 月，中共十一届三中全会召开，并做出改革开放的决策部署。改革开放是从农村开始的，旨在解决工业化转型过程中农业集体化所带来的一系列问题，走出农业发展乃至国民经济发展的困境。中共十一届三中全会通过《中共中央关于加快农业发展若干问题的决定》，由此拉开农村改革的序幕，同时也意味着农村发展进入一个新的阶段。

改革开放的重点首先放在农村，是由中国的国情决定的。农村是当时中国社会的主体部分，农村发展起来了，中国社会也就稳定了。所以，邓小平指出："从中国的实际出发，我们首先解决农村问题。""我们首先在农村实行搞活经济和开放政策，调动了全国百分之八十的人口的积极性。"② 农村改革所指向的农村问题虽然是多方面的，但归根到底就是生产力低下与农村发展落后问题。笼统地讲，也就是发展问题。一方面需要发展农业生产力，另一方面需要全面发展农村社会，提高农村社会生活水平。

发展既是制度创新与制度变迁的需要，实际上也仍然是结构转型提出的挑战。因为新中国成立后，虽通过社会主义改造建立起计划经济体制，但现代化和工业化结构转型的目标并未充分达成。而现实问题是人口占全国人口

---

① 杜润生 . 中国农村改革发展论集 . 北京：中国言实出版社，2018：4.

② 邓小平 . 邓小平文选：第 3 卷 . 北京：人民出版社，1993：65.

80％以上的农村无论是经济方面还是社会方面的发展都还较为滞后，农村贫困较为普遍。相比于发达工业化国家，中国的发展问题日益凸显出来，对发展的需要更加迫切，发展任务也更重。按照邓小平理论，发展才是硬道理。因此，发展特别是发展经济也就成了 1979 年后中国农村社会变迁的主旋律。

虽然人民公社化和农业集体化时期的制度安排也是为了推进社会主义现代化和工业化事业而推行的，但这一时期的制度变迁注重的是生产关系的变革，也就是特别强调"一大二公"，强调集体化的原则与标准，而不是以发展生产力为基本目标和衡量标准。受那种只注重集体化的发展观念和思想的束缚，农村集体经济体制安排最终偏离了发展的实质目标，即忽视了生产力发展和经济发展的重要性与必要性。由此，农村改造与集体化的制度变迁又让发展问题显现出来。改革开放后，农村发展也就面临着新的转型任务，那就是从集体化改造转向生产力发展。按照邓小平的指示，"只要生产发展了，农村的社会分工和商品经济发展了，低水平的集体化就会发展到高水平的集体化，集体经济不巩固的也会巩固起来。关键是发展生产力，要在这方面为集体化的进一步发展创造条件"①。

在以发展生产力为主旋律的结构转型形势下，农村社会主体的能动性反应则主要体现在改革方面。农村改革是一个上下联动的共构过程：一方面中共十一届三中全会做出推进改革开放的决策，另一方面农村社会基层对中央改革精神做出积极响应，并快速高效地在实践中探索制度创新与制度变迁的路径。例如，在如何通过改革来加快农业发展方面，当决策层还在讨论如何在维持集体体制的框架下实施各种形式的生产责任制时，在 1978 年年底，安徽省凤阳县小岗村 18 户农民则私底下按下红手印，将集体田地分到各个农户，自行实施"大包干"改革。小岗村农民的"大包干"做法，按照他们自己的理解，就是"保证国家的，留足集体的，剩下都是自己的"。② 小岗村农民之所以敢于违反当时的政策，私下"分田到户"，一方面是客观现实或结构状况所迫，因为在农村集体体制结构中，他们的温饱问题和贫穷问题无法解决，不变革就没有出路；另一方面，他们也能够领会到中央的改革开放精神，

---

① 邓小平. 邓小平文选：第 2 卷. 北京：人民出版社，1994：315.

② 陆益龙. 嵌入性政治与村落经济的变迁：安徽小岗村调查. 上海：上海人民出版社，2007：168.

尽管当时的政策仍维护集体制，规定不允许实行"分田到户""包产到户"等责任制，但基层农民根据自己的记忆、直觉和经验，选择了"包干到户"等去集体化改革措施，也就是后来在全国农村推行的家庭联产承包责任制改革。小岗村"大包干"的改革创举取得了"立竿见影"的实际成效，改革一年后各家各户的生产积极性发生了质的变化，各家各户粮食产量充足，使小岗村不仅彻底摆脱了"三靠村"的局面，而且向国家出售的公粮明显大增。这样，小岗村农民在基层的制度创新与改革实践也逐渐得到了决策层的认可，决策层在20世纪80年代初开始在全国农村推行家庭联产承包责任制改革，从而逐步实现了农村生产经营制度的变迁。

在发展成为急迫需要的形势下，当这种急迫需要被认知和接受之后，就会促成人们共同努力，建构起制度创新与制度变迁的过程。农村改革开放就是这样的制度变迁：家庭联产承包责任制改革并非顶层设计好的创新模式，而是农民在中央改革精神激励下进行的创新实践，各种创新实践又转换为制度安排，从而不断推进制度变迁过程。中国农村改革是一个渐进过程，改革是"摸着石头过河"式的，既没有模式可以复制，也没有试点经验可供推广。但改革的方向、原则是明确的，那就是发展生产力是改革的第一要务，实践是检验真理的唯一标准。只要是实践证明能够促进生产力发展的改革措施，就是好的创新做法。所以在这个意义上，改革开放的关键在于解放思想，摆脱极左思想的束缚，不把"一大二公"和集体化当作实现社会主义现代化的必要条件，而是把握发展生产力的硬道理，注重在实践中取得实际成效。

改革开放不仅仅大大提高了广大农民的生产积极性，更重要的是思想解放激发了农村基层民众的创造性，激励了基层自下而上的制度创新实践和制度变迁。例如，在20世纪80年代中期之后，东南沿海地区农村乡镇企业的"异军突起"，既让这些地区的农民率先富起来，也为中国农村发展开辟了一条乡村工业化的独特路径。乡镇企业的兴起与快速发展，充分体现了农村基层民众的创造性以及制度创新的能动性，同时也表明了制度变迁的多种可能性或路径的多样性。改革开放前，国家为加快工业化的步伐而强行推进人民公社制和集体化体制，但实际效果与制度变迁预期却并不相一致。随着农村改革的推进，农民得以从集体化的束缚中解放出来，不仅大大提高了农业生产水平，而且使中国的工业化水平也得以大幅提高。乡镇企业对经济快速增长的贡献日益显著，对农村面貌的改变也起到了巨大作用。1980—1988 年间，全国乡镇企业产值在社会总产值中所占份额从 7.7％增长到 26.0％；乡镇工业产值在全国工业总产值中所占份额也由 9.76％上升到 27.6％。^① 乡镇企业在国民经济中逐渐达到"三分天下有其一"的地位，而且占据工业经济的"半壁江山"。与此同时，乡镇企业的快速发展也加快了农村和农业的结构性变革。改革开放后，中国乡镇企业的发展情况如图 5-2 所示。

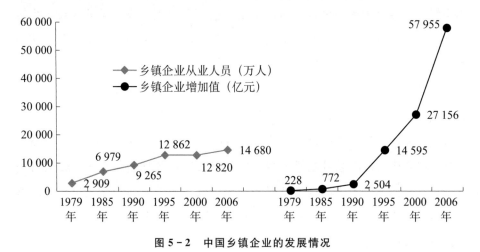

图 5-2 中国乡镇企业的发展情况

资料来源：中华人民共和国农业部．新中国农业 60 年统计资料．北京：中国农业出版社，2009；47-52.

1992 年后，随着改革开放的不断扩展和深化，农村社会的制度变迁主要表现为向社会主义市场经济体制的转型。1993 年，粮食统购统销政策开始变革，粮食二级市场已经放开，同时也开放了部分一级市场。此后，主要农产品的统购和征购政策被相继取消，农产品市场逐步形成和完善。农村市场体制的建立，意味着农民可以自主支配和处置自己的生产产品，农民由此获得了更多的自主权，可独立自主地做出生产经营决策，大大释放了个体农户的经营活力。与此同时，市场的开放又为农民提供了更多的营收机会。农户在种好自家的一亩三分地的同时，又能通过市场获得农业外的收入。所以，20世纪 90 年代后，向外流动的农村劳动力逐年增多。农村人口与劳动力大量外流的现象，反映的是农村制度变迁的社会效应，以及农村社会经济结构转

①　黄守宏．乡镇企业是国民经济发展的推动力量．经济研究，1990（5）.

型的作用。正是在农村集体经营体制解体之后，才有了开放的市场机制，农村人口才突破了城乡二元的户籍壁垒自由流动，并通过"闯市场"寻找和获得了非农业的增收机会。因而，农村劳动力向外流动的过程，实际上也带动了农村家庭收入构成、农户兼业和社会结构等一系列的结构变迁。

改革开放后，农村的制度变迁不仅仅在经济体制方面。在政治与社会治理体系方面，重大的变革就是人民公社制的解体、乡村治理体制的形成与逐步完善。1983 年 10 月，中共中央、国务院联合发出《关于实行政社分开建立乡政府的通知》，1984 年各地农村相继成立了乡镇政府，同时成立了村民委员会以取代之前的生产大队，自此人民公社退出历史舞台，乡村治理体系正式形成。1998 年，第九届全国人大常委会通过了《中华人民共和国村民委员会组织法》，从法律层面确立了村民自治制度，由此以自治为主体的村级治理体系得以建立起来并不断完善，在维持农村秩序稳定、社会和谐，促进农村发展等方面发挥着积极的作用。

从结构转型与制度变迁互构的视角来看，在 1978—2006 年间，中国农村在发展的转型需要驱动下，选择了合理有效的制度创新与制度变迁路径，从而实现了经济的快速增长、社会的快速转型。这一时期农村所取得的快速发展成就表明，中共十一届三中全会所确立的改革开放的制度路径是正确的、有效的。农村改革开放的制度创新意义集中体现在将结构转型目标聚焦于具体的生产力发展、经济发展和农民生活水平发展之上，而不是片面地追求抽象的公有化、工业化。在制度变革的路径选择和具体实施方面，则更加注重在实践中探索，采取"摸着石头过河"式改革方略，强调用实际成效来检验变革措施的有效性和可行性。在正确、合理的改革开放方针政策指引下，广大群众积极投身于实践创新，共构起有效的制度路径，从而使中国农村的现代化转型得以顺利推进，农村发展取得了"第一次飞跃"。

五、市场化与建设：2006—2021 年的乡村建设和振兴

在经历快速转型后，中国农村的"市场社会"也渐渐得以兴起①。农村

---

① NEE V. The emergency of a market society: changing mechanisms of stratification in China. American journal of sociology, 1996, 101: 908-949.

的转型发生在两个方面：一方面是结构的转型，包括经济、政治、社会和文化结构的转型。随着改革开放的不断深化，乡土社会在各个方面皆已发生巨变，经济结构、权威构成、职业构成和价值观念等，已出现不同程度的现代性转型。另一方面是体制的转型，农村经济体制已从计划体制向市场体制转型，生产经营体制从集体经营体制转向个体农户经营体制。

市场化转型为农村发展创造了新的机遇和新的环境，同时也让一些问题日益凸显出来，如农民的负担问题、农民增收难问题，以及城乡收入差距拉大问题等。进入 21 世纪，中国经济持续高速增长，取得了举世瞩目的发展成就，而农村发展则遇到了一些"瓶颈"制约，"三农"问题渐渐成为备受关注的社会热点。

农村集体经营体制解体之后，乡政村管的治理体系变革曾赋予农村基层政府较大的自主权，特别是对农村公共建设和公共事业发展的管理权。为维持农村基层的公共管理，农民需要缴纳"三提五统"费。在这一制度安排下，农村的公共设施建设和公共事业发展主要依赖于农村内部的资源，这无形中也就增加了农民的负担。随着农民负担的增加，农户生产经营的成本增大，收入增长的难度提高。农民从事农业生产增收越来越难，也在一定程度上影响了其生产积极性的持续提高。尤为重要的是，在农业税费征收过程中，农民与基层政府、干部之间的矛盾容易激化，从而影响农村社会关系的和谐。

为解决农民负担加重和增收难问题，国家实施了一项具有重大历史意义的制度变迁，那就是从 2006 年起，全面取消农业税费。这一历史性变革将中国农村发展带入了"后税费时代"，广大农民也从此告别了向国家缴税的历史。

农村税费制度改革的影响并不局限在制度变迁的领域，而是不断拓展至结构变迁或结构转型的范围。农民不再需要向国家缴纳农业税费，首先反映出国家与农民、国家与农村的关系发生了重大转变。国家已全面取消向农村和农民的征取，转向全面惠及农村和农民的社会主义新农村建设。国家财政每年通过支农专项资金、转移支付等方式支持农村建设、农业发展和农民福利保障事业，国家与农民、国家与农村之间的普惠型与反哺型关系形成。

全面取消农业税费实际上也意味着中国工业化结构转型取得阶段性成果，工业化的进程已经不再需要通过农业税费积累资本。那么，农村发展也就在工业化的大环境中向前推进。工业化的发展在推动市场越来越开放、市场化程度越来越高，农业农村发展也迎来了市场化的机遇和挑战。在此时期，广大农民既可从国内市场获取增收机会，同时也能从世界大市场获得一些发展机遇。例如，温州的一些农村人通过"做"市场[1]，移民至巴黎，即利用全球市场机制开辟了新的发展空间。所以，2006 年中共十六届五中全会做出实施社会主义新农村建设战略的决策之后，农业农村发展进入了一个"黄金时代"[2]。国家向新农村建设的投入逐年增长，农村在基础设施和公共事业等方面有了显著改善，农民的收入水平也取得了较快增长，2020 年农村居民人均纯收入比 2010 年翻了一番。尤为重要的是，随着最低生活保障制度和农村医疗保险制度的实施和覆盖率的提高，农村的社会保障体制、养老补助和新型农村合作医疗体系建立并不断完善，既明显缓解了农村社会发展的滞后性问题，也促进了城乡之间的均衡。

农村税费改革与社会主义新农村建设是进入 21 世纪后中国农村发展中的重大制度变迁，市场化和工业化转型的阶段性成就为这一制度变迁奠定了基础，同时也提出了需要，因为工业化的快速发展使得工农、城乡之间的结构性差距拉大并凸显出来，缓解结构上的不均衡就需要有制度创新和制度变迁。新农村建设就是用工业化的部分优势反哺农业农村的发展，以缓解结构上的不平衡。从制度变迁的实际效果来看，新农村建设不仅让农村的面貌发生了巨大改变，而且助推了国民经济进入一个高速增长周期，到 2010 年，中国 GDP 总量首次超过日本，成为世界第二大经济体。由此可见，促进结构均衡的制度变迁产生了巨大的经济效益和发展效应。

继社会主义新农村建设之后，国家在农村发展方面推进的重要制度变迁还包括精准扶贫和乡村振兴战略。贫困问题一直是困扰农村发展的一大社会问题。1994 年，为解决农村 8 000 万绝对贫困人口问题，《国家八七扶贫攻坚计划》发布和实施，计划在 20 世纪末全面解决贫困人口的温饱问题。2015 年，国家的农村扶贫政策经过调整与变革，转向精准扶贫与脱贫攻坚战略。战略规划要求对农村贫困人口进行精准识别和建档立卡，实施精准扶贫、精

---

[1] 王春光. 移民空间的建构：巴黎温州人跟踪研究. 北京：社会科学文献出版社，2018：41.
[2] 陆学艺. "三农"续论：当代中国农业、农村、农民问题研究. 重庆：重庆出版社，2013：53.

准脱贫，在 2020 年年底前解决农村区域性整体贫困问题，实现现行标准下农村贫困人口全部脱贫，实现全面建成小康社会的第一个百年目标。也就是说，在"十三五"时期，国家需要让 5 630 万农村贫困人口[①]、832 个贫困县和 12.8 万贫困村实现脱贫。推进和实施精准扶贫战略，成为中共十八大之后农村发展的中心内容，从中央到省、市、县、乡（镇）和村各级都围绕这一中心任务，动员起全社会的力量，通过产业扶贫、转移就业扶贫、易地扶贫搬迁、保障扶贫、教育扶贫和社会扶贫等政策措施，参与到脱贫攻坚战之中，形成扶贫脱贫的合力，取得了举世瞩目的减贫成果（见图 5-3）。

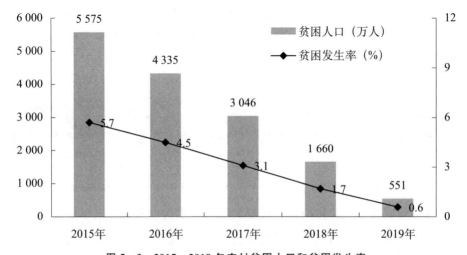

图 5-3　2015—2019 年农村贫困人口和贫困发生率

资料来源：国家统计局《中华人民共和国 2019 年国民经济和社会发展统计公报》。

中共十九大提出实施乡村振兴战略，对全面脱贫之后的农村发展做了新的制度安排。作为一种制度变迁，从脱贫攻坚到全面推进乡村振兴，反映的依然是结构转型的需要。在现代化、市场化和全球化的大背景下，农村、农业、农民所面临的转型压力日益增大。现代化快速转型并未自动解决"三农"问题，在某种意义上，转型使这一问题显得更为突出，因为相比较于快速城镇化进程中城市的繁荣，大量的农村出现了空落化现象，甚至有凋敝的迹象。因而，在社会主义现代化转型过程中，农业农村现代化的"短板效应"显现出来。面对这一不平衡结构问题，制度变革选择了优先发展农业农村和全面

---

① 国家统计局抽样调查结果显示，2015 年年底农村贫困人口有 5 575 万人，国务院扶贫办建档立卡信息系统识别的农村贫困人口有 5 630 万人。

推进乡村振兴的路径，而不是发展城镇化的单一路径，这充分体现出中国特色社会主义制度变迁的特点。

从制度创新的角度来看，乡村振兴的制度路径是基于中国国情、针对现实问题而做出的创新性选择。一方面，即便在工业化、现代化的大背景下，农业农村之于大国的发展以及中国实际而言，仍具有基础性、"压舱石"的地位，因而新时代的农业农村必须有新的发展；另一方面，在市场化的大背景下，解决不均衡不充分发展问题往往会存在"市场失灵"现象，推动农业农村现代化还必须依靠国家进行乡村建设的力量。实施乡村振兴的国家战略，就是利用以政府为主导的公共力量和公共资源，补齐农业农村发展的"短板"，解决结构不平衡问题。

当然，随着乡村振兴战略的实施，乡村在产业发展、生态环境改善、社会治理水平提升、精神文明建设和生活水平提高等方面将得到更多的支持，乡村的面貌将会发生巨大改变，新的城乡工农关系与结构将随之形成。与此同时，产业融合、城乡融合等新的结构转型问题又会对中国农村发展提出新的挑战。

2006年后的中国农村发展，在市场化和工业化转型基本完成的条件下，在后税费制度背景下，迎来了大建设的"黄金时代"。农村虽存在因人口外流而出现的空落化景象，但乡村建设取得了令世人瞩目的成就，那就是实现了农村整体性脱贫，农村发展由此进入了一个崭新时代。

六、小结

回眸中国农村百年发展，目的并不在于重温这一历史过程的全貌，而是要从历史回顾中，勾勒出一种关于农村变迁或发展规律的理论图式。犹如波兰尼通过对人类社会"大转型"的历史回溯，总结出"19世纪的文明建立在四个制度之上"，即均势制、国际金本位制、自律性市场制和自由主义国家制。"这四个制度决定了我们的文明之历史的独特轮廓。"[①] 梳理中国农村发

---

① 波兰尼．巨变：当代政治与经济的起源．黄树民，译．北京：社会科学文献出版社，2013：51.

展的百年历史脉络，也是为了更加清晰地了解农村发展历史的内在逻辑。

虽然中国农村百年发展历经多个历史时期以及许许多多的历史事件，但用结构转型与制度变迁的互构框架可以基本勾勒出发展的历史轮廓。转型困境和制度困境是农村发展的动力源头，百年历史进程中的农村各种变迁其实都源自这两种困境。对转型的内涵虽有很丰富和差异化的理解①，但有一个基本共识是转型包含着社会现代化的过程。现代化转型给农村发展带来了结构性问题，这些问题类似于鲍曼所说的"不稳定世界"中的"人类困境"②。转型困境迫使人们探索制度创新与变革以走出困境、解决问题，由此在旧制度和新制度的路径选择问题上又会产生困境，亦即制度困境。农村发展的现实形态最终是由结构转型与制度变迁相互作用而共同建构起来的状态。

纵观中国农村的百年发展，在结构转型方面经历了 20 世纪上半叶的生存问题、新中国早期的工业化、改革开放后的生产力发展以及进入 21 世纪后的市场化等几个重要阶段，每个阶段都有明显、突出的结构问题和转型。在不同阶段的转型需要驱动下，农村发展经历了社会主义革命、社会主义集体化改造、家庭联产承包责任制改革和社会主义新农村建设与乡村振兴等几次标志性制度变迁。每一次制度变迁其实都要经过复杂的制度路径选择过程。如在应对新中国成立之前的农村问题时，就面临着乡村建设与土地革命等制度路径的选择，中国共产党领导农民选择了社会主义革命之路，通过土地革命推动了农村土地制度的彻底变革，有效解决了广大农民的生存问题，从而最终成功地实现了制度变迁。

制度变迁受结构转型的推动，新制度又会对结构转型发挥作用，促成新结构的形成。如农村改革是受农业集体化结构困境所迫而进行的制度变革，由此也推动了改革开放的拓展和深化，进而大大促进了中国经济的快速增长，与此同时也加速了中国农村的结构转型。

回溯农村发展历程中的重要制度变迁，可以看到制度创新既有自上而下的，也有自下而上的，来自两种不同方向的创新力量在特定历史情境中形成合力，就会促成制度变迁。在制度创新中，创新的理念尤显重要，只有解放

---

① 李友梅. 当代中国社会治理转型的经验逻辑. 中国社会科学，2018（11）.

② 鲍曼. 流动的现代性. 欧阳景根，译. 北京：中国人民大学出版社，2018：265.

思想，才能推动创新与变革。农村发展的历史经验表明，制度创新和制度路径的有效性须在实践中进行检验，有效的制度变迁应能够在实践中解决结构性问题，促进社会生产力的发展。制度的优越性、先进性也只有在动态实践中才能体现出来，而不是表现为空想的、固定不变的规则。中国农村百年发展的辉煌成就正是在这样一次次的制度创新和制度变革之中取得的。

经过百年努力，中国农村发展实现了一个宏伟目标，那就是在建党一百周年时农村贫困人口全部脱贫，中国农村全面迈入小康社会，创造了伟大的"中国奇迹"[①]，也是世界奇迹。进入发展新时代，中国农村虽面临不均衡不充分发展矛盾的挑战，但在新发展理念引领下，农村发展无论是结构环境还是制度环境，都有了非常明显的改善。

展望未来，社会发展格局虽发生了新变化，但农业农村的基础性地位并未改变，农村发展依然具有"压舱石"的作用。在新时代，中国农村发展将面临全面振兴与现代化建设的新任务。推进乡村振兴和农业农村现代化，仍要坚持改革开放的制度创新精神，让制度的优越性在发展实践中充分发挥作用，有效调动农村群众的积极性和创造性，因地制宜，立足于国情农情[②]，探索符合自身发展需要的具有中国特色和地域特色的农业农村现代化道路，全面建设社会主义现代化的美好农村。

---

① 林毅夫，姚洋. 中国奇迹：回顾与展望. 北京：北京大学出版社，2006：1.
② 陈锡文，韩俊. 中国特色"三农"发展道路研究. 北京：清华大学出版社，2014：3.

第六章 乡村振兴要做好农民工工作

农民工问题是具有中国特色的社会问题，这一问题与特定的社会体制、城乡关系、工农关系有着不可分割的联系。农民工，按照国家统计局的界定，"指户籍仍在农村，年内在本地从事非农产业或外出从业6个月及以上的劳动者"。农民工的户籍身份显现出中国户籍制度及相关社会体制的特点，他们的从业实践则又体现出改革开放以来城乡之间、工农之间关系的转变。

国家统计局对农民工的监测调查结果显示，2022年全国共有2.96亿农民工，其中外出打工的有1.72亿，本地就业的约1.24亿。这样一个庞大的社会群体之于中国社会而言，可以说具有极其重要的意义。无论是对乡村社会来说，还是对城市社会来说，农民工群体都发挥着较为特殊的功能。如今，在推进和实施乡村振兴战略的过程中，也必须重视农民工群体的重要作用，做好农民工工作。

一、农民工是农村脱贫和乡村振兴的关键

以流行的观点来看，大量农民工的外出，导致乡村空心化或凋敝衰落，而且人口的净流出使得农村社会经济发展缺乏内生动力。然而事实上，农民工流动是社会经济结构转型与体制共同作用的结果，对待农民工的"大流动"，不宜仅看到其产生消极社会影响的一面，而也应该看到其积极的一面。从微观层面看，农民工的流动实践实际上是乡村劳动力适应社会变迁的一种有效策略；从宏观层面看，农民工群体的流动调和了城市与乡村、工业化与"三农"发展的张力，形成了更具有弹性的城乡关系、工农关系。综合起来看，农民工没有让乡村变得衰败，恰恰相反，他们让乡村在现代化、市场化的大环境中获得了一些新的机会及新的可能。

在农村脱贫攻坚的关键阶段，各地为了实现在 2020 年年底之前农村全部脱贫和全面建成小康社会的战略目标，积极地采取了各种各样的精准扶贫措施。针对农村脱贫攻坚的重点即让深度连片贫困地区脱贫，政府采取了易地扶贫搬迁、对口帮扶、产业扶贫、项目扶贫等一系列精准扶贫措施，对实现脱贫目标效果显著。从长远角度看，巩固连片贫困地区的脱贫成果，在根本上还是要为当地居民获得更多市场机会创造更加有利的环境。在市场化、城镇化的大背景下，外出打工是农村劳动力获得新机会、新发展的有效途径之一。对农村家庭来说，只要有劳动力外出打工，就能够摆脱贫困。因为根据农民工监测调查结果，2022 年农民工的月均收入能达到 4 615 元。一个四口之家如有一人打工，即可保障家庭人均纯收入明显超过贫困线水平。由此看来，农民工在农村脱贫过程中发挥着关键性的作用。

同样，在推进和实施新时代的乡村振兴战略过程中，仍需要正视乡村劳动力流动的这一现实，应该看到农民工流动的积极意义，进一步发挥农民工对乡村振兴的重要作用。仅从表象来推理，农民工外出打工似乎影响着乡村的繁荣与发展。其实不然，农民工的社会角色具有双重性：他们到城市打工、居住和生活，对城市的建设和城市社会运行发挥重要功能；同时他们又是乡村社会的成员，对乡村的经济和建设仍有巨大的、积极的贡献。在乡村振兴中，虽然国家建设力量的支持作用很重要，但归根到底还是需要依靠乡村社会主体的力量，也就是要通过乡村居民来振兴乡村。农民工群体虽是一种流动的群体，但仍然是乡村社会的主体构成和中坚力量。随着农民工得到越来越充分、越来越均衡的发展，他们将会给乡村社会发展带来一些新的活力和机遇。特别是那些积累了一定经济实力的返乡农民工，将对活跃乡村市场和振兴乡村产业发挥突出作用。

农民工群体是一个复杂的劳动力群体，是在中国式工业化和城市化进程中形成的特有群体。这个群体规模庞大，而且群体的构成多元，年龄、性别、受教育程度、地域以及流向等方面的覆盖范围较广。尤为值得关注的是，农民工群体有着高度不确定性特征。正是因为这一特征，需要在乡村振兴过程中对农民工群体加以高度重视。

来自农村的青壮年劳动力是农民工群体的主体构成，这意味着农村家庭经济在较大程度上依赖于农民工，他们的经济活动和经济收入对农村家庭乃至农村经济来说都至关重要。然而，农民工群体又是不确定的。群体的不确定性源自农民工自身的不确定性。农民工群体从农村流动出去，主要流向非农业部门和城市。在流动出去之后，农民工群体也有高度的分化。有些农民工仍与农村有着很紧密的联系，外出流动只是为了打工；而有些农民工与农村的联系在渐渐减弱，是否回农村取决于后期的流动打工经历；还有一些农民工则会彻底脱离农村，在城市定居生活。很显然，乡村振兴要做的农民工工作，其重点对象要放在前两类农民工之上。

与农村仍有紧密联系的农民工，其实仍是乡村社会的主体构成，他们只不过是劳动工作的场所或空间转移到了外地，但他们的经济收入和资源会流入乡村，成为乡村繁荣与发展的重要动力。乡村振兴工作需要充分发挥这一部分农民工的中坚力量，更好地利用他们的优势资源，促进乡村美好家园建设；与此同时，进一步做好对这部分农民工的协调和服务工作，不断壮大这部分农民工的个体经济，协调好农民工的打工经济与乡村农业经济的发展。

针对那些与家乡农村联系较少且处于摇摆不定状态的农民工，乡村治理工作要将他们作为争取的对象，积极主动地联系他们，为他们打工经营提供公共服务，解决他们回乡生活所面临的实际问题，消除他们返乡的后顾之忧。对那些有高度不确定性的农民工来说，他们的社会选择往往取决于社会治理行为和政策的引导。

在乡村发展过程中，农民工的流动是否成为乡村人力资源的流失，关键要看流动的农民工对乡村建设与发展能否发挥积极的作用、能否做出相应的贡献。如果农民工与乡村之间仍维持着紧密的联系，他们对乡村振兴就有积极的作用，甚至是关键性的作用。

不论农民工在乡村之外如何发展，这一群体与乡村社会都有着不可分割的联系。农民工虽然从乡村流出，但仍代表着乡村的主力和未来。乡村的振兴，自然也就离不开农民工这一群体。因此，做好农民工工作，调动并发挥农民工的积极性、能动性，对顺利推进乡村振兴战略、实现乡村振兴目标意义重大。

二、加强农民工的就业促进工作

对农民工的认识，曾经有"盲流"的观点，现在有乡村空心化的观点，这些观点的本质其实就是消极地看待农民工流动。然而现实表明，农民工向农业、农村之外流动既是客观事实，也是一种大趋势，而且农民工的非农就业实际上让农村实现了"曲线发展"，因为农民工通过收入水平的提高，大大改变了农村的面貌。我们在看到平常时间里农村空落化景象的同时，也能看到村庄里一幢幢新建的楼房以及春节期间大量的小汽车，这象征着农村经济实力通过农民工的流动与发展得到了提升。

对农民工的流动及其非农就业，需要持积极的、支持的态度，政府应加强农民工的就业促进工作。对乡村振兴而言，并不是让农村劳动力留下来就能实现振兴，只有让劳动力充分就业才是发展的硬道理。因此，就当前乡村社会经济的实际状况而言，促进和保障农民工在非农领域顺利就业，是实现农村脱贫和乡村振兴的一条切实可行的、过渡性的路径。

为促进农民工更好地就业，政府须加强农民工就业信息平台建设，加大对农民工就业服务和促进工作的公共投入。在农村基层，一方面可以利用"互联网＋"等现代信息技术手段，通过农民工就业信息平台上报和汇总农民工的就业需求信息，另一方面也可以通过信息平台为农民工提供工作岗位需求信息。此外，在乡村治理实践中，地方政府还可根据劳动力市场的需求信息，有针对性地组织农民工进行职业技能培训，有组织地开展劳务输出。

为创造有利于农民工就业的环境，还需要针对农民工就业的特点，在相应政策方面提供更具弹性的政策支持，如就业岗位和用工形式方面的一些政策性限制可针对农民工岗位做恰当调整。由于农民工就业通常主要在城市非农领域，因此城市管理及就业政策需要协调和考虑农民工的就业需求。在就业促进政策安排上，可专门针对农民工岗位提供一些优待措施，激励用工单位使用农民工，增加农民工的就业渠道和就业机会。

促进农民工就业，也需要关注对农民工的就业歧视问题。在城市劳动力市场上，农民工在就业时常面临户口歧视问题，有时还会遇到出生地歧视问题[①]。户口歧视实质上是农民工就业面临的体制障碍，农民工因农村户籍而在就业过程中被歧视、被排斥。出生地歧视属于地域歧视，指用工部门对农民工就业有地域方面的歧视或区别对待。不论是何种性质、何种类型的就业

---

① 潘慧，章元．中国战胜农村贫困：从理论到实践．北京：北京大学出版社，2017：366.

歧视，对农民工群体都会产生消极影响。就业歧视是一个复杂的社会问题，其产生受多方面因素影响。消除针对农民工群体的就业歧视，扩大农民工就业范围，需要针对城市劳动力市场实行综合治理政策措施，通过共建共治途径营造公平合理的市场氛围，给农民工的就业和职业发展提供更加公平的环境。

在市场经济体制中，农民工的就业机会和就业质量受制于个人的人力资本。从实际情况看，大量从农村外出流动的农民工，特别是中年以上的农民工，他们的受教育程度较低，更缺少职业培训的经历，在信息技术日新月异和数字经济快速发展的时代，他们的市场适应能力大大降低，这在较大程度上制约了他们的就业范围和就业机会。即便是新生代农民工，大多数人的学历层次也在初中以下。较多的农村学生在初中毕业之后，如果没有考入普通高中，那么大多会选择加入农民工行列，即外出打工，较少有人选择去职业高中继续学习。所以总体来看，农民工群体的职业教育和职业技能培训基本上是缺位的。在短期看来，这一问题并未在现实中显现出"短板"效应。但从长远来看，农民工群体的职业教育和职业技能培训的缺失不仅制约着农民工自身的就业和职业发展，对国家产业的高质量发展也会产生"瓶颈"效应。因此，在农民工就业促进工作中，要重视和强化农民工的职业教育和职业技能培训。农民工群体的职业教育和职业技能培训工作涉及三个重要主体：农民工、政府和企业。要做好农民工职业培训方面的工作，必须建立起有效协调机制，明确三个主体的责任、义务以及权益，充分调动各方积极性和能动性。对准备就业和已经从业的农民工，政府和企业要定期为他们提供相应的职业培训机会以及相应的优惠待遇，以激励农民工参与职业培训，同时通过用工规则明确农民工接受职业教育和职业技能培训的责任与义务。此外，政府与企业之间通过建立合理有效的协调机制，分担对农民工职业培训的支出，构建起高效的职业培训体系和机制，以提高农民工群体的整体素质，为产业高质量发展创造良好的政策环境。这样既促进了农民工群体的就业，也为经济良性运行与发展奠定了有利的基础。

在农民工就业促进工作方面，政策还可为农民工的创业提供激励和相应支持。从长远角度看，实现乡村振兴的产业兴旺目标，需要依靠产业融合而不仅仅是农业现代化。在这个意义上，引导和激励乡村劳动力在农业外的就业和创业就显得格外重要。只有促进乡村非农产业的融合发展，大量农民工获得更充分的发展，才能从根本上解决农民的增收难问题。对农民工在乡村的创业行为，需要在资金、信息、技术以及基础设施建设等方面加大政策性扶持和激励，激发农民工的创造活力，开拓农民工非农就业的新渠道。

三、有效治理拖欠农民工工资问题

拖欠工资问题是农民工常遇到的突出问题，这一问题产生的原因复杂多样，既有结构性成因，也有制度性原因，还有个例特殊因素的影响。为解决拖欠农民工工资问题，已经有多种法规政策和监管措施出台，问题虽有所缓解，但仍然存在着，而且是困扰农民工发展的不和谐、不稳定因素。

治理拖欠农民工工资问题，不光涉及农民工群体的权益，而且关系到社会和谐与稳定的大局。曾经有"大国总理为农民工讨薪"的新闻故事，所折射的就是治理拖欠农民工工资问题的重要性。从中央到地方，拖欠农民工工资问题一直备受重视，说明该问题的严重性，同时也说明解决此问题的重要性。从基层矛盾纠纷监测所反映的情况看，拖欠农民工工资是社会矛盾冲突的主要诱因之一。每年春节前，会有一些农民工因不能及时拿到劳动报酬而进行上访活动，有些地方甚至会因这一问题而发生群体性事件。拖欠农民工工资现象不是小事，而是可能影响和谐稳定的社会风险源。由此看来，有效地治理拖欠农民工工资问题是做好农民工工作的重要而又艰巨的任务。

拖欠农民工工资问题虽有所缓解，但在一定范围内存在。一些调查显示，经常遇到拖欠工资问题的农民工占 15.8%，偶尔遇到拖欠工资问题的占 18.8%，从未遇到拖欠工资问题的占 65.4%，此外，建筑行业和西部地区拖欠农民工工资的问题相对较为严重①。

由于农民工就业具有非正式性、多样性和复杂性，因而拖欠农民工工资问题也复杂多样，很难找到唯一的根源。要有效地治理这一问题，仅靠源头治理的方法还不够，而需要采取综合治理的措施，既要针对拖欠工资问题的

---

① 简新华，黄锟．中国农民工最新生存状况研究：基于 765 名农民工调查数据的分析．人口研究，2007（6）．

成因采取有效防范措施，也要根据现实情况及时解决工资支付问题，让农民工的经济损失得到挽回，将治标与治本结合起来。

从源头来看，拖欠农民工工资问题的根源在于劳动力市场的用工制度缺陷。由于农民工在城镇的就业方式多为非正式就业，即用工单位或个人在雇用农民工时，并未与农民工签订劳动合同，农民工为了更加便利地找到就业机会，通常愿意接受这种非正式的用工形式，而且并无与雇用者讨价还价的地位，更不会要求用工方跟自己签订劳动合同。对农民工的雇用者来说，与农民工签订劳动合同，意味着要承担更多的法律责任和义务，要支付更高的用工成本。为应付监管，一些包工头通常只是与部分农民工签订假劳动合同，而实际上并不按照合同来履行责任。由于雇用农民工处于非正式状态，因而雇主在支付农民工工资时，也是不确定的、非制度化的，通常是雇主与农民工个体之间的口头承诺，而较少定期按时发放工资。特别是建筑行业，雇用农民工一般是由包工头来承包的。包工头作为用工中介，实际负责招聘和管理农民工，并负责发放农民工的劳动报酬，建设单位则将劳务转包给包工头并支付相应的费用。在这样的用工制度下，建设单位也可能拖欠包工头的工程项目劳务费用，由此导致拖欠农民工工资；另一种情况则是包工头不履行承诺而直接拖欠农民工工资。由此可见，用工制度的漏洞明显增加了拖欠农民工工资的风险。

从监管的角度看，对农民工用工管理和拖欠工资行为的监管难和监管不到位是拖欠农民工工资问题多发的重要原因之一。一方面，由于农民工属于非正式就业，劳动监管部门和仲裁部门在监督和裁决欠薪纠纷问题时，通常面临着无法可依和执法难的困境，这给农民工用工的监管带来了困难。另一方面，由于监管不及时，一旦拖欠农民工工资问题发生，相关部门往往不能及时有效地解决被拖欠农民工的工资偿付问题，帮助农民工解决讨薪困难。针对农民工用工市场的监管问题，为提升拖欠农民工工资问题的治理效率，政府仍需进一步加强对农民工用工行为的监管，促进雇用农民工行为的规范化、正式化，弥补用工制度的漏洞，增加拖欠行为的成本，运用法律打击恶意欠薪行为。此外，还需完善农民工劳动力市场监管体系，提升监管体系的应急处置能力和纠纷风险防范能力，避免拖欠农民工工资问题破坏社会稳定。

在治理拖欠农民工工资问题方面，政府需发挥主导作用，在社会中构建起共治机制。一方面，不断完善劳动力市场和用工方面的法律法规，加大执法和监管的力度；另一方面，也可引导农民工、工会、社会组织和执法机关共同参与到对这一问题的防范和解决之中，逐步培育和形成守法有序、公平合理的农民工就业环境。此外，针对拖欠农民工工资的秩序风险，还可引入新型农村保险机制，通过政策性保险，来保障被拖欠的农民工工资得到及时赔付。

在新时代，农民工群体的存在将是一个大趋势，实施乡村振兴战略，需要正视这一现实，积极看待农民工的流动，做好农民工的服务、支持和保障工作，有效治理农民工问题，充分发挥农民工的独特作用。

四、鼓励并支持农民工返乡创业

农民工群体是乡村社会庞大而又特殊的群体，该群体是为了在农业外就业而从农村流动出去的人口。改革开放之后，随着工业化进程的加速、市场经济体制的建立和推行，大量农村劳动力流向城镇和非农业部门，形成规模庞大的农民工群体。国家流动人口监测数据显示，每年有 2.9 亿左右的流动人口，其中乡—城流动人口在 1.7 亿左右。在这 1.7 亿左右的乡—城流动人口中，绝大多数是农民工，即流动的农村劳动力。

目前，每年大约有 700 万农民工返乡创业，涉及第一、第二、第三产业各个领域，这一现象表明农民工群体也存在回流的需要和可能。如果说农村改革推动了小农经济向"打工经济"的转变，那么乡村振兴带来的农民工返乡创业实践，将会促进"打工经济"向"创业经济"转变[①]。

农民工返乡创业对乡村产业振兴来说，是一条有效且可行性较高的路径。这一乡村产业结构调整与发展的路径，能够充分调动起乡村自身的人力资本优势，并发挥社会网络资本的作用，恢复和提升乡村内生的发展动能。农民工返乡创业不仅仅是劳动力的回流，更重要的是带来了新的发展动力。一方面，返乡创业的农民工会把新要素、新业态带入乡村，为家乡产业发展注入

---

① 黄祖辉，宋文豪，叶春辉，等．政府支持农民工返乡创业的县域经济增长效应：基于返乡创业试点政策的考察．中国农村经济，2022（1）.

新动能；另一方面，农民工返乡创业能为留住乡村劳动力或让劳动力回流乡村创造条件。从一般经验来看，每一个农民工创业项目都会带来四个以上的就业岗位。农民工创业项目增多，也会带来农村劳动力留乡就业和返乡就业的增长。

作为劳动力逆向回流现象，农民工返乡创业虽在实践中存在，但并不代表一种发展趋势。因此，在推进乡村振兴战略过程中，要使农民工返乡创业规模得以增长，则需要相应的鼓励和促进政策。鼓励和促进政策实际包括两个方面：一是对乡村产业发展特别是新产业、新业态发展的鼓励，为在乡村创业提供有利的氛围和条件；二是对农民工创业行为尤其是返乡创业行为的鼓励，为农民工创业提供种种优惠政策，构建有效的创业激励机制。

对农民工群体来说，创业过程也是一个艰难的过程，会面临诸多挑战和风险，创业成功率和创业绩效受到复杂因素的制约。为发挥农民工返乡创业在乡村产业振兴中的积极作用，还需要为返乡创业者提供有效的政策支持。

农民工返乡创业以创建小微企业为主，在创业之初大都面临着资金或融资问题。对返乡创业的农民工，政府需要提供科学合理的金融政策支持，既要防范和降低融资风险，也要给创业者降低融资难度，帮助有创业意愿和能力的返乡农民工解决融资困难。

此外，对农民工返乡创业还需给予一定税务减免的政策支持。为降低创业者创业初期的税务负担和经营成本，提高创业成功率，政府的政策支持较为重要，及时有效的外部支持通常能帮助创业农民工渡过难关，实现创业目标。

促进农民工返乡创业，还需要有良好的社会支持环境与氛围。广泛的社会支持机制会给农民工创业扩大市场机会，通过民众消费农民工创业产品的方式和渠道，既满足消费者的市场需求，也给农民工创业提供更加广泛的支持。

在推进乡村振兴战略的过程中，振兴乡村产业是基础，也是关键。乡村产业兴旺，乡村就会兴旺。农民工返乡创业是乡村产业振兴的重要途径之一，做好农民工返乡创业的支持与服务工作，对于乡村振兴意义重大。

第七章　乡村振兴与人口长期均衡发展

第七次全国人口普查结果显示，截至 2020 年 11 月 1 日，我国总人口（不包括港澳台）达 14.1 亿人，十年间人口总量增加了 7 205 万人，比 2010 年增长了 5.38%，年均增长 0.53%，比上个十年平均增长率低 0.04%。数据表明，我国人口总量仍处于增长状况，但增速有放缓的趋势。过去十年间，在生育政策进行了"单独二孩""全面二孩"政策调整的情况下，虽二孩生育的比例有明显提高，但未改变人口总量增长减缓的趋势。为促进人口长期均衡发展，仍需要推进宏观结构性改革，其中全面实施乡村振兴战略显得尤为重要。

一、辩证地看城市化

城市化是伴随人口向城镇聚集而产生经济、社会与文化等方面的结构性变迁的过程。城市化的规模效应和聚集效应会在一定发展阶段对拉动投资和消费、促进经济增长发挥积极作用。从发达国家经济社会发展的历史经验来看，人口的低生育水平、人口负增长和人口老龄化等人口问题的结构性根源在城市化。尽管发达国家采取了各种各样鼓励生育的政策和福利措施，不断完善儿童抚育和教育福利体系，不断提高社会保障水平，但这些制度性激励并未扭转低生育率和人口负增长的局面。正是由于经历了城市化的社会转型，发达国家实现了低生育率、低死亡率和低自然增长率的人口转变。所以，在人口学界有人将城市化形象地比作"天然的避孕药"，可见城市化有着抑制人口增长的结构与功能。

城市化是现代社会的变迁与转型过程，遵循着客观历史规律，不以人的意志为转移。了解并认识城市化过程对人口发展所产生的影响，目的不是反对或阻止城市化——这也是不可能的，真正的意义在于把握城市化转型的规律及影响机制，并据此更好、更积极地加以应对。人口老龄化问题也是人口结构转型的一个过程和趋势。面对这一客观存在的问题，社会需要加以科学研究和全面认识，以做好更充分的准备，更加积极地应对。

在城市化进程中，人口的受教育程度以及总体素质会有明显提升，城镇家庭及社会为个人创造了更加优越的教育环境。城市化在拉动经济快速增长的同时，也提高了居民的社会生活水平，改善了医疗卫生条件，促进了人口健康水平和预期寿命的提高，在一定程度上推进了人口结构的老龄化。

然而，在人口规模和数量增长方面，城市化则起着明显的抑制作用。城市化对人口发展产生影响的机制是复杂的、结构性的和整体性的，城市的生活方式、价值观念以及社会环境等一系列经济、社会与文化因素组合在一起，对人们生育意愿的降低产生显著影响。随着城市居民生育意愿的降低，人口低生育水平、低出生率和低自然增长率出现。在人口规模和增长速度对资源、环境构成较大压力的情况下，低生育水平有利于缓解这一问题；然而在人口负增长、人口老龄化的情况下，低生育水平则会加剧人口发展的不均衡问题。

城市化既是社会的转型，也是人口的转变。城市化标志着大量像城市这样的新型社会系统的迅速兴起和发展，城市社会系统与传统乡村社会系统有着巨大差别，社会生活方式也很不一样。城市是以工商业为主的社会系统，人们以分工和组织的方式相联系。城市化也意味着人口向城市的聚集，在城市居住生活的人口不断增长，并远远超过生活在乡村的人口。城市化过程体现了人口从乡村向城市集中的动态变化过程，人口在此过程中实现了空间上的位移和巨变。

现代城市文明和城市生活方式对人口聚集产生了巨大吸引力，大量人口通过迁移和流动方式从乡村来到城市，是因为城市为这些人口提供了更多、更好的就业机会，以及更好的生活。城市化是在工业化的推动下发生的，技术革命与工业化带来社会生产力的提高，由此也促进了社会生活水平的提高。因此，城市化体现了人类社会的进步。

随着城市化不断推进，人口转变也逐渐出现。人口高出生率、高死亡率、低自然增长率的运行状况，逐渐向低出生率、低死亡率和低自然增长率的状况转变。工业化发达、高度城镇化的国家，早已出现人口的低生育和负增长现象。人口长期维持低生育水平和负增长状态，对经济增长和社会生活产生了较大影响。劳动力减少、人口老龄化等与人口转变有密切关联，这些问题向现代社会的生产和生活提出了新的挑战。

对城市化与人口长期均衡发展之间的关系，也需要辩证地看。虽然城市化推动了现代社会的人口转变，但城市化并不必然导致人口非均衡发展。在城市化进程中，合理地处理城乡关系、培育并引导正确的家庭和生育观、提供人口可持续发展的激励机制与制度安排等，将对促进城市化背景下人口长期均衡发展起到积极的作用。

二、认识乡村社会的人口功能

乡村是在结构特征、资源禀赋等方面与城市有着较大差别的社会空间，乡村社会为人口活动提供了一种相对自然的空间，也是人口活动与发展的重要载体。

在传统的乡村社会，受客观条件的制约，人口结构有高出生率、高死亡率和低自然增长率的特征。随着医疗卫生条件和生活条件的改善，出生人口的死亡率在不断降低，而出生率则维持高位运行，由此出现人口高自然增长率。为降低人口出生率和人口增长速度，控制人口规模，中国自 20 世纪 70 年代开始推行计划生育政策。计划生育在城市实行的是独生子女政策，而在农村多数地方推行的则是"一孩半"政策，即第一胎生育女孩的夫妇可以有条件地申请第二胎生育。在农村，计划生育措施的实施曾面临重重困难和阻力，如今随着政策调整，以及社会的变迁，人们的生育意愿和生育需求与政策之间的张力已大大缓解，多生已不是农村居民的主要生育意愿。不过，农村社会仍有生男偏重的氛围，较多家庭在生育方面仍有儿女双全的需求。这些生育观念和需求在一定程度上影响并驱动着人们的生育选择行为，使得农村人口的出生率不至于过快降低，而会维持在一个相对稳定的水平之上。农村人口运行与发展的社会文化环境对人口长期均衡发展来说，会起到积极的调节功能。

生育具有多重属性，生育行为也是多样化的。在保持人口长期均衡发展方面，既要优化生育政策，提升生育意愿，也要促进人口与经济、社会协调发展①。人口与社会协调发展，会在较大程度上体现在城市与乡村社会系统的和谐及协调发展之上。

乡村社会实际上由两大系统构成：一是村落，二是乡镇或小城镇。一个县域社会就是典型的乡村社会，其中包括小城镇和村落。

就村落而言，其对人口长期均衡发展的显著功能体现为对生育的友好，属于生育友好型社会。因为在村落共同体中，家户的自然更替和代际更替为人们的生育需求和生育行为营造了友好的、鼓励的环境，村落中每个家庭的生育行为都会对其他家庭的生育准备和生育选择起到激励作用。因此，在这样的社会环境中，生育会成为人们自然而然的社会选择。

村落社会环境不仅有利于"生"，对"育"也很有利。村落的居住和生活方式为儿童养育提供了便利的条件。一方面，村落共居的方式提高了家庭内部的分工合作效率，为家庭育儿提供了便利。在农村家庭，照看孩子的问题通过内部分工协调即可解决；而在城市社会，这一问题通常需要社会化服务才能解决，育儿依赖于专门的托育机构。农村家庭托育不仅解决了儿童养育的难题，而且大大降低了育儿成本与负担。另一方面，村落中的家户和邻里之间，也有着相互守望和互帮互助的功能，村落共同体不仅为育儿提供了相对安全稳定的环境，而且为社区育儿提供了一定条件。

此外，村落文化对鼓励和促进家庭及育龄夫妇的生育选择有积极功能。在传统乡土社会，农民的生育观念是"多子多福"，即多生孩子会给家庭生活增添幸福。因为在农业社会，劳动力规模是生产力水平的重要标志，家庭劳动力规模越大，生产力会相应地越高。多生特别是多生男孩，对增加家庭劳动力、提升家庭农业生产力会起到直接的、明显的作用。家庭生产能力提升了，生活水平自然也就会提高。所以，"多子多福"成为乡土文化中的主流生育观念，影响着村落社会中人们的生育行为。

---

① 杨菊华. 生育政策包容性：理论基础、基本意涵与行动策略. 华中科技大学学报（社会科学版），2021，35（3）.

在新的时代背景下，现代化、城镇化已经从诸多方面影响和冲击了传统乡土文化，乡土社会转向后乡土社会，农民的传统生育观念也已发生重要变迁，多生不再是农村家庭的普遍选择和首要原则。从现实情况看，少子化越来越成为农村家庭人口发展的一种趋势，较多的农村家庭不再追求多孩，也不再认为"多子"就会"多福"。那是因为社会转型和城镇化带来了子女养育和教育成本的大幅提升，农村家庭要把孩子养大成人，承受的经济压力越来越大。不过在乡村社会，对生育的重视和生男偏重的观念依然延续。村落中的各家各户都会把"传宗接代"与家户更替视为人生的一项重要目标。与乡村社会不同，城市育龄夫妇的个体化观念和自我意识明显增强，"丁克"族规模有扩大的趋势。而在乡村社会，已婚的年轻夫妇仍会注重生育选择，而且仍偏重于生男孩。尽管追求生男孩与传统的"传宗接代"观念有所不同，但追求生男孩仍是乡村社会在生育选择方面的一种风气，或者说是一种选择偏好。受这种社会风气的影响，年轻育龄夫妇在没有生下男孩的情况下，往往会主动选择继续生育。乡村社会的生男偏重文化以及农村家庭追求生男孩的行为，实际上会带来多胎生育的结果。因为按照现实概率来推算，一般有百分之五十的育龄夫妇第一胎未生育男孩，那么这就意味着有百分之五十以上的育龄夫妇会选择继续生二胎，这样无形中也就提高了乡村社会的生育水平。

整体而言，乡村社会尽管已发生巨变，但对人类生育与人口发展来说仍是友好的——甚至鼓励和支持生育，这有利于人口增长。

乡村社会既包括村落，也包括乡镇或集镇之类的小城镇。乡镇、集镇等小城镇对乡村社会经济生活来说，不仅是乡村居民经济交往活动、文化和公共活动的中心，同时也对人口聚集、聚居和协调发展起到均衡调节的功能。小城镇与城市不同，小城镇是连接城市与农村的过渡和调节地带，在人口活动方面，小城镇就相当于人口"蓄水池"，既有聚集人口和劳动力的功能，也有调节城乡人口与社会关系的功能。

乡镇、集镇一般是乡村社会交流、交往和交通中心，是乡村通往外部世界的中心枢纽。镇通常会聚集乡村商贸、手工业及工业，如改革开放之初乡镇企业异军突起，就是乡镇、集镇等小城镇兴起了各种各样的加工制造业，为农村富余劳动力找到了向非农业转移的出路。劳动力有了就业出路，自然也就能安居下来，不需要向城市迁移流动了。正因为小城镇有着非农业就业的接纳能力，因此能发挥人口"蓄水池"的功能。对农村家庭来说，由于受土地规模和农业经营效率的限制，家庭人口和劳动力的增长，不一定能带来经济效益和家庭收入的增长。家庭新增劳动力要想获得充分的就业渠道和就业机会，就必须适当地向非农行业转移。流向城市打工是农村劳动力的重要就业去向。但与流向城市打工相比，在小城镇从事非农业生产经营，能达到"离土不离乡"的效果。农村家庭的农业富余劳动力可以不用离开家乡就实现在非农业部门就业，达到增加收入的目标。"离土不离乡"显然大大降低了农民工流动的经济成本和社会成本，同时又能有效地解决收入增长问题，从而可以让农村人口留在农村。

一方面，小城镇具有人口聚集功能，可以有效地蓄积部分农村人口，为农村劳动力的非农行业转移提供空间。另一方面，小城镇也具有人口缓冲功能。小城镇介于城市与农村之间，属于过渡性社会系统，既可避免城市化对人口出生率与增长的巨大冲击，也可解决农村人口的发展问题。在快速城市化的过程中，受城市生活方式的制约，城市家庭生育和抚养孩子的成本提高，从而诱致低生育水平的发生和持续，导致人口低水平增长乃至负增长。而小城镇的生活方式虽有非农化特征，但其生活成本和生活压力相较于城市明显要低，家庭生育和抚养孩子的成本也无明显升高，人们仍看重生育和家庭的代际更替。因此，小城镇发展对生育和人口增长仍是友好的。如果在乡村振兴中，注重乡镇和集镇等小城镇的建设与发展，保留并拓展一大批小城镇，就会在一定程度上缓解农村人口快速减少带来的人口发展不均衡问题。大量小城镇的发展与繁荣，会缓解和有效抑制农村人口外流及负增长问题，同时也能缓解农村人口锐减给人口整体均衡发展带来的巨大冲击。如果大量小城镇得以发展，有更多人口在小城镇生活和发展，就会减缓人口出生率和自然增长率下降的速度。

乡村社会系统中的村落和小城镇，是人口的重要载体，为人口的生育和抚养活动提供了良好环境，对人口增长和可持续发展发挥着积极功能。在城市化的大背景下，为避免现代化、城镇化带来的人口不均衡发展的负面效应，需要重视乡村社会中村落和小城镇的保留、维续和发展，发挥乡村社会对促进人口均衡发展的积极功能。

三、乡村振兴有利于人口均衡发展

实现人口长期均衡发展是践行"创新、协调、绿色、开放、共享"的新发展理念的必然要求和基本保障。一切发展都是为了人,一切发展也都依靠人,人口的均衡发展对新发展阶段的社会经济发展来说至关重要。人口是一个有机系统,人口均衡发展既要保持系统内规模与结构以及各个要素之间的协调平衡,也要保持与系统外的自然资源以及社会经济发展水平之间的相互协调和均衡。

人口均衡发展包含了城市与乡村人口的协调和动态平衡。2020 年,我国常住人口城镇化率为 63.9%,比 2010 年城镇化率提高了 14.2%。尽管学界常以西方国家的城市化经验和 80% 城市化率的标准来衡量中国的城镇化水平,但毕竟中国的国情不同,需要实事求是地探寻中国式的城镇化道路,动态地调整城镇化策略和速度。虽然快速城镇化在一定时期内能拉动经济快速增长、有效控制人口规模、提高人口素质,但从人口长期均衡发展角度看,快速城镇化会加快人口低生育水平、负增长和老龄化的到来,会给经济社会发展带来劳动力"断崖式"减少的问题,对此尤须加以警惕和提前应对。

城市与乡村人口的均衡发展之于经济社会协调发展以及人与自然和谐发展来说有重要的意义。既然要实现均衡发展,那就不是只有城镇化一种方式、一条路径,而是需要推进两者的协调发展,从非均衡状态达到均衡状态。

从当前我国人口发展的基本形势来看,实现城乡人口均衡发展的关键在于解决城乡经济社会不均衡发展问题,尤其是乡村社会发展不充分问题。鉴于此,实施乡村振兴战略既是必要的,也非常重要。

为积极应对和对冲出生率持续降低以及人口出现负增长带来的社会经济影响,必须做到未雨绸缪,提前防范风险,尽早构建生育友好型社会,以实现代际传递均衡。此外,面对劳动年龄人口减少的现实,需要提高经济活动人口的素质,尤其是乡村劳动力的素质,以实现人口与经济社会发展的均衡[1]。

---

① 杨宜勇,赵玉峰.积极促进我国人口长期均衡发展研究.江淮论坛,2021(3).

乡村振兴对促进人口长期均衡发展的积极功能主要体现在两个方面：一方面，随着乡村振兴战略的全面推进，乡村社会经济系统将得以更加充分地发展，城乡差距将进一步缩小，将有越来越多的人愿意选择在乡村生活和发展，乡村人口的净流出格局和趋势将有所缓和，从而在一定程度上缓解乡—城人口大流动的非均衡状态。另一方面，乡村振兴也有利于乡村价值和生活方式的保持，并在一定程度上缓解低生育意愿、少子化以及人口增速快速降低等问题。在乡村重振起来之后，乡村人口的规模、结构将保持在平稳合理的水平，这将对缓解人口的低出生、低自然增长状态有一定促进作用，并对稳定和平衡人口发展起到积极作用。

此外，乡村振兴对构建人口均衡型社会来说有着重要意义。人口均衡发展是以社会经济协调发展为基础的，城乡人口结构的均衡与协调发展，必须以城乡均衡发展为前提。随着乡村社会的振兴，乡村人口也将得以可持续、协调发展，进而促进人口长期均衡发展。

社会系统是人口的载体，人口长期均衡发展的关键在于社会系统的均衡协调发展。乡村社会既是社会系统的重要构成，也是重要的人口载体。如果人口在城市与乡村之间均衡分布，就有利于人口均衡协调发展。尽管城市化成为现代社会发展的大趋势，但在城市化过程中，仍需保持城市与乡村之间的适度均衡，保持城市与乡村的协调发展。从某种意义上说，推进乡村振兴战略，其重要目标之一就是改变快速城市化进程中城市与乡村发展的不均衡不协调状态。由于乡村社会发展在工业化、城市化过程中处于劣势，因此乡村发展不充分问题凸显，城乡发展不均衡较为显著。受此影响，乡村人口大量外流，乡村长期处于人口净外流状态，乡村人口持续减少。乡村人口发展面临的这些问题归根到底是乡村社会发展问题，是城乡关系不协调问题。乡村人口不均衡不协调发展的影响不是仅仅局限在乡村范围之内，而是逐渐扩展到城市以及整个人口系统。其影响也不仅仅在当下，更重要的是中长期影响。因此，着眼于人口长期均衡发展的政策安排，要有大人口观的视野，既要看到调整生育、迁移等人口措施的作用，也要看到宏观结构调整的重要作用，充分发挥新时代乡村振兴战略的调节功能，科学合理地协调城市化与乡村发展的关系。

四、全面而精准地推进乡村振兴

随着脱贫攻坚取得全面胜利，实施乡村振兴战略已成为新时期乡村发展的中心任务。2021 年 4 月，全国人大常委会通过了《中华人民共和国乡村振兴促进法》，进一步从法律高度明确了振兴乡村的目标和任务，为全面推进乡村振兴的实践及政策措施提供了法律依据和支撑。

民族要振兴，乡村必振兴。作为实现中华民族伟大复兴的一项重大任务，全面推进乡村振兴，就是要动员全社会的力量，形成合力，促进乡村在现代化进程中获得新发展，实现"产业兴旺、生态宜居、乡风文明、治理有效、生活富裕"的振兴目标。

乡村振兴的顺利推进，首先需要扭转现代化、城镇化转型背景下乡村发展的劣势和颓势。为加快农业农村现代化，提高农民的社会生活水平，需要加强乡村建设行动，重振乡村发展信心，提升乡村发展能力。在具体振兴措施方面，把握两个重点：一是加大对乡村发展的投入，尤其是在乡村基础设施建设、公共服务供给、社会福利以及人居环境改造等方面，要创新体制机制，动员更广泛的力量，增加投入。乡村基础设施的建设、改善、维护和可持续发展，既需要国家增加投入，也需要建立有效机制，广泛吸纳社会资金的参与。二是促进乡村产业兴旺。产业振兴是乡村振兴的基础，也是关键所在。如果乡村的产业得到了均衡发展，就会为其他问题的解决奠定坚实的经济基础。在新时代，振兴乡村产业，不只是简单地发展现代农业或狭义的农业现代化，重点在于与时俱进地推动农业供给侧结构性改革，合理有效地调整乡村产业结构，促进农业高质量发展，推进乡村产业的融合发展。乡村产业结构调整、农业高质量发展，以及与第二、第三产业的融合发展，有两个根本目标：一是保障粮食安全；二是促进乡村居民增收。

在实施乡村振兴战略的过程中，为有效实现预期目标，精准地推进振兴措施尤为重要。唯有精准地掌握当前乡村发展的实际状况，精准地了解不同地区乡村的实际需要，精准地采取有效的振兴措施，才能精准地实现振兴的预期目标。中国的乡村社会差异化程度较大，发展水平存在较大差异，全面推进乡村振兴并不等同于采取统一化的政策措施，而是需要根据各地乡村的现状和实际需要，因地制宜，分类指导，精准施策。精准地推进乡村振兴，可以参考借鉴精准扶贫的实践经验，将振兴实践的重点置于乡镇和村庄，全面而准确地把握全国 3 万多个乡镇和 50 多万个行政村的基本信息，制定精细化的振兴规划和方案，实施精准的帮扶政策，精准发力，有效振兴。

精准地推进乡村振兴，还需要重视小城镇特别是乡镇、集镇的发展，要把小城镇发展当作大问题加以关注。大力发展小城镇不仅会直接推动乡村振兴，而且会对人口长期均衡发展起到巨大促进作用。费孝通曾指出，小城镇发展是一条"离土不离乡"的富民之路，小城镇也是重要的人口"蓄水池"[①]，对人口均衡发展发挥着积极的调节功能，对规避和缓解"大城市病"起到积极作用。

乡村是人类社会系统的重要构成，乡村振兴、乡村新发展不仅是为了乡村美好的未来，也是为了整个社会系统的协调和均衡发展。在现代化、城镇化进程中，有效推进乡村振兴，实现乡村繁荣，对积极应对非均衡结构性问题、促进人口长期均衡发展具有极其重要的意义。

---

① 费孝通．志在富民：从沿海到边区的考察．上海：上海人民出版社，2007.

第八章　乡村振兴中的农业农村现代化

中共十九大提出"实施乡村振兴战略""加快推进农业农村现代化"[①]，这一宏观政策方针意味着乡村振兴将是新时代"三农"发展的基本战略，农业农村现代化将成为新时代农业和农村发展的方向。那么，何为农业农村现代化？如何推进农业农村现代化？关于农业农村现代化的相关问题，依然需要结合中国农村的现实情况，做更加深入的理论辨析，以求更为科学合理地理解，这样才会有利于乡村振兴实践的有效推进。本章结合笔者以往在农村研究中所把握的现实经验，从社会学的现代化理论视角，分析和探讨在新时代乡村振兴过程中，农业农村现代化究竟有哪些实际的内涵，推进农业农村现代化有哪些切实可行的路径。

一、农业农村现代化的相关理论

现代化是指从传统前工业社会经历经济发展而发生的社会转型与社会变迁的过程，在这一过程中，具有现代性的要素如现代生活方式和组织结构等在社会中逐渐增多。现代化的早期支持者一般会持有一种趋同论的理论假设，即认为每一个社会都要经历现代化的过程，而且世界各国会因受现代化过程的影响而变得越来越相似[②]。然而，经历了几百年的现代化过程后，当今世界仍呈现出不一样的发展状况和态势。尽管现代化的影响越来越显著，但世界各国的发展并未像趋同论所认为的那样走向单一化，而是表现出多种多样

---

① 习近平. 习近平谈治国理政：第3卷. 北京：外文出版社，2020：25.

② 波普诺. 社会学（第十版）. 李强，等译. 北京：中国人民大学出版社，1999：636.

的发展路径和发展方式。

在农业农村发展的未来走向问题上，有一种与现代化趋同论相似的"小农终结论"观点。孟德拉斯认为，随着现代化的推进，传统的小农生产方式以及农民将逐渐消失，并最终走向终结，取而代之的将是现代化的农业和现代农业工人①。然而从当前世界农业发展格局来看，小农户以及小农生产方式依然广泛存在，并在现代社会的农业发展中占据重要地位，为农业发展继续做出重要贡献。甚至在一些地区如南美洲一些地方，还出现了"再小农化"的现象和趋势，即一些农业企业或农场将其土地再分包给小农户来负责生产经营。②"再小农化"的趋势和事实表明，小农终结论的观点过于教条、过于理想化地理解农业农村的现代化问题。尽管在现代化进程中，农业农村的发展将受到相应影响，但这并不意味着农业农村的发展只能按照一种统一模式来推进，而且最终要达到同一的结果。

中国的农业、农村、农民"三农"问题一直备受关注。在农业农村现代化问题上，已有多种多样的观点和对策建议。综合起来看，中国特色的理论假设有较为广泛的影响。例如，关于农业农村的未来发展，陈锡文认为关键在于应对和解决三大问题：其中一个问题是"地"的问题，其他两个重大问题分别是"粮"的问题和"人"的问题，即粮食和主要农产品的供求关系问题，以及城镇化过程中农民转市民问题③。至于农村"地"的问题，实际上就是要回答两大问题：将来"谁来种地"和"怎么种地"④。这一问题其实就是未来农业发展方向问题，也可以说是农业现代化问题。在此问题上，中国迫切需要走出一条有特色的农业现代化道路，需要不断提高耕地产出率、资源利用率和劳动生产率，为农业增产、农民增收、农村繁荣注入强劲动力。与此同时，农业现代化需要与工业化、城镇化有机联动，需要构建起一个适合国情、适合市场经济要求的组织和制度体系。⑤

在如何发展现代农业问题上，温铁军等强调了国情的特殊性及其制约性，

———————————

① 孟德拉斯. 农民的终结. 李培林，译. 北京：中国社会科学出版社，1991：1.

② 范德普勒格. 新小农阶级：帝国和全球化时代为了自主性和可持续性的斗争. 潘璐，叶敬忠，等译. 北京：社会科学文献出版社，2013：1-5.

③ 陈锡文. 当前我国农村改革发展面临的几个重大问题. 农业经济问题，2013，34（1）.

④ 陈锡文. 构建新型农业经营体系刻不容缓. 求是，2013（22）.

⑤ 陈锡文. 中国特色农业现代化的几个主要问题. 改革，2012（10）.

认为人地关系高度紧张和城乡二元结构的基本体制矛盾对农业发展的制约作用会长期存在，这是讨论中国农业本体论问题的基本前提。从世界农业发展经验看，农业生产方式主要有三种类型：大农场农业、小农场农业和小农户农业。如果不顾客观条件推进以大农场农业为主的规模化的农业现代化，就会造成生态环境和食品安全的双重负外部性。中国发展现代农业需要考虑到多功能性和综合价值，需要进一步探寻新的激励和补偿机制。[①] 韩俊也提出了类似观点，认为经过 30 多年的改革开放，中国总体上已进入以工促农、以城带乡的发展阶段，工业反哺农业、城市支持农村的能力显著增强，农业和农村发展面临重要的历史机遇。但同时，值得注意的是，在经济快速增长、发展方式加快转变、社会结构加快转型、利益格局深刻变化的大背景下，农业基础依然较薄弱。要改变这一状况，需要发展现代农业，促进农民增收。其中，尽快建立起现代农村金融制度尤为重要，必须提高正规金融对农村的覆盖率，引导和推动农村金融由"抽血"向"输血"转变。[②] 在如何走中国特色农业现代化道路问题上，一些学者具体分析了中国基本国情，认为中国建设特色农业现代化会面临诸多困难和问题。中国人多地少、农业基础薄弱，建设特色农业现代化，没有现成经验可以借鉴，只能靠自己摸索和试验。大量人口沉积在农业领域导致农业就业比重过高、农户土地经营规模过小、农业劳动生产率过低，要解决这些难题并非易事，需要通过较长时间的努力。例如，蒋和平提出，中国要分地区、分阶段、分层次推进特色农业现代化建设，推进中国特色农业现代化建设可选择七大发展战略和四大具体技术路线[③]。对中国特色农业现代化建设的评价，可运用多指标综合分析方法，通过农业投入、农业产出水平、农村社会发展水平和农业可持续发展 4 个"准则层"，以及劳均农业投入水平、农业科技投入水平、城镇人口比重等 15 个指标对中国农业现代化发展水平进行定量评价[④]。

　　农业农村现代化问题，还涉及农业基本经营制度的变革。创新和完善农

　　① 温铁军，董筱丹，石嫣. 中国农业发展方向的转变和政策导向：基于国际比较研究的视角. 农业经济问题，2010，31（10）.

　　② 韩俊. 统筹城乡发展，夯实农业农村发展基础. 中国党政干部论坛，2010（11）.

　　③ 蒋和平. 中国特色农业现代化应走什么道路. 经济学家，2009（10）.

　　④ 蒋和平，王德林. 中国农业现代化发展水平的定量综合评价. 农业现代化研究，2006（2）.

业经营制度，建立起新型农业经营体系，是实现农业现代化、建设社会主义新农村的制度保障。合作经营是农业经营方式之一，发展农业合作经营在现代农业发展中有重要作用。在农业合作经营发展问题上，张晓山根据对农民专业合作社的考察和研究，认为多样化、混合型的农业现代化发展模式和经营形态将在农村长期存在。农民专业合作社的异质性和多样性特征也将长期存在，由农业大户领办和控制的合作社在一些地区是合作社的主要形式，原有农业产业化经营中的"公司＋农户"的形式要么内部化于合作社之中，要么是公司越来越多地利用合作社作为中介来与农民进行交易，农民专业合作社和农村社区组织将会更多地碰撞、交错和融合到一起。农民专业合作社未来能否健康发展，关键就在于从事农产品生产或营销的专业农户能否成为农民专业合作社的利益主体。[①] 关于如何推进农业基本经营制度创新，一方面要坚持以家庭承包经营为基础、统分结合的双层经营体制不动摇，赋予农民长期而有保障的土地承包经营权。另一方面，需要处理好稳定与创新的关系。随着农业农村市场化的发展，农产品生产者的生产经营规模逐步扩大，农业生产经营活动各个环节的市场化、专业化和商品化的程度随之提高，农产品生产与国内外市场的联系更加紧密，所要承受的市场风险和自然风险增大，预期收入的不确定性也增大。在新的形势下，农户家庭经营的内涵正在发生变化，以统分结合、双层经营为特征的农业基本经营体制也要不断变革和改善。[②] 在某种意义上，农业现代化的发展过程自然也是农业生产经营方式根据实际需要而做出变革与调整的过程，农户家庭经营在稳定农业基础地位的同时，随着现代化的推进，也会发生一定的变迁。这一变革可能使各地农村根据现代化变迁的实际情况和需要，走出一条有效且可行的新型农业经营之路。

关于农业现代化发展过程中的农业基本经营制度创新与变革问题，孔祥智等则认为当前中国农村的基本经营制度存在着一些缺陷，主要表现为农村土地制度难以满足农业发展的需要，集体经济组织统一经营的职能发挥不够。随着工业化和城镇化的推进，土地承包经营权却长久不变，农民的土地流转

---

① 张晓山. 农民专业合作社的发展趋势探析. 管理世界，2009（5）.

② 张晓山. 创新农业基本经营制度 发展现代农业. 农业经济问题，2006（8）.

需求将日益强烈，因此，需要进一步完善农村基本经营制度。[①] 对新型农业经营主体的考察和研究显示，近年来通过土地流转形成的、直接从事农业生产经营活动的农业经济组织主要有专业大户、家庭农场、农民合作社和农业企业等。到 2013 年年底，土地流转面积占家庭承包经营总面积的比例超过 26%，其中流转入农户、农民合作社和农业企业的土地分别占 61.8%、18.9% 和 9.7%，转入土地的农户演变为专业大户和家庭农场。针对这一现实，宏观政策或顶层设计需要有积极的应对，让新型农业经营主体的发展在农业现代化中发挥作用。[②] 构建新型农业生产经营体系将是农业现代化的重要内容，至于新型农业生产经营体系的具体构成和具体方式以及实现路径，仍需要在掌握中国农业农村实际情况的基础上，在农业农村改革的具体实践中，不断地探索和检验。

虽然中国特色农业农村现代化理论的多种观点，关注并反映了中国农业农村的实际情况在现代化过程中的制约作用，但其对农业农村未来发展所持的不同观点，也意味着关于新时代农业农村现代化问题可以有多种多样的理解，而要在多种观点中寻求更加合理、更贴近实际的理解，就需要就此问题不断进行经验的和理论的探讨与研究，以增进和丰富对此问题的认识。

二、何为乡村振兴中的农业现代化

宏观政策把加快推进农业现代化作为新时代实施乡村振兴战略的重要内容，那么，如何理解农业现代化呢？对这一问题能否准确把握与合理理解，直接关系到具体政策措施的有效性和合理性。

如果按照现代化的趋同论来理解农业现代化，就会把农业现代化简单地理解为发展现代农业，用现代农业取代传统农业。关于现代农业，人们通常会根据发达国家的农业发展经验做狭义的理解，即把现代农业理解为由现代公司组织的、运用现代农业科技、专门为市场而生产的规模化和集约化的农

---

① 孔祥智，刘同山. 论我国农村基本经营制度：历史，挑战与选择. 政治经济学评论，2013，4（4）.

② 孔祥智. 新型农业经营主体的地位和顶层设计. 改革，2014（5）.

业，在生产经营中广泛运用现代工业化成果的农业，一方面按照工业企业的生产经营方式来组织农业生产和经营管理，另一方面大量使用工业制造的农业机械和现代农业科学技术。诚然，大力发展现代农业在推进农业现代化进程中具有重要的意义，也是其重要构成，但农业现代化显然不简单等同于现代农业的发展。

关于现代农业和农业现代化问题，根据政治经济学的基本原理，可以从两个方面去理解其本质的意义：一是生产力方面，二是生产关系方面。在生产力方面，发展现代农业与推进农业现代化，其根本意义就是要提升农业的综合生产力水平，即通过发展现代农业和农业现代化，不断提高农业生产中的劳动生产率，以及单位土地的产出率。在生产关系方面，现代农业的突出特点体现在生产组织与经营管理方式上。在现代农业生产组织方面，现代农业通过调整和改革经营管理方式，使之更加适应现代社会的市场环境和社会生活的实际需要，以此实现不断提高农业生产效率和经济效益。在现代农业经营管理方式方面，目前也有较多以家庭为单位或依托家庭而开展的农业经营管理方式，它们虽有别于那些现代大农场或现代公司，但同样达到了改善生产经营效率和效益的目的。由此表明，现代农业在生产组织和经营管理方式上，并不一定存在某种固定的、理想化的模式。

在新时代乡村振兴中，农业现代化的实质就是要不断推进和实现农业的变革，使之更加适应现代社会经济环境和社会生活需要。就本质目标而言，农业现代化就是要实现两个提升：一是提升农业经济的效率，二是提升农业经济的效益。农业经济效率的提升主要是指通过农业的变革来提高农业生产力的综合水平，主要表现为"增产"，即农业产量、产值得以不断增长，在国民经济中的地位和贡献得到巩固和提升。农业经济效益的提升主要指农民"增收"，即农业生产的社会经济效益得到改善和提高。农业现代化要实现提升农业经济效率和提升农业经济效益两个本质目标，都需要以变革为基础和动力，没有农业的变革，就不可能有效率和效益的提升。但是，新时代农业的变革并不是指一种统一的模式，而是需要多种多样、因地制宜的变革途径和实践。在这个意义上，农业现代化并不等同于发展狭义的现代农业。

关于农业的变革问题，一些发展经济学理论倡导"改造传统农业"，发展现代农业。所谓"改造"，就是要让农民使用新型要素，而不使用他们世代使用的生产要素。① 然而在现实社会中，改造传统农业和发展现代农业会面临诸多阻力和困境，其中最根本的困境就是现代农业与农村传统结构之间的两难困境。一方面，现代农业的发展难以改变和取代仍具有传统特征的农村社会结构；另一方面，农村社会由于仍有传统结构存在，又难以为现代农业的发展提供充分的要素供给。现代农业与农业传统结构之间的这种两难困境，既是一种社会事实，也是中国的一项基本国情。② 而农业经济活动仍或多或少地嵌入农村社会之中，承担着承载农村社会系统运行的综合功能，而非脱嵌于农村社会的独立经济部门。因此，对传统农业的改造并非通过改变要素使用类型即可达到真正目标，推进农业的变革必须联系社会实际，只有从实际出发，才能找到有针对性的、有效的途径。例如，在提升农业经济效益方面，并不一定需要所有小农户都改变传统生产方式，传统的农艺在现代社会也可作为一种独特的资源在提高经济效益方面发挥作用。

实现农业现代化需要变革，如约翰逊认为："当经济增长发生时，农业必须变革。""如果农民要分享经济增长成果的话，农业就必须调整或变革……为了经济的增长，农民所需做出的最主要也是最困难的改变就是减少从事农业生产的劳动力。"③ 农业劳动力的减少具有两个方面的意义：一是农业生产率得以提高，二是农民向非农业的转移使得经济收益得以提高。农业在劳动力转移方面的变革并不会影响到农业产量和粮食生产，伴随着农业机械化和社会化程度的提高，农业劳动生产率得以提升，农业生产对劳动力的需求随之减少。不过，农业农村劳动力的转移并不一定是普遍的，在单纯发展种植业的地方，从事农业生产的劳动力需要调整，而在那些农业集约化经营或综合性经营的地方，以及在以种植经济作物为主的地方，农业劳动力并不显现出富余。因而在农业变革中，虽然农业劳动力有序转移是一项重要的内容，但变革不全是让劳动力转移出去，更重要的可能是在提高市场效益方面进行一些变革。

在农业现代化过程中，技术变革显得尤为重要，因为科学技术是第一生

---

① 舒尔茨. 改造传统农业. 梁小民，译. 北京：商务印书馆，1987：148.

② 陆益龙. 现代农业发展的困境与变革方向：河北定州的经验. 华南师范大学学报（社会科学版），2016（5）.

③ 约翰逊. 经济发展中的农业、农村、农民问题. 北京：商务印书馆，2004：102.

产力，随着农业生产不断引入先进的农业科学技术，农业生产力水平将得以不断提高。但是，农业的变革不仅仅是技术的革新，制度的变革也是重要的构成，因为制度也是一种生产力。制度创新和制度变迁会对农业发展起到同样重要的影响，有效率的制度安排能对农业经济效率和农业经济效益的提高起到积极作用。而要让制度安排促进农业效率和效益的提高，关键还在于制度的创新和变革，正如诱致性制度变迁理论认为，并非所有制度都是有效率的，低效率或无效率的制度也不是自动发生变迁的，而是在创新成本低于收益时就会诱致制度变迁。① 因此，在推动农业制度变迁的过程中，让创新和变革的成本尽可能降低而收益尽可能提高，是制度变革的关键。

那么，新时代如何推进农业现代化？怎样变革农业？要回答这些问题，首先需要把握当前农业发展面临的基本问题或根本问题。中国农业发展的基本问题，在黄宗智看来，主要是小农生产的"过密化"问题，也就是小农生产面临"有增长而无发展"问题②。所谓"过密化"，是指由人口增长导致的小农家庭人均边际收入出现递减的现象，即便家庭农业总产量有所增长，家庭人口的增多也会降低家庭人均收入水平。如果从问题的成因角度看，"过密化"的根源在于农业人口的增长以及由此产生的紧张的人地关系。诚然，在一个相对不变的经济环境中，小农户在劳动力供给增长的情况下，可能会面临边际收益降低问题，但是，如果农业生产经营方式及农业制度环境发生改变，那么小农户的经济效益不一定会随着劳动力供给增加而降低，而可能会得以提高。例如，如果市场制度的安排能够调整对小农户按照传统生产方式所生产农产品的价值的评价和定价体系，或者小农户能够根据市场价值体系调整自己的农业生产活动，那么，小农户的农业经济效益可能在一定程度上得以改善和提高。

从当前的经验现实来看，农户在农业生产经营方面所面临的突出问题并非技术、土地的制约问题，农户可以通过一些改变措施实现产量和劳动生产率的提高。但是，由于较多农户难以在农业生产经营改变中获得理想的市场效益或经济收益，因而驱动农户增加农业生产经营投入以及进行变革的动力

---

① 林毅夫．再论制度、技术与中国农业发展．北京：北京大学出版社，2000：122.
② 黄宗智．长江三角洲小农家庭与乡村发展．北京：中华书局，1992：77.

并不是很充足。在市场经济的环境背景下，农户的理想经济收益并不局限于农业范围之内，农户会将农业与其他生产经营方式进行比较。目前，农业农村的一种较为普遍的现象是，大量农村劳动力流向农业农村之外，而不是坚守在农村走农业变革之道。这不仅仅反映了农业劳动力的富余，更重要的原因是农村劳动力外出打工的比较收益更高。

所以，新时代农业现代化或农业发展所面临的基本问题，既不是土地问题，也不是技术问题，更不是"过密化"问题，而是农民如何获得公平的市场机会问题[①]。这一问题的核心是农民的经济收益增长问题，实质上会涉及农业与市场和政府的关系问题，亦即市场和制度安排如何让农业从业者获得公平合理的、理想的经济收益。这个问题表面上看是个简单问题，而实质上则是一种深层结构性的、系统性的问题，因为它关涉到整个利益结构和既有分配系统的变革和调整。农业经济效益的改变，会涉及食物供应价格系统的变化，而食物供应价格的上升，也就会导致劳动力价格的提高，由此而影响经济系统和利益结构。因此，基本问题的突破和解决并非一蹴而就之事，而是需要有系统的、配套的改革措施和渐进的变革过程。一方面，在宏观层面上，需要构建起支持和激励农业变革与发展的社会经济环境以及制度体系；另一方面，在微观层面上，也需要基层社区和农户调动起创新和变革的能动性，积极主动地推进农业变革与农业现代化的实践。

三、何为乡村振兴中的农村现代化

在新时代乡村振兴中，中央提出要按照"产业兴旺、生态宜居、乡风文明、治理有效、生活富裕"的总要求，加快推进农村现代化。虽然乡村振兴的总体目标已明确，但对农村现代化的内涵和实现路径，可能仍需拓展相关的研究以增进对此问题的深入全面认识和理解。

农村现代化究竟是什么？什么样的农村是现代化的农村呢？关于农村现代化的内涵，通常有两种观念：一是新农村建设观念，二是农村城镇化观念。新农村建设观念主要倡导，在现代化背景下，需要通过国家力量或外部的力

---

① 陆益龙.后乡土中国的基本问题及其出路.社会科学研究，2015（1）.

量来加强农村建设，使农村的面貌焕然一新，与现代社会发展水平相协调。新农村建设观念在以晏阳初为代表的乡村建设派的思想中就已体现出来，乡村建设思想主张重新建设乡村是一项"固本"工作①。发展经济学根据韩国及我国台湾地区的"新村运动"经验，倡导在新的历史时期可通过新农村建设来促进市场均衡和中国农村的新发展②。新农村建设主要是针对现代化过程中传统乡村的衰落而实施的一种农村建设政策，政府为改善城市与农村之间发展的失衡状态，通过支持农村基础设施建设和增加农村公共品供给等优惠和补偿措施，以改变农村发展的滞后状态，让现代化社会中的农村有新面貌。

在现代化进程中，乡村发展通常会面临随着城市快速发展而出现衰退的挑战，如费孝通认为："都市兴起和乡村衰落在近百年来像是一件事的两面。"③ 如果新农村建设主要是针对城乡发展不均衡问题，主要是为了改变农村发展旧的面貌，那么新农村建设可能会成为一种被动的、补救性的发展，乡村发展的主动性、主体性将难以在新农村建设中体现出来。

从某种意义上说，新时代推进的农村现代化，离不开国家在农村推进的新农村建设。农村基础设施和公共服务的改善，将是农村现代化的重要物质基础。但是，值得注意的是，无论是从历史还是从现实经验来看，如果把乡村发展和农村现代化等同于农村建设，就都不会真正实现农村发展目标。

确实，在新时代农村必须有新的发展、新的面貌，但是农村新的发展、新的面貌应该是广大农村居民在新的形势、新的环境下探索和实践出来的，而不是完全依靠外力建设和改造出来的。农村现代化是农村社会的一种新的、综合性的发展形态和生活状态，而不仅仅是物质上的现代化。

农村城镇化观念其实就是现代化趋同论的一种观点，因为趋同论一般认为城镇化是现代化的一种共同发展方向和共同趋势，因而农村现代化也要朝着农村城镇化方向发展。如李强等主张的"就地城镇化"观点，就倡导农村可以通过多种模式实现就地城镇化，以让农村达到现代化的目标。所谓就地城镇化，是"指农村的就地改造和农民在世代居住的乡村完成生产方式、生

① 晏阳初. 农村建设要义//晏阳初. 晏阳初全集：第2卷. 长沙：湖南教育出版社，1992：35.
② 林毅夫. 关于社会主义新农村建设的几点思考. 中国国情国力，2006（4）.
③ 费孝通. 乡土中国 乡土重建. 上海：上海世纪出版集团，2007：254.

活方式的城镇化、现代化的转型"。就地城镇化主要有三种典型模式："大城市近郊乡村的城镇化、地方精英带动的村庄城镇化、外部资源注入的乡村城镇化。"在推动农村就地城镇化过程中，可以通过培育产业、转变就业结构、促进土地资本化、整合地方精英的资源、实施交通机动化等措施来推动农村生产与生活方式的现代转型。[①]

在实施乡村振兴战略过程中，需要有城乡融合的体制机制来助推农村现代化发展，而且要在工业化、信息化、城镇化和农业现代化"四化同步"的背景下推进农村现代化。然而，乡村的振兴、农村的现代化并非以城镇化为最终结果或终极目标。如果所有乡村都化为城镇，也就无从谈起乡村，更不存在乡村的振兴。因此，在这个意义上，农村现代化并不等同于农村城镇化。农村现代化需要农村社会发展与现代社会发展相协调、相一致，是农村社会的现代发展，而不是城镇化发展的结果。"乡村振兴"所要振兴的是乡村，而非把乡村完全改造为城镇。虽然城镇化的力量在乡村振兴、农村现代化过程中可以加以利用，城镇化经验也可以在农村发展中加以借鉴，农村生活方式的现代转型可以吸收城镇化的一些先进成果和优势，但农村现代化的本质意义并不在于实现农村城镇化。

在新时代实施乡村振兴战略，其本质意义实际包括两个方面：一方面是要保持和维续乡村的主体性及乡村价值；另一方面是要促进乡村在现代化背景下进行新发展，即农村现代化发展。所谓乡村的主体性，是指乡村作为社会结构的主体构成之一，具有其存在的价值和自身的特征。现代化、城镇化的话语常常忽视甚至否定乡村的主体性及乡村价值，现代化的社会是不是可以不要乡村社会，城镇化是否要让所有乡村走向终结呢？很显然，乡村振兴战略就是要重新认识乡村的价值，重视把乡村发展作为新发展理念的重要构成。

保持乡村的主体性及乡村价值并不意味着乡村可以保持不变或不需要现代化发展。在社会现代化的进程中，乡村社会同样需要与时俱进，需要不断推进乡村新的发展，以实现乡村现代化的目标。新时代乡村社会新的发展本质上就是根据社会经济发展的新形势、新环境，不断调整和改变生产与生活

---

① 李强，张莹，陈振华．就地城镇化模式研究．江苏行政学院学报，2016（1）.

方式，以达到与现代社会发展相协调的和谐状态。农村新发展或农村现代化实质上也就是农村在新时代的社会变迁与适应过程，因而农村现代化并不存在某个固定的、统一的模式。各地农村在现代化的过程中，需要因地制宜地根据实际情况，寻求并实践变革之道以实现新的发展。

概括起来，农村现代化的真实内涵是：在社会现代化的大背景下，通过合理有效的方式维持农村社会的延续，并通过不断的变迁与发展以与现代社会总体发展相协调、相融合。既然乡村振兴中农村现代化的内涵已明确，那么，如何去推进新时代农村现代化呢？

探寻农村现代化的有效实现路径，先要了解和把握当前农村社会的基本性质以及发展的基本状况。关于当前农村社会的基本性质，笔者曾用"后乡土社会"理论进行概括，认为经历了历史转变和社会转型的中国农村社会，如今已经迈入后乡土社会，亦即当前的农村社会具有后乡土性特征①。所谓后乡土性特征，是指农村社会仍保留和维续着乡土社会的部分特征，但乡土社会在结构和形态上又有了新的特点。后乡土性有两个最为突出的表征：一是村落共同体的维续，二是人口的流动。即中国农村社会依然有大量的村庄或村落共同体广泛存在，这意味着乡土社会依然部分维续；但与此同时，村庄里大量人口特别是劳动力外出流动，并以流动就业为基本生计模式，这说明村庄的形态和结构已发生改变，有了新的特质。

当前农村出现了较为普遍的流动现象，有一种观点将农村这一现状概括为"农村空心化"，并认为农村空心化是统筹城乡发展与新农村建设的一大障碍，而农村空心化主要是内核推动力、外援拉动力和系统突变力三种力量作用的结果②。然而，笔者认为，将当前农村人口流动现象悲观地看作农村空心化并不十分确切，因为农村空心化意味着农村的衰亡或即将消失，然而，虽然农村人口的大量外流带来了农村阶段性的空落化，也反映了农村发展面临的一些困境和问题，但是，农村人口流动也在一定程度上蕴含着农村社会发展的生机，反映了农村社会的潜在生命力和较强的适应能力。从对农村的经验观察中可以看到，虽然一些村庄平时空荡荡的，只有很少的老年人、妇

---

① 陆益龙. 后乡土中国. 北京：商务印书馆，2017.
② 王国刚，刘彦随，王介勇. 中国农村空心化的演进机理与调控策略. 农业现代化研究，2015，36（1）.

女和儿童生活于其中，但村庄里一座座新建的楼房则反映出了村庄的新发展。现实情况是，如果村庄人口不外出寻求新的机会，那么很多农户是不可能新建起那些气派的楼房的。因此，对农村人口的流动现象，需要辩证地、理性地看待，而不宜简单地将之视为农村空心化。农村劳动力外出寻求新的发展机会和增收机会，在某种意义上代表着后乡土社会的一种新常态，而不是所谓的发展障碍。开放与流动是现代社会的重要特征，农村现代化也需要在开放与流动的背景下推进。

农村劳动力及人口外流既是一种现实，也是新时代农村发展的大环境与客观条件。要推进农村现代化就必须尊重和考虑这一基本事实，各种政策措施也需要根据这一基本国情来进行科学合理的设计和安排。一方面，要让农村外流人口在农村现代化中充分发挥作用，为外出流动的农村劳动力创造更加有利的发展环境，从而为农村居民收入水平的提高开辟一条新的途径。另一方面，也需要关注和重视农村留守人群与农村现代化的关系，需要通过有效的调控机制以促进农村留守人口在农村现代化中发挥积极作用。在某种意义上，正是有一定的人口坚守在乡村社会，才维持着乡村社会的正常运行和价值延续，才使得乡村社会并不走向终结。与此同时，农村人口外出打工也给农村发展带来了一定的新动能。尽管有一定的外出人口会从农村流失，但较多的流动者依然会回到家乡。因此，乡村振兴和农村现代化建设不仅将增加农村流动者对农村发展的信心，也将为他们返回家乡提供一条更加便利的道路。

推进农村现代化，还需要从城乡统筹发展的角度去加以考虑。在现代化、城镇化的背景下，需要调整和重建合理的城乡关系，实现"以工促农，以城带乡"、城乡共同发展、城乡融合发展的新格局。

四、中国特色农业农村现代化道路

农业农村现代化既是中国特色社会主义现代化的基本构成，也是重要的推动力。尽管现代化是当今世界发展的一个共同特征和趋势，但历史和现实则反映出，现代化有各式各样的道路。中国有着悠久、辉煌的农业文明，而且仍是一个农业大国，农村社会与文化历史源远流长，农村依然居住和生活着大量的人口。中国的农业农村有着自己的特色，因而农业农村现代化只有尊重这些特色，现代化的推进才会达到合理的效果。也就是说，在新时代乡村振兴中，加快推进农业农村现代化仍要选择走中国特色现代化道路。

中国特色农业农村现代化道路并非仅仅为一个口号，而是有着一些实质性的内涵。现代化趋同论以及科学主义的思潮常常会否定"中国特色"的意义，认为现代化是共同发展方向，遵循着统一的普遍规律，不存在特殊路径。然而事实上，所谓的现代化普遍模式其实是根据工业化国家的发展经验概括出来的。显然，中国农业农村具有自己的实际情况和特征，在推进现代化的过程中自然要尊重这些客观条件和实际情况。离开基本国情，任何理想化的道路其实都难以行得通。就真实内涵及特征而言，可以从这样三个方面来理解中国特色农业农村现代化道路。

首先，中国特色农业农村现代化道路是以粮食安全为核心的。中国在推进农业现代化的过程中，必须以确保粮食安全为核心，这是中国的基本国情所决定的。粮食安全问题属于一项国家战略问题，"中国人必须将饭碗牢牢地端在自己的手里"①，所以农业发展涉及战略安全。因此，推进农业农村现代化需要在这一特殊战略框架下进行，而不能完全按照某种统一的现代化模式来推进，也不可能全部依靠市场机制调节来实现。一方面，选择走中国特色农业农村现代化道路，是为了促进和改善粮食安全的状态，通过农业现代化来增强农业综合实力，稳定和提高粮食产量，巩固粮食安全基础。另一方面，农业农村现代化也需要考虑确保粮食安全的要求，选择合理、有效的推进路径。

其次，中国特色农业农村现代化道路是以小农户发展为主体的。与欧美农业农村现代化模式不同，中国特色农业农村现代化是在小农家庭、小农农业广泛存在且以小农户为主体的农村社会依然普遍延续的条件下推进的，因而必须走符合这些实际需要的现代化道路。关于中国"三农"的未来发展，叶敬忠认为，我们需要"正视农业的本质和小农农业在尊重自然、尊重生命、尊重健康方面的特征，正视小农在农业中的主体性特征"②。在农业农村现代

---

① 张红宇，张海阳，李伟毅，等 . 中国特色农业现代化：目标定位与改革创新 . 中国农村经济，2015（1）.

② 叶敬忠 . 发展的故事：幻象的形成与破灭 . 北京：社会科学文献出版社，2015：152.

化的进程中，规模化、合作化经营以及企业农业、公司农业等新型生产经营体制确实会发挥推动作用，但与此同时，不容忽视的现实是，保持农业农村基本生产经营制度的稳定，发挥小农户的主体性作用，既是农业农村现代化的重要动力，也是顺利推进农业农村现代化的根本保障。农业农村现代化并非等同于高科技、大规模、公司化，广大农户的广泛参与和现代化才是真正意义上的农业农村现代化。如果脱离实际，轻视小农户的价值和主体性，那么那种理想化的现代化非但难以实现，反而可能给"三农"发展带来一些负面的影响。走中国特色农业农村现代化道路，就是要尊重社会现实和基本国情，充分发挥农村社会主体的能动性、积极性，让广大小农户和广大农民群众更容易、更便捷地获得现代的、新的生产要素和资源，以达到由下而上的农业农村现代化。

最后，中国特色农业农村现代化道路是具有多样性的自主发展道路。中国农村的区域范围广阔，差异性非常大，这也是一种基本国情。在农业农村现代化路径选择上，有必要走出理想化、唯一性的樊篱，去探寻因地制宜的、自主选择的多样性发展道路。① 无论是新农村建设，还是农村城镇化，都只是会对农业农村发展起到一定推进作用，并不是唯一的、普适性的道路。在广阔的农村地区，各地有各地的特色和发展条件，彼此之间差异性很大，任何一条发展道路或任何一种发展模式都难以普遍适用于所有的农村。因此，在探索中国特色农业农村现代化道路的过程中，重要的是发挥农民的主体性、创造性，为他们的发展提供更加有利的制度和政策环境，而不是设计一个理想化的路径。从中国农业农村发展的历史和现实经验来看，无论是家庭联产承包责任制改革，还是乡镇企业的异军突起，抑或是当前农民的流动兼业行为，都充分体现了各地农民根据各自的实际情况和需要，走出了一条改变现状的发展道路。而相反，人民公社化、"农业学大寨"等运动，试图用理想化的、统一的模式统领农业农村现代化，结果却事与愿违，非但未达到促进农业农村发展的理想目标，反而给一些地区的农业农村发展造成不利影响。其关键的原因就在于，单一化的、统一的模式并不一定符合各地的实际情况，甚至可能背离现实，这样也就会消解各地农民在农业农村发展中的主体性，

---

① 陆益龙 . 多样性：真正理想的农村发展道路 . 人民论坛·学术前沿，2012（10）.

造成对农民积极性和创造性的限制，从而成为农业农村发展的障碍。因此，在乡村振兴实践中，农业农村现代化的路径选择需要尊重广大农民的自主性，政策调整须主要着眼于引导和调动广大农民的主体性和创造力，而不宜用固定、统一的模式去制约各地农民对各具特色的农业农村现代化道路的探索。

五、小结

新时代推进农业农村现代化，本质上仍是为了更好地解决"三农"问题。实施乡村振兴战略，主要是按新发展理念来推进新时期的"三农"工作。

解决好"三农"问题，关键在于探索并找到能够推动农业、农村和农民取得新发展的有效运作机制，这个机制需要在政府、市场和社区之间形成良好的协作与整合，以实现激活三种力量共同参与乡村发展并构成相互促进的合力[1]。如果仅仅依靠一方的努力和强化，而忽视政府、市场、社区乃至农民之间的协调配合，没有形成相互促进、共同作用的机制，就将难以达到问题的有效解决。

实施新发展战略，推进农业农村现代化，创新非常重要，其中制度创新尤为重要。从本质上看，农业农村现代化就是农村经济与社会的内在变迁过程，而要实现变迁，创新是重要驱动力，而且制度创新之于经济与社会变迁来说，显得格外重要。旨在推动农业农村现代化的制度创新，重点在于构建起支持农业农村优先发展、改变农业农村发展不均衡状态的有利制度环境和政策调控策略。

在实施乡村振兴战略、推进农业农村现代化的实践中，还需要注重对当前"三农"发展的现实基础的了解和把握，发现和认识发展实践中所面临的突出问题及其形成机理，积累和总结"三农"工作的实践经验，以寻求符合实际需要的、切实可行的农业农村现代化推进路径。

---

① 速水佑次郎．发展经济学：从贫困到富裕．李周，译．北京：社会科学文献出版社，2003：330.

第九章　新时代乡村治理转型的内在
逻辑与创新方向

中共十九大报告指出，中国特色社会主义进入了新时代。经由经济的快速发展以及国家"三农"发展战略的推进，乡村社会无论在结构功能还是面貌形态上都已发生了巨变，乡村治理在此过程中也相应地发生并正在经历转型。乡村治理转型在这里并非指从一种理想类型向另一种类型的转变，而是指乡村治理在其核心要素或内涵方面所出现的重要变迁以及变迁的动态过程。进入新时代，乡村社会的一个重大变迁就是处在决胜脱贫攻坚与全面建成小康社会的关口，面临乡村振兴的战略机遇和新的挑战。乡村治理既要聚焦于"三农"问题，又要超越"三农"范畴，即需要在城乡融合发展的大格局下推进乡村社会的治理。在城镇化及现代化转型的大背景下，乡村的内涵已经不等同于农村，因为乡村中既有农村，也有小城镇和集镇，乡村社会既有以农为生的农民，也有越来越多的非农职业者。因此，乡村治理的重要转型就体现在城乡关系的变迁及社会治理体系的革新之上。

本章旨在从马克思主义社会学辩证分析视角，基于当下中国乡村社会变迁与发展的一般性经验事实，析解乡村治理发生了哪些重要转型，治理转型是通过怎样的机制实现的，以及未来乡村治理将向何处去。

一、发展与秩序：乡村治理的核心

"治理"一词现已成为学界、政策话语和媒体报道中的高频词，这一源自管理学的重要术语，几乎已成为社会科学各门学科的通用概念。尽管学界对治理问题的探讨和研究较多，但关于治理概念的内涵和外延，依然存有较大的开放与讨论空间。对治理的理解和界定，具有不同学科知识背景的学者会有所不同。例如，有政治学研究认为："社会治理是指在执政党领导下，由政府组织主导，吸纳社会组织等多方面治理主体参与，对社会公共事务进行的治理活动。"① 而在一些社会学论述中，有学者则从宏观的社会问题应对及社会体制的角度来理解社会治理，认为"大量社会问题在短时间内聚集到社会领域，使得社会治理转型迫在眉睫"②。在这个意义上，治理是一个聚焦于社会变迁与社会问题的抽象范畴。而在多中心治理理论中，治理主要是针对公共事务而言的。治理就是要避免哈丁式"公地悲剧"、奥尔森式集体行动和囚徒困境的产生，为此需要在相应的制度安排中，通过有限理性和道德行为，让人们在继承中获得能力，在学习中掌握互惠和社会规则，以用来克服在日常生活中遇到的各式各样的"社会悖论"。③

目前，在"三农"问题研究领域，乡村治理也相应地成为热点问题。虽然不同学科、不同视角的研究都共同探讨乡村治理问题，然而不同研究赋予乡村治理概念的意义存有较大差异，且侧重点各有不同。在村民自治研究中，乡村治理的侧重点被放在村民自治制度和村民自治的有效实现路径之上④。那么，乡村治理的意义主要体现在基层自治组织、自治体系以及基层民主的运行上。此外，在较多关于乡村治理的研究中，治理泛指对农村政治和涉农事务的管理，如对乡镇治理的关注⑤、对村庄治理与管理体制的探讨⑥。由此，乡村治理概念也就越来越被泛化，所涵盖的范围越来越宽泛，并渐渐演变为一个研究领域。

为更加具体、更有针对性地探讨乡村治理问题，明确地界定乡村治理这一概念，确定乡村治理的核心内涵尤为重要。乡村治理是以政府组织、社区组织和社会组织等为主体，重点围绕乡村发展和乡村秩序两个方面的公共事务而共同推进的引导性、支持性和管理性活动及过程。如此来界定这一概念，

---

① 王浦劬. 国家治理、政府治理和社会治理的含义及其相互关系. 国家行政学院学报，2014 (3).

② 李友梅. 当代中国社会治理转型的经验逻辑. 中国社会科学，2018 (11).

③ 奥斯特罗姆. 公共事物的治理之道. 余逊达，陈旭东，译. 上海：上海三联书店，2000：4.

④ 徐勇. 中国农村村民自治. 武汉：华中师范大学出版社，1997.

⑤ 狄金华. 被困的治理：河镇的复合治理与农户策略（1980—2009）. 北京：生活·读书·新知三联书店，2015：15.

⑥ 贺雪峰. 大国之基：中国乡村振兴诸问题. 北京：东方出版社，2019：249.

主要是为了明确乡村治理两个方面的实质性内涵：一是乡村社会发展的实现路径和过程；二是乡村社会秩序形成与维持的途径和过程。也就是说，乡村治理的核心议题或根本目标无非有两个方面：发展的实现和秩序的构建。发展和秩序这两个乡村社会治理目标相互之间又有着一定的关联：一方面，乡村秩序是乡村发展的一种现实体现；另一方面，乡村发展也会受制于秩序的结构与性质。[①]

乡村治理之所以备受关注，其中一个重要原因就在于乡村治理直接关系到乡村发展问题。在诸多具体"三农"问题中，乡村发展是第一要务，是基本问题。促进和保持乡村的均衡、充分发展，是乡村治理的硬道理。

乡村治理所包含的乡村发展是一个综合性的范畴。乡村发展不仅指乡村经济的发展，也包括社会文化与政治等各个领域的整体发展；乡村发展也不仅指农业、农村的发展，而且指在现代化、城镇化背景下的城乡一体化发展。

尽管乡村发展是一个复杂的、系统性的问题，与社会系统及其运行过程的多个方面、多个环节都密切相关，但对乡村治理来说，既要将乡村发展确立为根本目标，也要把发展任务作为核心的内容。明确了乡村治理的发展目标和任务，也就确定了乡村治理的核心功能。而不断完善乡村治理体系、提升乡村治理能力的目的，就是通过改善乡村治理来促进乡村发展，提升乡村发展能力。

秩序是社会发展的基础，乡村社会需要在常态化的秩序基础上推进发展。乡村是不同于现代城市却又与城市密切关联的社会空间，就是在这一社会空间中，各个社会设置、各类社会主体以及各种社会行动之间保持着正常的关系、维持着有序的状态。虽然乡村秩序中包含一些自然秩序，也就是说部分秩序是自然而然形成的均衡状态，不需要人为的或规制性的干预也会存在，如传统农业生产中人与生态环境的关系，在大部分情况下能自然地保持相对均衡。但在快速变动的乡村社会中，更多的秩序则需要通过乡村治理才能实现和维持。

从表象上看，乡村治理的内容主要是应对和处理乡村社会生活中的一些具体公共事务，解决乡村社会问题。然而就实质而言，乡村治理的一个根本

---

① 陆益龙. 乡村社会治理创新：现实基础、主要问题与实现路径. 中共中央党校学报，2015，19（5）.

目标则是构建和维持乡村社会秩序。也就是说，秩序问题是乡村治理所要面对的核心议题之一。在乡村治理中，需要围绕实现并维护乡村秩序这一中心，从体制机制、政策措施和管理实践等方面着手，促进乡村资源利益的均衡配置、社会关系的和谐，以及社会系统的协调运转。乡村治理在秩序构建中的重要功能主要体现在提供共同规制、公共管理和协调合作的力量上，即通过制度规则的制定和实施、机构组织及个人参与公共事务管理，以及不同部门的相互协调共同维持秩序稳定。

从发展和秩序的维度来界定乡村治理的核心议题，目的在于明确当下及未来一段时期内中国乡村治理的重点领域和要义，把握乡村治理的基本规律，为改善乡村治理、提升乡村治理能力，确立有效的发力点，找到有效的实现路径。从现实经验与实际需要来看，促进乡村发展、维持乡村秩序，既是乡村治理的时势需要，也是乡村治理永恒的主题。在不断推进国家治理体系和治理能力现代化的新形势下，加强和提升乡村治理体系和治理能力现代化也就越来越重要。乡村社会仍是中国的基层社会，是社会稳定和发展的基础，推动乡村社会新的发展，维护基层社会的稳定，是实现社会整体发展和大局稳定的重要构成和重要条件。乡村治理是国家治理的主体构成之一，不断改善乡村治理状况和治理效能，实现乡村治理现代化，将对国家治理体系和治理能力现代化起到巨大促进作用。就本质而言，无论采用何种治理结构、何种治理机制，乡村治理都要实现两个基本社会功能，亦即要实现乡村发展进步和社会和谐稳定。在这个意义上，发展和秩序是乡村治理的永恒主题。

二、新时代乡村治理的转型

随着中国特色社会主义进入新时代，乡村社会在方方面面皆已发生巨变，乡村治理也出现相应转型。分析和总结乡村治理转型的过程及机制，可为认识和理解乡村治理的历史经验和现实基础提供相应的参考，对进一步改善乡村治理状况、促进基层治理体系和治理能力现代化有理论参照意义。

对新时代乡村治理所出现的重要转型的把握，同样需要从乡村发展和乡村秩序两个基本维度着手。与此同时，乡村治理转型还体现在治理体系和治理效能两个方面。

进入新时代，乡村治理转型在引导和推动乡村发展的公共事务方面，主要体现在乡村发展目标、发展任务和发展方式等方面的重要变迁与转型上。每个时代都有自己的历史特征，新时代也有新的时代特征。新时代的基本特征集中反映在社会主要矛盾的历史性转变上，在中国特色社会主义新时代，社会主要矛盾转化为人民日益增长的美好生活需要和不平衡不充分的发展之间的矛盾。新时代既赋予了乡村发展新的历史使命，同时也给乡村发展带来了新的机遇和新的希望。

社会主要矛盾的转化既是政策理论的判断，也是对客观现实的反映。这一历史性转化决定和意味着乡村发展的基本目标已发生更新升级。改革开放后，中国乡村发展的基本目标是满足人民群众日益增长的物质和文化生活需要。经过 40 多年的改革与发展，这一发展目标已基本实现。进入新时代，乡村发展目标已转化为满足乡村人民日益增长的美好生活需要。也就是说，乡村需要发展为美好乡村，乡村发展需要为乡村人民创造美好生活条件。基于乡村发展目标的更新升级，乡村治理为实现新的发展目标，也就做出了相应的转变，乡村治理在基本目标上转向全面建成小康社会与乡村振兴。

目标转型是新时代乡村治理转型的重要构成。乡村治理的变革，逐渐从新农村建设战略目标转向全面建成小康社会和乡村振兴战略目标，也就是乡村治理目标已从解决农村温饱问题和新农村建设，转变为推动美好乡村建设，或者说是乡村振兴。无论是美好乡村建设还是乡村振兴，都既包含了"三农"发展的要义，又超越了"三农"范畴。因为在新时代，伴随现代化、工业化和城镇化进程的持续推进，乡村振兴与发展既要让"三农"获得更加充分的发展，同时又需要借助城乡一体化、工业化、信息化的大势来推动乡村新的发展。乡村治理要解决乡村人民日益增长的美好生活需要问题，也就是要不断提高乡村人民的生活水平，这就要促进乡村人民的收入水平不断提高。在新的形势下，解决乡村人民增收问题，显然已不能局限于农业，而是需要振兴乡村产业，也就是除农业之外，还须有第二、第三产业的发展，亦即非农产业的兴起和兴旺，这样才能保证农民持续增收和有新的发展。所以，乡村振兴战略实际上是要跳出"三农"范畴来解决新时代的"三农"发展问题。

新时代乡村治理转型还体现在乡村发展重点任务的变化上。为实现全面建成小康社会、解决农村不平衡不充分发展问题，乡村发展的重点任务便落在脱贫攻坚上。在脱贫攻坚阶段，乡村治理的重点也就是农村贫困治理，即让农村贫困人口全部实现脱贫，全面消除农村绝对贫困。

虽然脱贫攻坚的"主战场"在深度贫困的农村地区，贫困问题有较大区域差异性，但就贫困治理而言，都要通过实施精准扶贫措施，对建档立卡的农村贫困户和贫困人口进行精准帮扶，确保农村绝对贫困人口全部脱贫。到2021年，9 899万农村绝对贫困人口全部脱贫，832个贫困县、12.8万个贫困村全部摘帽，脱贫攻坚战取得全面胜利，农村区域性整体贫困问题得以解决，不平衡不充分发展状况得到一定程度的缓解，这一彪炳史册的减贫奇迹也集中体现了新时代乡村治理转型的重要成效。

在脱贫攻坚和全面建成小康社会战略任务完成之后，新时代乡村治理在推动乡村发展方面又迎来了乡村振兴的历史重任。按照乡村振兴的战略部署，乡村治理实践需要在"产业兴旺、生态宜居、乡风文明、治理有效、生活富裕"五个方面推进具体工作。也就是说，在新时代的乡村治理中，治理的重点任务是应对和解决乡村经济产业、生态环境、精神文化和社会秩序等方面发展的新问题。

新时代也意味着乡村进入新发展阶段，乡村发展方式发生相应转型。一方面，在创新、协调、绿色、开放、共享的新发展理念指引下，对乡村发展的驱动方式需要做重要调整和转变，与此同时，乡村治理也需要有相应的创新与变革，为乡村发展提供新动能。另一方面，在新时代的新发展格局中，为构建以国内大循环为主、国内国际双循环相互促进的新格局，乡村发展的功能显得尤为重要。在新发展格局中，中国乡村发展需要有自己特色的发展方式和发展路径，而不能照搬西方模式。无论是西方发展主义的"普世模式"，还是"后发展主义"的"混合模式"①，都不符合中国乡村发展的实际需要。乡村治理转型就包含了在转变发展方式和探寻中国特色乡村现代化道路过程中所进行的制度和实践创新，以及由这些变革带来的发展新成就。

新时代乡村治理转型还体现在乡村秩序治理维度。乡村秩序的构建与维持，总以相应的社会治理为基础，即一个时代、一个阶段的秩序总以一定的治理力量为主导，秩序的性质也由主导的治理方式而定。例如，在传统乡土

---

① 叶敬忠. 发展的故事：幻象的形成与破灭. 北京：社会科学文献出版社，2015：373.

社会里，秩序主要是通过"礼"的方式亦即"教化权威"来确立的，由此也就形成了"礼治秩序"①。

进入新时代，乡村秩序的基础和治理格局已有重大转变。在国家法治建设不断加强的大背景下，乡村秩序的法治基础和法治力量也在不断增强。乡村的礼治或德治传统在一定程度上得以维续。此外，乡村自治传统在村民自治制度的运行实践中也发挥着重要功能。这样，乡村秩序具有了法治、德治与自治相结合的共治基础。在治理方式上，乡村治理逐步形成源头治理、依法治理、系统治理和综合治理等多种方式共治的机制。在治理主体上，乡村治理主要以党委政府为主导，多元社会主体共同参与、相互促进，形成共建共治共享的社会治理新格局。

随着"三农"领域的改革不断深化，乡村治理体系在新时代也发生着重要转型。乡村治理体系反映的是参与治理的各种权威、各种力量、各种组织和各种资源之间的关系及作用方式，如国家与社会、法治与礼治、政府与市场、干部与群众等方面的相互关系和作用方式。新时代乡村治理体系的转型主要体现为党委政府领导下的共治体系的形成，亦即在乡村治理中，党委政府的领导作用是核心，也是基础。市场、社会、社区等多元社会主体在党委政府领导下，整合多种资源和力量，形成共同参与、相互促进的共治体系。

新时代乡村治理转型不仅表现在治理体系方面，也反映在治理效能之上。伴随着乡村治理体系的转型，党委政府领导下的乡村共治体制机制不断完善，促进了乡村基层治理能力的提升。乡村治理能力的不断提升也带来了实际治理效果的改善，在乡村快速转型、乡村人口大量流动的大背景下，在乡村秩序治理难度加大的情况下，乡村治理在不断改善着乡村社会关系，对维持秩序稳定发挥着积极的作用。例如，在浙江省的"枫桥经验"中，乡村治理依靠共建共治机制，综合运用"乡村自治、政社互动、协商共治、乡贤参与、司法保障"等多种治理方式，让矛盾纠纷基本不出村，有效地促进了社会关系的和谐和秩序的稳定②。合理的、不断完善的乡村治理体系对提升乡村治理效能具有较为显著的促进作用，良好的乡村治理效能可以有效地化解秩序

---

① 费孝通.乡土中国 生育制度.北京：北京大学出版社，1998：48.
② 汪世荣，褚宸舸."枫桥经验"：基层社会治理体系和能力现代化实证研究.北京：法律出版社，2018：111.

风险，为乡村发展创造良好的秩序条件。

在新时代，中国乡村仍维续着快速的现代化转型，并迈入了新的发展阶段，形成了新的发展格局。在此过程中，乡村治理无论是在促进乡村新的发展还是在维续乡村和谐秩序方面，都实现了重要转型。乡村治理在执行和实施精准扶贫与脱贫攻坚战略方面，取得了历史性的成就，让近一亿的农村贫困人口摆脱了绝对贫困，如期完成了全面建成小康社会的战略任务，助推乡村发展上了一个新的台阶。随着乡村治理中心任务转向乡村振兴，乡村发展迎来了新的历史机遇，同时也将带来乡村治理重大转型。乡村治理将努力实现脱贫攻坚与乡村振兴的有机衔接，进一步推动新时代中国农业农村的现代化。

新时代的乡村治理在体系、方式方面不断创新，形成了共建共治共享的乡村治理新格局，使得乡村治理机制日益完善，治理能力大幅提升。由此，乡村治理在构建和谐的乡村社会关系以及维护秩序的稳定方面，发挥着越来越重要的作用。一方面，乡村治理转型在较大程度上消解或减少了以往基层管理体制中干群之间、管理者与被管理者之间的矛盾，多元共治的治理体系明显促进了乡村社会主体关系的改善。同时，治理转型也有利于乡村社会内部矛盾的化解，大大降低秩序风险。另一方面，乡村治理转型在应对社会主要矛盾转变背景下的乡村秩序重建问题、维持新时代乡村社会秩序新格局方面，有着主导和整合的功能。

三、乡村治理转型的内在逻辑

自改革开放以来，中国乡村治理不断发生着重要转型。特别是进入新时代，乡村治理转型进一步加速，转型的效果更加突出、更加显著。深入分析并理解新时代乡村治理转型的内在逻辑或转型机制，对于把握乡村治理的规律、促进乡村治理现代化无疑有着重要的理论意义。

从新时代乡村治理所发生的重大转型的历史与经验事实中，可归纳总结出乡村治理转型的三种主要逻辑或机制：一是矛盾倒逼机制；二是制度变迁机制；三是技术促进机制。

所谓矛盾倒逼机制，主要是指随着新时代社会主要矛盾的转变，乡村社会在转型和发展过程中面临新需要、新问题、新矛盾，逼迫乡村治理做出调整与转型。在这个意义上，乡村治理转型的矛盾倒逼机制，类似于吴忠民所总结的"社会矛盾倒逼型改革"①。由于社会主要矛盾转变为人民日益增长的美好生活需要和不平衡不充分的发展之间的矛盾，这种新的社会主要矛盾让乡村治理与发展的重要性进一步凸显出来。面对新的矛盾，乡村治理只有对治理目标、治理重点、治理体系和治理方式做出重大调整与转型，才能更好地满足应对和解决新的主要矛盾的需要。

乡村治理转型的矛盾倒逼机制的作用机理可从驱动力和推动方式两个方面去把握。矛盾倒逼机制驱动乡村治理转型的动力主要来自自上而下的国家发展战略需要和自下而上的社会需要。按照国家新发展理念，要实现新时代发展新格局，就需要充分发挥乡村治理的组织和协调功能，推动乡村取得新的发展，以缓解城乡和区域发展的不平衡不充分问题。在推动方式方面，社会主要矛盾转变也在不断改变着乡村治理的推动方式。为应对和解决不平衡不充分发展矛盾，国家自上而下地推动基层社会治理，以促进国家治理体系和治理能力的现代化。与此同时，在新的发展形势下，乡村社会也在努力通过治理变革与创新自下而上地推进乡村治理朝着现代化方向转型。

乡村治理转型的制度变迁机制是指通过制度的变革和调整，改变治理体系，提升治理能力，从而实现重要的治理转型。自中共十八大以来，国家对"三农"领域的方针政策和制度安排已做出重大改革。从新制度主义理论视角看，国家宏观制度"不仅造就了引导和确定经济活动的激励与非激励系统，而且决定了社会福利与收入分配的基础"②。例如，精准扶贫与脱贫攻坚战略的制定和实施，明显给乡村发展与乡村治理带来了新机遇、新局面。乡村振兴战略的全面推进，意味着乡村发展的制度背景已发生重大转变，同时也从制度层面推动着乡村治理的转型。

新时代乡村治理转型也充分体现了中国特色社会主义制度的优越性，也就是说，新时代乡村发展与乡村治理所取得的显著成效、所发生的转型，在较大程度上得益于社会主义制度。如乡村治理在脱贫攻坚和全面建成小康社

---

① 吴忠民. 社会矛盾倒逼型改革的来临及去向. 中国党政干部论坛, 2012 (4).

② 诺思. 经济史中的结构与变迁. 陈郁, 罗华平, 等译. 上海: 上海三联书店, 上海人民出版社, 1994: 17.

会进程中所发挥的主导与协调作用，是与国家全面推进社会主义现代化建设的整体制度安排和重大发展战略分不开的。从微观层面看，农村脱贫攻坚能取得最终胜利，近一亿农村贫困人口能实现全面脱贫，与乡村基层治理的具体实践密切相关。而基层治理实践则是在国家治理体系基础上推进的，国家的宏观制度和政策为基层治理实践提供了制度支撑。此外，正是基于国家能有效动员和集中力量"办大事"的社会主义制度优势，社会各方资源和力量得以调动，并被投入脱贫攻坚和乡村振兴之中，为顺利完成农村全部脱贫和全面建成小康社会提供了制度性保障。

制度变迁机制作用于乡村治理转型的基本机理是整体更新与替换带动局部变化与转型的原理，作用的方向主要是自上而下的。进入新时代，国家在"三农"问题上的整体制度发生了重大变迁，来自顶层的制度设计也有了新的调整，宏观制度和政策的变革自然而然地影响着乡村治理体制以及具体的治理实践，同时也必然带动乡村治理领域的相应转型。

新时代乡村治理转型的技术促进机制主要指两个方面的作用机制：一是指技术治理改革的促进作用；二是指技术革新促进社会治理领域的变革与转型。关于"技术治理"，学界将改革开放后，政府在行政管理和公共管理领域推进的科层化改革视为从"总体支配"到"技术治理"的改革过程[①]。技术治理对乡村治理转型的促进作用主要体现为注重并强调规范化和程序化控制的基层社会治理。一方面，技术治理促进了国家乡村建设和基层动员等治理任务的顺利完成，因为通过对基层具体治理实践进行行政技术性指导与约束，保证了中央的方针政策能更充分地落地基层。另一方面，技术治理按照科层化原理，明确了治理的范围、分工、职责，因而减少了管制性、控制性措施，从而在较大程度上增加了乡村社会主体成员的自主性，激发了基层社会的活力。例如，当前国家诸多惠农支农政策得以顺利执行，乡村各项社会保障、社会福利、社会救助措施得以落地，脱贫攻坚任务胜利完成，在此过程中并未引发乡村系统性社会矛盾，乡村社会越来越趋于良性运行，这充分体现出乡村基层积极乐观的社会活力发挥着重要功能。

---

① 渠敬东，周飞舟，应星. 从总体支配到技术治理：基于中国30年改革经验的社会学分析. 中国社会科学，2009（6）.

技术革新与社会变迁之间有着密切联系，新时代乡村治理转型在较大程度上受到技术革新的影响。互联互通和数字化技术的不断更新与广泛应用，为乡村治理提供了新的技术条件和物质基础，同时也在一定程度上推动了乡村治理转型。例如，基层治理中的网格化治理模式就是在网络技术、移动通信和大数据技术日益发达与广泛应用的促动下形成并不断完善的，网格化治理在新冠病毒感染疫情防控过程中显示出良好的治理效能，对防范和控制疫情在农村地区的传播起到了积极的作用。此外，在乡村贫困问题治理中，精准扶贫能够对农村贫困户和绝对贫困人口建档立卡，并精准施策，也反映出信息技术的进步对社会治理创新与变革的促进作用。

总体看来，新时代的乡村治理之所以能有较为突出的转型，是因为社会需要的新变化、宏观制度的新安排和治理技术的新进步相互作用、共同促进。就乡村治理转型的动力而言，既有顶层制度设计的引导力和领导力，也包括多元主体参与的社会活力。乡村治理领域出现的重要转型，有些是自上而下推动实现的，有些则是通过基层治理创新实践自下而上实现的。

四、新时代乡村治理创新的方向

随着全面建设社会主义现代化强国新征程的开启，要实现脱贫攻坚成果巩固与乡村振兴的有机衔接，乡村治理仍需要不断变革与创新，才能为新时代乡村振兴战略的顺利推进提供有力支撑。

乡村治理创新是一个复杂的过程，实现创新首先需要把握正确、合理的创新方向，然后才能探寻出有效的创新路径。沿着正确、合理的创新方向和有效的创新路径，持续地推动创新实践，这样才有望实现创新的目标。

准确把握新时代乡村治理创新的大方向，仍需要从治理的发展和秩序两个核心维度加以考量，同时需要结合新时代乡村社会的实际情况和变迁的大势，科学理性地加以判断和认识。当然，从一种分析维度所做的判断和认识，并不是全面的，而只是为更好地推进乡村治理创新实践提供一种认识视角，增加一定的知识存量。只有积累了越来越多的治理创新研究，达到了创新需要的知识存量，才会促成治理创新的实现。因此，对乡村治理创新方向的探究与判断，也就具有重要参考意义。

从新时代乡村发展的维度来看，乡村治理创新面临的中心目标和任务就是乡村振兴。在现代化、工业化、城镇化和全球化的大背景下，要实现振兴乡村的战略目标，"产业兴旺"是关键，也是基础，同时又是难点与挑战。如何让乡村产业兴旺起来，将是乡村在新的发展阶段需要解决的首要问题，也是乡村治理创新聚焦的中心。

在新时代，乡村治理要有效促进产业兴旺，需要沿着正确的发展方向推进创新。从时代背景和发展大趋势来看，乡村的"产业兴旺"必须以融合发展为大方向。融合发展的大方向包含三个方面的意义：一是乡村第一、第二和第三产业的融合发展，亦即农业、加工业和服务业的融合发展。二是产业的城乡融合发展，也就是在城乡统筹、城乡融合的大框架下推动乡村产业发展。三是融合经济、社会和文化要素的发展，即在推进乡村产业新的发展过程中，需要把经济的、社会的和文化的要素融合起来。

在传统的乡村社会，农业是主导产业。进入新发展阶段，虽然农业在乡村经济中仍居基础性地位，但振兴乡村产业显然不能完全依赖于农业。发展现代农业、走中国特色农业现代化道路[①]，以及促进农业高质量发展固然重要，然而，发展现代农业或推动农业现代化其实只是乡村产业振兴的一种构成或一条路径，乡村产业兴旺还需要其他产业的共同发展、融合发展。乡村治理应通过创新体制机制，促进乡村第一、第二、第三产业的有机融合，为乡村经济振兴提供合力。与此同时，还要通过治理创新，驱动乡村新业态的发展，提升乡村经济发展的活力。例如，四川省的战旗村就通过集体产权交易改革，探索休闲农业、特色加工业和乡村旅游服务业的融合发展之路，为村庄产业发展开创了新局面。城乡融合机制也能为乡村产业发展创造新的空间、机会和动力，而乡村治理创新就是要变革城乡分割的旧体制，促进城乡在空间、资源、经济、社会以及公共管理等多方面的融合，为乡村产业发展创造更加有利的环境和动力。此外，乡村产业的融合发展还需要有效地将经济、政治、社会与文化等多种要素有机地融合起来，以便为乡村产业发展提供新的动能。从改革开放后中国乡村发展的经验来看，制度创新、"社会文化主体性"的调动[②]、有效的治理等因素，对推动乡村经济的快速发展起到了

---

① 陈锡文，韩俊. 中国特色"三农"发展道路研究. 北京：清华大学出版社，2014：32.

② 王春光. 中国社会发展中的社会文化主体性：以40年农村发展和减贫为例. 中国社会科学，2019（11）.

较大的积极作用。因此，要素的融合，以及政府、市场、社会和社区发展力量的融合，对促进新时代乡村产业兴旺来说意义重大。

新时代乡村治理创新在乡村秩序构建与维护方面，其总体目标就是实现"治理有效"。所谓"治理有效"，可从三个方面来加以解读：一是乡村治理体系对满足新时代乡村发展战略目标需要是有效的；二是乡村治理机制与治理方式对于维持乡村有序社会生活是有效的；三是乡村治理的实践和措施对应对和处理乡村公共事务是有效的。

有效的乡村治理是乡村经济社会发展的基础，只有在有序的状态下，各项发展事业才能得以稳步推进。就新时代乡村治理创新而言，要实现"治理有效"，关键在于找到有效可行的创新路径。在对有效可行路径的探寻中，又需要根据新时代的大势，并结合乡村秩序的实际情况，准确地把握乡村治理创新的大方向。综合起来看，为满足新时代乡村秩序治理的基本需要，有效地治理乡村事务，治理创新要朝着自治、法治和德治"三治融合"的方向推进。

乡村社会秩序的构成及维护机制不同于城市社会，乡村自治既有悠久的历史传统，又有系统的制度支撑，更重要的是有深厚的社会基础，因而，新时代提升乡村治理的有效性，仍需要创新乡村自治，促进自治更加有效地与现代乡村治理相融合。法治建设是推动乡村治理体系和治理能力现代化的重要力量，在国家治理体系和治理能力现代化进程中扮演着重要角色。乡村治理要实现创新，就必须将现代法治精神、法治原则、法治体系和法治方法融合进乡村治理之中。德治是社会治理的重要维度，它通过道德建设和传播等文化机制，促进社会关系和谐、社会运行有序。新时代乡村治理中的德治是乡土社会"礼治"传统的现代化，也就是通过社会主义精神文明建设和道德建设，形成以社会主义核心价值观为基础的社会共识，从而促进乡风文明，构建美好乡村生活环境。

五、小结

前瞻新时代中国乡村治理的未来走势，我们将会看到新的转型与变迁。从当前乡村治理的现实状况以及变迁趋势来看，新时期的治理转型将会呈现出这样几个显著特征：

首先，乡村治理转型仍将具有发展导向的特征。尽管中国乡村发展已经取得了贫困人口全部脱贫和全面建成小康社会的举世瞩目的成就，但未来乡村治理仍然要以乡村发展为中心，即治理是为了实现乡村更好的、更有效的、更公平的发展。因此，乡村治理的发展导向就是坚持发展是第一要务、发展是硬道理的原则，通过改善治理，提高治理效能，促进乡村高质量发展。乡村在新的发展阶段取得了更进一步的发展，也就意味着乡村治理实现了新的转型，因为乡村取得的新发展，与乡村治理体制机制的创新和变革有着密切的联系。

其次，乡村治理转型仍将需要进一步调动乡村社会的主体性。综观乡村治理所取得的转型成就，社会主义制度优势和国家的乡村建设举措成效显著，同时也反映出未来乡村治理在充分发挥乡村社会的主体性和能动性作用方面有较大提升空间。乡村居民是乡村振兴和秩序构建的主体力量，必须通过乡村治理创新，把乡村社会主体的积极性、主动性和创造性充分调动起来，真正发挥主体性作用，这样才能为新时代的乡村振兴提供更加强有力的支撑。

再次，未来乡村治理转型需要注重实践创新，以及创新路径的差异性。基层社会的实践创新常常是制度创新的重要构成，也是制度变迁的重要推动力之一。在乡村基层社会，需要应对的治理问题、治理任务更加具体，更具差异性，因而治理创新就要根据实际需要，因地制宜，发挥基层工作者的创造性，鼓励和支持实践创新。推动乡村治理创新与转型，必须规避路径单一和机械模仿复制的风险。各地乡村在自然条件、经济社会及文化发展等多方面都有较大差异性，如果形式主义地照搬、复制模式化、单一化的路径，就会背离治理创新的实质性目标，因而乡村治理转型需要根据实际选择多样性的有效路径。

最后，新时代的乡村治理转型还要追求善治。善治是治理的重要目标之一，包含合法性、有效性和公正性等一些基本要素[1]。乡村治理创新与转型将在善治方面有进一步的拓展。一方面，乡村治理体系将在不断深化改革的进程中进一步改善和完善；另一方面，在新发展理念的引领下，乡村治理将

---

[1] 俞可平. 治理与善治. 北京：社会科学文献出版社，2000.

朝着更具善意的目标而努力，更加注重乡村民生福祉，追求公共福利和公共利益的最优化。此外，随着共建共治共享的乡村治理机制的建立和不断完善，乡村治理的实际效果将不断改善，乡村人民群众将越来越多地从治理转型中受益。

回顾和展望新时代乡村治理转型，可以发现乡村治理正朝着善者治理、向善治理、善于治理和治理完善的方向转变和发展，乡村治理的重要转型也为乡村振兴与创造美好生活奠定了坚实基础。

第十章 乡村振兴背景下乡村发展的路径选择

随着精准扶贫战略的顺利实施，中国的脱贫攻坚完成了历史性任务。2020 年，中国如期实现了现行标准下的农村贫困人口全部脱贫，实现了全面建成小康社会的战略目标，乡村发展迈入新时代，迎来新机遇和新挑战。那么，在全面推进乡村振兴战略的新时代，乡村发展将向何方？将选择什么样的路径去实现宏观战略设定的目标？乡村发展问题是农村社会学、发展社会学的重要议题，对发现和认识乡村发展规律、指导乡村振兴实践具有重要意义。本章旨在已有关于中国乡村发展的调查经验基础上，结合制度分析的视角，探讨在乡村振兴的背景下，乡村发展较为理想且有效的路径选择问题。

一、中国乡村发展进入新时代

按照国家"十三五"规划的脱贫攻坚战略目标，2020 年是农村贫困人口全部脱贫和全面建成小康社会的决胜之年。2020 年之后，乡村发展进入乡村振兴的新时代。中国乡村发展迈入新时代，主要是基于四个层面的社会事实而做出的概括与判断：一是中国经济社会发展的大势；二是宏观制度安排的结果；三是乡村发展的社会现实；四是精准扶贫的微观实践。

目前，尽管中国经济社会发展仍然并将长期处在社会主义初级阶段，中国依然是最大的发展中国家，但是，中国特色社会主义已进入新时代。在经历经济持续快速增长之后，城乡居民的收入水平得到了较大幅度的提高。2020 年，农村居民人均可支配收入达到 17 131 元，城镇居民人均可支配收入达到43 834 元（见图 10 - 1）。总体来看，居民的经济收入水平基本达到了中等收入国家的水平，意味着中国已迈入中等收入国家的行列。虽然经济收入的城乡差别依然较大，但乡村居民的收入水平已明显提升，且提升的速度较快。

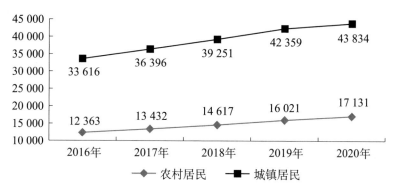

图 10 - 1　城乡居民收入水平的增长情况（单位：元）

在新时代，随着改革开放政策的进一步深化和推进，中国经济保持增长的趋势将会持续下去[①]。经济发展向好、向稳的大势为巩固脱贫成果创造了有利条件，为乡村振兴打下了坚实的经济基础。在人均可支配收入不断提高的情况下，乡村社会发展水平不断提高也成为大势所趋。即便不均衡、不充分发展问题可能还在一定范围内存在，但这些问题不会改变社会经济发展的总体水平和趋势。因此，随着时代背景的变化和发展理念的更新，乡村发展已开启全面推进现代化建设与乡村振兴的新征程。

中国乡村发展新格局的出现也是由国家宏观制度安排带来的。改革开放以来，国家通过一系列制度安排，将农村扶贫开发作为一项长期系统工程稳步、扎实地推进。1986 年，国家成立了专门的扶贫工作机构，地方各级政府也成立了相应的扶贫工作部门，负责领导和开展本地扶贫开发事业。1994年，国家实施了《国家八七扶贫攻坚计划》，主要瞄准区域性贫困，重点开展贫困县的扶贫开发工作。到 2000 年年底，农村贫困人口由 1985 年的 1.25 亿减少到 3 000 万，农村贫困发生率由 14.8％降到 3％。由此可见，《国家八七扶贫攻坚计划》在农村减贫实践中取得了显著成效。进入 21 世纪，国家颁布了《中国农村扶贫开发纲要（2001—2010 年）》，为 21 世纪农村减贫工作进

---

① 林毅夫. 六问中国经济奇迹可否再续?. 领导文萃，2015（8）.

行了宏观的规划和制度安排，确立了综合性开发式扶贫的主导模式。

中共十八大以来，国家对农村扶贫工作进行了新的顶层设计，提出脱贫攻坚进入关键时期，要求到 2020 年打赢脱贫攻坚战，实现农村贫困人口全部脱贫。为实现全部脱贫目标，中共十九大进一步提出了精准扶贫的贫困治理机制，并形成了广泛动员、各方参与的精准扶贫行动体系。

从新制度主义理论视角看，国家宏观制度"不仅造就了引导和确定经济活动的激励与非激励系统，而且决定了社会福利与收入分配的基础"①。反贫困的"中国奇迹"的出现，农村贫困人口的全部脱贫，既是国家政策向人民群众的庄严承诺，也是国家制度安排与实施所取得的辉煌成就。在这个意义上，中国乡村发展新时代的到来，是国家宏观发展战略和制度安排的结果。

中国乡村发展新时代的到来也是社会现实的反映。从社会转型论的角度看，自改革开放以来，中国社会已进入快速转型期，社会结构从传统农业社会快速向工业化社会转型。② 在此进程中，乡村社会也不可避免地发生了大转型。转型之后的乡村已从费孝通所描述的"乡土社会"③，逐渐迈向"后乡土社会"④。如今的后乡土社会，所面临的基本问题已经不再是"乡土社会"中农民的"饥饿问题"，或者说，绝对贫困问题已经不是乡村发展需要解决的首要问题，而满足乡村居民对美好生活的需要则成为乡村发展的新目标。

从乡村脱贫与发展经验来看，在改革开放初期，农户主要通过生产积极性和自主性的提高，改善农业生产经营的效率，发挥多种经营的效益优势，快速摆脱了温饱问题的困扰。随着市场转型的全面推进，广大农户积极地参与到市场经济之中，通过"闯市场"机制从市场中分享到更多机会。⑤ 每年有数量众多的农民工在向城镇流动，乡村劳动力流动不仅提高了家庭收入水平，也给乡村社会发展开创了新的局面。对大多数农户来说，他们的增收渠道已经扩展，不再局限于农业，他们可以通过劳动力的外出经营，在"大市

① 诺思. 经济史中的结构与变迁. 陈郁，罗华平，等译. 上海：上海三联书店，上海人民出版社，1994：17.

② 郑杭生. 中国特色社会学理论的探索. 北京：中国人民大学出版社，2005：4.

③ 费孝通. 乡土中国 生育制度. 北京：北京大学出版社，1998：6.

④ 陆益龙. 后乡土中国. 北京：商务印书馆，2017：16.

⑤ 陆益龙. 制度、市场与中国农村发展. 北京：中国人民大学出版社，2013：208.

场"中寻找到增收机会。从 2022 年农民工监测调查数据来看，2022 年农民工的平均月工资水平为 4 615 元。如果按此标准来推算，一般农户只要有一个劳动力外出打工，基本上就能保障该农户在现行贫困线上脱贫。这也就意味着，对大多数农户来说，走出绝对贫困已成为现实，乡村社会迎来了新的发展任务。

经过精准扶贫战略的推进和实施，深度贫困地区的农村绝对贫困问题已得到整体性解决。2021 年，现行标准下 9 899 多万农村贫困人口全部摆脱贫困状态，832 个贫困县全部摘帽，12.8 万个贫困村全部出列，脱贫攻坚取得了彪炳史册的成就。为进一步巩固脱贫攻坚成果，中共十九届五中全会做出全面推进乡村振兴、优先发展农业农村的战略部署，在此宏观背景下，中国乡村进入新的发展阶段。

二、乡村发展的路径选择面临的新格局

乡村振兴新时代的到来，意味着乡村发展的形势与格局已发生变化。在新发展格局下，中国乡村社会迎来了新的发展机遇，也面临新的挑战。无论是从发展目标与任务还是从发展条件的角度看，乡村发展皆已发生重大转变。

首先，从乡村发展的总体目标来看，乡村振兴新时代对乡村发展提出了新的目标要求。随着乡村贫困人口的全部脱贫、小康社会的全面建成，发展目标不再是解决贫困问题，全面脱贫与小康社会的建成已成为发展的新起点。在新时代，乡村发展总体上不再是以解决温饱问题或满足广大人民群众的基本生活需要为主要目标，而是以满足人民群众对美好生活的需要、加快推进农业农村现代化为目标。

中国乡村社会的现代化进程，不像西方发展社会学的现代化理论所认为的那样，遵循从传统社会向现代社会过渡的单一路径。中国乡村社会的现代化所处的时代背景是现代化、城镇化、工业化、信息化和全球化的大环境，因而并不存在传统与现代的二元对立，而是面临如何在现代社会中谋求更为理想的发展。

同样，乡村振兴新时代的中国乡村社会现代化也不同于依附理论所概括的边缘地区"依附性发展"。尽管在城镇化过程中，城乡差别依然存在，城市

在经济社会发展中的中心作用较为明显，但是，伴随着经济社会发展总体水平的不断提高，乡村价值、乡村主体性的作用也日益显现出来，乡村并非依附于中心而取得发展的。

作为新时代乡村发展的总体目标，中国乡村社会现代化是一种新型的现代化，即以人民为中心的社会现代化。推进乡村社会现代化的根本宗旨在于满足广大人民群众对美好生活的需要，增进人民群众的福祉。实现乡村居民对美好生活的需要的目标，可选择的路径、方式、方法是多样的，而并非只有现代社会完全取代传统社会、城市取代乡村的现代化单一模式。新型乡村社会现代化的核心意义在于广大人民群众真正过上美好的生活，在通过何种方法改善生活或实现何种形式的美好生活等方面，则有多种可能性、多种选择，因为中国乡村社会具有多样性和差异性的特征，如果按照西方现代化理论来确立标准化、单一化的生活方式、文化价值观，那么乡村社会现代化不仅会偏离中国实际，还可能付出牺牲社会与文化多样性的代价。

驱动中国乡村社会现代化并不依靠资本的积累和扩散，而需要探索符合中国国情的现代化道路[①]，也就是走中国式现代化道路。从农村改革和农村扶贫的历史经验中可以看到，乡村社会具有自身的能动性和创造性，能够走出具有自己特色的富民之路。因而在新时代，乡村居民在国家制度的支持下，也会充分发挥发展的能动性与创造性，实现乡村社会现代化的目标。

其次，从乡村发展的主要任务来看，新时代乡村发展的重点任务显然已发生转变。在乡村社会实现整体性脱贫之后，乡村社会发展中的扶贫与反贫困实践其实并未完全终结，而是发生了转变。这一转变突出体现在三个方面：一是以往的乡村扶贫开发工作从脱贫攻坚向巩固脱贫成果的转变，二是乡村扶贫开发工作的性质从应对性扶贫向预防性治理的转变，三是乡村扶贫开发工作机制从扶贫脱贫机制向均衡发展机制的转变。

进入新时代，虽然乡村绝对贫困人口已经全部脱贫，但这并不意味着贫困问题不再发生。脱贫攻坚不是一劳永逸的事，而是需要不断巩固成果，提高乡村社会反贫困的能力。特别是对那些通过国家脱贫攻坚政策而摆脱贫困的乡村地区来说，它们依然存在一定程度的返贫风险，在新时代巩固脱贫成

---

① 陆学艺．中国农村现代化的道路．教学与研究，1995（5）.

果显得尤为重要。乡村贫困地区和贫困人口得以全部摘帽脱贫，这一发展成果是在强有力的脱贫攻坚行动支持下取得的。脆弱性地区和弱势群体仍在一定程度上、一定范围内存在，为防止脱贫人口返贫以及乡村贫困再发生，反贫困工作仍是新时代乡村发展的重要任务之一，只不过新时代反贫困工作的重点和中心有所转移，亦即转向有效巩固已有的脱贫成果，并促进乡村振兴与脱贫攻坚的有机衔接。

要巩固乡村脱贫攻坚的成果，一方面需要保障已有的精准扶贫措施以新的形式得到持续跟进，避免因帮扶措施中断而导致脱贫的前功尽弃。另一方面，乡村发展要加强原先深度贫困地区和绝对贫困人口的内生发展能力，社会支持须重点放在"造血式"帮扶上，即通过社会支持恢复并提升弱势群体自身的"造血功能"或发展能力。

在乡村全面摆脱贫困之前，扶贫开发工作属于应对性扶贫，扶贫工作需要应对贫困问题，需要帮助贫困人口摆脱贫困的生活状态。在脱贫攻坚取得全面胜利之后，深度贫困地区和绝对贫困人口的贫困状态、贫困问题得到解决。乡村贫困问题的整体性解决与精准扶贫、精准脱贫的政策和实践密不可分，如果将帮扶措施全部撤离，那么一些问题可能会复发。因此，有效巩固脱贫成果，还必须采取预防性治理措施，通过扶持和促进发展，有效防范贫困问题的产生。

预防性治理是指在社会经济发展过程中建立和完善反贫困机制，其功能在于有效预防和应对各种形式的贫困问题在较大范围内发生。脱贫攻坚主要是通过精准扶贫等手段，解决深度贫困地区和绝对贫困人口的贫困问题，帮助贫困地区和贫困人口摆脱绝对贫困的状态。与脱贫攻坚不同，预防性治理是人类社会反贫困或贫困治理的一种策略，主要是为了预防和应对绝对贫困与相对贫困、连片贫困与个体贫困成为范围较广的社会问题，对各种贫困问题加以及时有效解决。乡村预防性治理不仅是新时代反贫困工作的主体方式和任务，也是精准扶贫战略的转变和更新。在预防性治理工作中，一方面要维持和保证脱贫攻坚阶段的各项扶贫脱贫政策措施的一定连续性，对脱贫摘帽的贫困县、贫困村和贫困户，仍保持相关扶持政策的施行，以保证脱贫攻坚的政策措施能够持续发挥预防和支持功能，避免帮扶政策措施退出后，贫困问题在较大范围反复和再现。进入新时代，乡村扶贫脱贫目标任务已经完成，要巩固脱贫攻坚成果，仍须在一定时期内保持关键帮扶政策和措施的延续与跟进，对精准扶贫阶段的一些强化措施可经科学评估后逐步谨慎退出。另一方面，要推进原有扶贫开发工作的职能转变，将工作重点转向支持发展与防止返贫。为有效预防脱贫摘帽地区与脱贫人口返贫，可通过"设立脱贫攻坚过渡期"①，维持帮扶政策的总体稳定；与此同时，也可通过建立预防性的监测和应对机制，针对脆弱性较大的脱贫地区和脱贫人口，提前采取积极有效的帮扶措施，防止贫困问题再发生。

在实现整体脱贫之后，乡村发展面临的中心任务是全面推进乡村振兴和乡村社会现代化建设。由于发展的不平衡不充分问题是新时代社会主要矛盾的重要体现，因此，全面推进乡村振兴、加快推进农业农村现代化，必须面对乡村发展不均衡不充分的客观事实，采取积极的均衡发展措施，增强乡村特别是发展相对滞后地区的内生发展动能，降低脱贫地区和人口的返贫风险以及相对贫困问题产生的风险，逐步缩小区域和地区间发展差距。

进入新时代，乡村发展条件已发生重大转变。随着决胜脱贫攻坚和全面建成小康社会目标任务的完成，乡村发展迎来新起点、新格局和新条件。新起点就是乡村社会实现整体性脱贫，实现贫困人口"两不愁三保障"，即不愁吃不愁穿，儿童义务教育、基本医疗和住房安全有保障。2020年全面建成小康社会目标的实现，既表明乡村发展已取得了具有划时代意义的成就，同时也标志着乡村发展进入一个崭新阶段。站在贫困人口全部脱贫和全面解决温饱问题的新起点，乡村社会需要向另一个更高目标迈进，那就是乡村振兴与乡村社会现代化。

新格局是指乡村发展所处的大环境、大背景和大趋势。乡村发展路径的选择必须根据大环境而做出，虽然新时代乡村发展的大环境总体上没有大的改变，仍是费孝通所总结概括的"信息社会"，即经历了从"农业社会"到"工业社会"再到"信息社会"的"三级跳"②，但是，信息技术的更新和升级，特别是5G和人工智能时代的到来，不可避免地带来了产业结构的转型升级。在高度互联互通的信息社会，乡村发展既面临新的挑战，也有新的机

---

① 黄承伟．中国特色减贫道路论纲．求索，2020（4）．
② 费孝通．从实求知录．北京：北京大学出版社，1998：385－399．

遇。一方面，信息社会的需求变化对乡村基础设施建设、公共产品供给、人才结构、制度创新等诸多方面提出了新的要求；另一方面，信息社会的技术进步与更新也为乡村新产业、新业态的发展创造了更加有利的环境。

新时代乡村发展是在乡村振兴战略的大背景下推进的，在精准扶贫目标达成之后，"三农"工作的重心转向乡村振兴。随着国家乡村振兴战略的推进和实施，乡村社会在产业发展、生态环境、文化建设、基层治理和生活方式等方面，迎来了新的发展格局。

新型城镇化与城乡融合发展是新时代乡村发展的大趋势。乡村振兴与新型城镇化对乡村发展来说其实是并行不悖的关系，因为新型城镇化与传统意义上人口进城的城镇化不同，新型城镇化是人、产业及生活方式的城镇化，有着多元的模式①，所确立的城乡关系是融合发展的关系，亦即城乡居民、城乡产业和城乡生活方式的融合发展。

进入新时代，乡村发展具有了新条件。长期以来，"三农"工作实践已积累了丰富且行之有效的发展经验与机制，这些经验与机制主要包括在脱贫攻坚与精准扶贫阶段形成的城乡联动、东西部联动的发展机制。在实施精准扶贫政策的过程中，城市反哺农村、工业反哺农业、东部支援西部、城市与乡村相互促进的协调联动机制等发挥了积极的作用。已有的经验和机制为新时代的乡村发展提供了新的外部条件，对提升乡村内生发展动力起到了一定的促进作用。

总体来看，新时代的乡村需要在新发展理念引领下构建起新发展格局。在全面推进乡村振兴战略的背景下，乡村发展既要巩固脱贫攻坚的成果，同时又要朝着农业农村现代化的方向不断前进。在推进农业农村现代化新征程中，路径选择对发展目标的实现来说具有关键性的作用。

三、"补短板"与乡村高质量发展相结合之路

在乡村振兴新时代，科学合理地、正确地选择乡村社会发展路径尤为重要。为实现乡村发展新目标，发展路径的合理性与恰当性不仅可确保乡村振

---

① 陆益龙.农民中国：后乡土社会与新农村建设研究.北京：中国人民大学出版社，2010：413.

兴实践方向的正确性，而且有助于提升乡村发展的效率。

合理地选择乡村发展路径，必须科学、准确地把握乡村社会的实际情况，充分地认识乡村发展面临的主要矛盾。当前，虽然乡村贫困地区和贫困人口已全部脱贫，但不均衡不充分发展的主要矛盾依然存在。高质量发展已成为新时代社会经济发展的主旋律，与此同时又必须面对乡村发展不均衡不充分问题。解决这一问题的前提是补齐乡村发展的"短板"。按照"短板效应"原理，如果不能补齐乡村发展的"短板"，就难以达到发展的平衡，难以实现充分发展。面对不均衡不充分发展的社会主要矛盾，首先要找出制约乡村发展的"短板"。

从当前实际情况来看，制约乡村发展水平的主要有三大"短板"，分别是基础设施建设、产业发展和乡村教育方面的"短板"。乡村在基础设施建设方面，存在着比较明显的"短板"。尽管从纵向比较的角度看，经过新农村建设和精准扶贫的努力，当前乡村基础设施建设条件已经得到明显改善。然而，相对现代化发展的总体水平而言，乡村基础设施建设仍相对薄弱。特别是在满足高质量发展的要求方面，乡村基础设施建设仍需要重点加强（乡村基础设施建设状况如表 10-1 所示）。

表 10-1　乡村基础设施建设状况　　　　单位：%

	全国	东部地区	中部地区	西部地区	东北地区
有火车站的乡镇	8.6	7.6	8.3	7.7	18.0
通公路的村	99.3	99.9	99.5	98.3	99.7
通电的村	99.7	100.0	99.9	99.2	100.0
通宽带互联网的村	89.9	97.1	92.7	77.3	96.5
有电子商务配送站点的村	25.1	29.4	22.9	21.9	24.1
有商品交易市场的乡镇	68.1	75.5	72.3	62.0	65.1
有体育场馆的乡镇	16.6	20.5	19.4	13.5	12.1
有本级政府创办的敬老院的乡镇	56.4	61.9	78.0	43.3	40.8

资料来源：2017 年国家统计局第三次全国农业普查主要数据公报。

补齐乡村基础设施建设的"短板"，要根据乡村振兴与乡村社会现代化发展的大趋势，可能需要重点在 5G 网络等数字基础设施的超前布局、基本公共服务设施和社会设施现代化以及文化基础设施建设等方面[①]，补齐不均衡

---

① 顾朝林，曹根榕，顾江，等．中国面向高质量发展的基础设施空间布局研究．经济地理，2020，40（5）．

不充分发展的"短板"。

对那些刚刚摆脱绝对贫困的乡村地区来说，产业发展的滞后性与不充分问题可以说是一块较为明显的"短板"。乡村产业发展的"短板"不仅关系到脱贫攻坚成果能否巩固和可持续，而且关涉新时代乡村振兴和现代化建设的推进。在脱贫攻坚政策的有力支持下实现脱贫的乡村，所面临的较为共性的问题是产业结构单一，即基本上依赖于农业。在这些发展相对滞后的地方，农业高质量发展的结构性问题比较突出。目前，尽管农业绿色水平、农业创新水平和农业共享水平对推动我国农业高质量发展发挥了重要作用，但农业协调水平和农业开放水平滞后仍是农业高质量发展的短板。[①] 因此，补齐乡村产业发展的"短板"，实现新时代发展滞后地区的乡村产业兴旺，就需要从结构、协调和开放三个重要突破口发力。

首先，在结构方面，补齐乡村产业发展"短板"的主要方式是解决农业依赖以及农业结构单一问题。在社会快速转型的大背景下，以农业为主的农村经济结构显然难以满足现代社会经济发展的需要，尤其难以满足农民增收的需要。农业内部也存在着结构单一和结构刚性的"短板"，亦即一定区域内农业通常依赖于种植业，且种植结构较为单一，随市场需求变化而改变的弹性较小。

补齐乡村产业结构的"短板"不仅需要改变农业的生产经营方式，而且需要从供给侧结构性改革方面进行突破，通过改革创新的推动力，促进乡村新产业、新业态的发展。与此同时，需要按照市场机制的原则，调整农业内部的结构，推动农业高质量发展，提升农业生产经营的市场效益和经济效益。

其次，在协调方面，补齐乡村产业发展的"短板"需要重点围绕城乡统筹、产业融合的中心问题，为提升农业的协调水平开辟多种有效路径。乡村产业要实现均衡、充分发展，就必须突破城乡二元经济的瓶颈限制。在城市与乡村之间，需要建立起一体化的、相互融合的体制机制，消除二元壁垒，提升资源和要素的流动水平与配置效率，以使乡村资源、乡村价值、乡村优势得以充分发挥出来，从而激发乡村产业发展的内生动力。同时，城乡统筹

① 刘涛，李继霞，霍静娟. 中国农业高质量发展的时空格局与影响因素. 干旱区资源与环境，2020，34（10）.

与融合发展机制也能利用现代城市发展的拉动作用和传导效应，迅速带动乡村的产业转型和产业发展。

在市场化、现代化转型的大环境下，农业发展显现出协调方面的问题，亦即农业适应现代市场社会需求的能力与机制方面的问题。特别是在发展相对滞后地区的农村，农业缺乏高附加值的内涵，经济效益较为低下。农民依靠农业实现收入增长的路径受到较大限制。因此，补齐乡村产业发展的"短板"，还要提升农业与市场的协调水平，推动传统农业向高质量方向发展，提高欠发达地区农业的产业化水平，以及农业与第二、第三产业的融合发展。

最后，在乡村生产要素的开放方面，乡村产业发展的"短板"主要表现为土地、资金和技术的开放度有限。自农村家庭联产承包责任制改革后，市场向农村劳动力开放的程度不断提高，大量农民工可以流向城镇务工和经营，从而大大增加了乡村居民在农业外获得收入的机会。但受体制机制的影响，乡村对外的开放程度则较为有限。农村土地流转、"资本下乡"、"技术下乡"等皆面临较多障碍和阻力，这在较大程度上制约了乡村产业结构的转型与发展。较低的开放程度实际上也限制了乡村新产业、新业态的发展，同时会约束乡村内生发展动力的更新与增强。补"短板"、扩大乡村开放程度，关键在于深化。改革仍需要在农村土地制度方面不断推进创新实践，在乡村市场体制机制方面深化改革，提升开放水平，让更多的新要素能够畅通地进入乡村社会，为乡村产业发展提供新动能。

影响乡村均衡发展的又一块"短板"是乡村教育的发展问题，这块"短板"常常被遮蔽，或是未受到足够的重视。

当前，乡村教育的"短板"突出地体现在三个方面：一是乡村教育资源配置的不均衡；二是乡村教育机会的不平衡；三是乡村教育与乡村发展的相背离。在乡村人口大流动的背景下，乡村教育资源配置面临两难困境：一方面，优质教育资源短缺；另一方面，教育资源有效需求不足，大量农村生源流向城市，乡村学校面临生少师多的不均衡格局。机会均等也是乡村教育发展需要解决的重要问题之一，受体制及资源配置等多种因素的影响，乡村居民的受教育机会获得实际上存在着不平衡问题。此外，在乡村转型与发展进程中，乡村学校的教育内容不仅越来越脱离乡村社会实际，而且越来越背离乡村社会发展需要。费孝通曾关注到并反思了 20 世纪 40 年代"损蚀冲洗下的乡土"问题，当时的乡村教育非但没能胜任实现现代化的任务，反而让乡村的孩子再也回不了乡村，从而产生"损蚀了乡土社会"的副作用[①]。补齐乡村教育"短板"有着长远的、结构性的意义，若没有乡村居民教育水平和人口素质的普遍提高，乡村乃至整个社会的高质量发展就将缺乏人力资源的基础。"补短板"的关键就是要解决乡村教育发展不均衡不充分的问题，不断增加对乡村教育的投入，提升乡村教育的质量。

四、乡村振兴与新型城镇化融合发展之路

随着中国特色社会主义迈入新时代，乡村发展的"主旋律"已发生历史性转变，因而在路径选择上需要调整。中国乡村幅员辽阔，区域差异性大，在发展路径选择上必须坚持因地制宜和多样性的原则，即各地乡村要根据各自自然、历史及社会文化的特点，选择多种多样、适当的发展路径与发展模式。然而，在路径选择的大方向上，则需要根据乡村发展的大势加以准确地把握。

立足中国的基本国情以及乡村发展的实际情况，从制度分析的视角来看，在农村脱贫攻坚战取得全面胜利之后，在现代化的大背景下，中国乡村发展在路径选择上需要坚持走乡村振兴与新型城镇化融合发展之路。

首先，乡村振兴不仅是新时代乡村发展的战略重点，也是新时代"三农"工作的总抓手。中共十九大提出乡村振兴这一重要战略，并要求按照"产业兴旺、生态宜居、乡风文明、治理有效、生活富裕"的总体目标，推进新时代的中国乡村建设与发展。作为宏观制度安排，实施乡村振兴战略是新时代乡村发展的大方向。

乡村振兴不仅是宏观政策的顶层设计，也是新时代乡村社会可持续发展的必然要求。在推进现代化、城镇化的过程中，乡村社会的振兴是促进城乡协调发展和建设现代化强国的重要基础。只有乡村社会得以振兴，才能巩固脱贫攻坚取得的发展成就，才能保障乡村社会持续发展，城市与乡村才会和谐共存。因此，乡村振兴的意义不仅在于推动乡村的发展，而且在于对维持

---

① 费孝通.乡土重建.长沙：岳麓书社，2012：61.

整个社会系统的多样性以及协调运行来说是不可或缺的。

在新时代乡村发展的路径选择上，全面推进乡村振兴是合理且有效的选择。在乡村实现全面脱贫之后，一方面，乡村具备了更为有利的振兴条件和基础，另一方面，乡村也更需要进一步推进振兴措施。为满足广大乡村居民对美好生活的需要，乡村社会需要在产业发展、收入水平、居住环境和社会治理等方面实施振兴政策，以实现城乡、区域之间均衡发展，提升乡村社会的发展水平。

乡村振兴是复杂而艰巨的系统工程，充分发挥和调动广大农民群体的主体性与创造性既是必要的也非常重要[①]，因为只有在乡村主体认识到振兴乡村的价值，并积极参与到乡村振兴的实践之中时，才能有效地推进乡村振兴。与此同时，乡村振兴的目标仅仅依靠乡村内部力量是无法实现的。与脱贫攻坚战略的实施相似，全面推进乡村振兴战略也需要国家主导的乡村建设力量的不断进入与增强。在工业化、信息化、现代化、城镇化的社会转型进程中，"三农"发展处于弱势地位，面临严峻挑战。乡村重建与乡村振兴在一定程度上离不开政府推行和实施具有扶持性、保护性和建设性的政策措施，为新发展格局下的乡村发展注入和补充新的动力。此外，振兴乡村还须更好地发挥市场机制的积极功能。要通过体制机制创新，进一步扩大乡村开放程度，让市场的力量助推乡村振兴。

进入新时代，乡村振兴还要与新型城镇化有机融合起来，共同推动乡村社会新的发展。就整体发展而言，乡村振兴与新型城镇化的关系是并行不悖的。新型城镇化体现出乡村和城镇多元化的发展路径，如李强等提出的"就地城镇化"[②]，以及乡村生活方式的城镇化，还有乡村集镇中心化、中心村、村庄新型社区化等路径。

如前所述，乡村不完全等同于农村，乡村社会既包含农村的村落，也包括小城镇的县城、乡镇等社会构成。因此，乡村振兴也包括小城镇的发展与振兴。在新时代，小城镇仍是费孝通所提出的"大问题"[③]。因为在乡村振兴过程中，仍可以发挥小城镇发展对农村发展的促进作用。在推进农业结构转

---

① 王春光. 乡村振兴中的农民主体性问题. 中国乡村发现，2018（4）.
② 李强，陈宇琳，刘精明. 中国城镇化"推进模式"研究. 中国社会科学，2012（7）.
③ 费孝通. 志在富民：从沿海到边区的考察. 上海：上海人民出版社，2007：22.

型升级、乡村产业发展、农民增收和生活条件改善等方面，发展小城镇都会显现出积极的作用。特别是在脱贫攻坚的过程中，一些特困地区农村的贫困户通过易地扶贫搬迁，被集中安置在小城镇新型社区。这样，小城镇发展实际上又面临新的任务，亦即把反贫困或贫困治理与新型城镇化紧密结合起来，通过加大小城镇建设与发展力度，拉动农村贫困人口实现跨越式发展。

在某种意义上，新型城镇化与乡村振兴融合发展的耦合点就在于大力发展小城镇。越来越多的县城、乡镇和集镇的兴起与繁荣，不仅会丰富城镇化的内容、提升城镇化水平，也会对乡村振兴和乡村社会现代化起到较大促进作用。所以，新型城镇化战略不仅仅要谋划大中城市的高质量发展，更要注重把小城镇发展当作"大问题"来对待。无论是从城乡体制变迁的角度看，还是从苏南等东部发达地区乡村发展历史经验来看，小城镇发展都既是破解"三农"问题困局的重要突破口，也是实现乡村社会现代化和城乡一体化发展的有效路径。

总之，在新时代，应有效地将乡村振兴与新型城镇化融合起来，形成驱动乡村社会经济发展的"两驾马车"，实现乡村发展动能及驱动方式的更新，更好地推动乡村社会现代化建设与发展。

五、小结

社会变迁的历史过程总会具有时代的特征，留下时代的烙印。把握社会发展的未来走向，就要紧扣时代主题，前瞻时代大势。从制度变迁的视角来看，新中国乡村发展历程大体可概括为这样几个时代：一是新中国初期的小农经济时代，二是人民公社制下的集体化时代，三是家庭联产承包责任制施行后的改革开放时代，四是税费改革后的新农村建设时代。2020 年农村全部脱贫之后，中国乡村发展迈入乡村振兴新时代。

迈入乡村振兴新时代，既是"三农"政策与国家制度安排取得阶段性成果的标志之一，也意味着中国乡村发展面临新课题、新机遇。正是在国家一系列强有力的惠农支农政策和精准扶贫措施的作用下，中国实现了决胜脱贫攻坚的战略目标，使乡村社会发生了前所未有的巨变，同时给乡村发展提出了新要求和新任务。

　　乡村社会是社会系统的主体构成之一，乡村发展之于社会整体发展和协调运行来说，具有不可替代的功能。乡村发展不仅在较大程度上影响着社会发展的总体水平，也是新时期社会经济发展的重要动力源。对中国这样的人口大国而言，乡村发展的意义更为重要，因为只有在城镇化与乡村协同发展的前提下，人口、资源、环境与社会经济发展才能达到和谐均衡的状态。

　　乡村社会如何发展是一个永恒的议题。在新时代背景下，在全面推进乡村振兴战略的实践中，如何巩固脱贫攻坚成果，如何转变农村反贫困机制和策略，支持农村脆弱地区的均衡和充分发展，如何推进乡村高质量发展，进一步提升乡村发展水平，实现乡村社会现代化，这些都是新时代乡村发展需要破解的难题。

　　路径选择的合理性和有效性对乡村发展来说至关重要。探讨新时代乡村发展的路径选择问题，其意义并不局限于寻找一条理想化的、最优或最有效的具体路径，而是要正确把握乡村发展的大方向，明确乡村发展需要践行的合理原则及有效策略。

　　在全面建设社会主义现代化国家、向第二个百年奋斗目标迈进的新征程中，中国乡村发展需要朝着现代化目标前进。尽管社会现代化是统一的大趋势，但在推进乡村社会现代化的过程中，合理、有效的路径选择是根据历史传统和现实情况探索出的有中国特色的道路，亦即中国式农业农村现代化道路。对发展不均衡不充分的中国乡村社会来说，现代化的路径选择既面临"补短板"问题，也面临如何推进高质量发展问题；对存在较大差异性和多样性的乡村社会而言，路径选择所要遵循的基本原则是因地制宜，在制度创新和实践创新中摸索出适合自身发展需要的新路径。当然，根据新时代的特征，乡村发展在路径选择上则要把握发展的大方向，那就是走乡村振兴与新型城镇化融合发展之路，走产业融合发展之路。

第十一章　文化富民与乡村振兴

中国特色社会主义现代化已迈入新时代，乡村社会与文化在快速转型和现代化进程中，面临着诸多发展和再适应问题。推进新时代的乡村振兴战略，就是要通过一系列的振兴计划与实践，解决现代化背景下乡村发展诸问题。在乡村振兴诸方面，乡村产业的振兴是基础。在探寻振兴乡村产业的有效之路上，对社会需要之"大势"的把握显现出重要的意义。

一、文化需求：社会需要递进论的视角

"产业兴旺"是新时代乡村振兴战略的重要目标和任务之一。那么，多样的乡村如何实现产业兴旺呢？在此问题上，主流的观点强调农业发展方式的变革，推进农业现代化。[①] 然而基于中国"大国小农"这一现实国情，乡村产业的变革与发展可能不仅仅局限于实现农业的现代化，而需要有多种可能的选择。正因如此，乡村振兴需要振兴的是乡村产业而不仅仅是农业，因为乡村产业发展已不是仅仅为了解决自给自足的温饱问题，而是担负起"富民"的任务。费孝通曾回顾和总结自己一生的学术旨趣在于"志在富民"，对于富民之路的探索，则倾向于走"离土不离乡"之路，也就是通过小城镇发展，实现乡村工业化，即"亦农亦工"的致富之路[②]。在新时代，随着社会需求或者说社会主要矛盾的转变，"离土不离乡"或许已超出农业与工业的融合范围，乡村振兴也不是只有乡村工业化一条路径。

---

① 陈锡文. 适应经济发展新常态 加快转变农业发展方式：学习贯彻习近平总书记在中央经济工作会议上的重要讲话精神. 求是，2015（6）.

② 费孝通. 志在富民：从沿海到边区的考察. 上海：上海人民出版社，2007：1-4.

在现代化、市场化的大背景下，乡村产业的振兴就要顺应和满足时代的需要。顺应了社会转型与变迁的大趋势，就会在此过程中获得重生或新的发展机会。把握社会需求变化的趋势和方向，对于寻找乡村产业振兴的发力重点将是一种指引。那么在当今新时代，社会需要具有何种趋势、何种特质呢？

社会需要是一个拟人化的概念，是指社会犹如个人一样，在一定时期、一定阶段，会有一种需要占主要地位或者说有一种主导性的需要。无论是对个人还是对社会而言，需要其实都是复杂的、多样的，而且处于动态变化之中。什么样的需要会成为占主要地位的需要，对不同的个人来说是不同的。

按照马斯洛的个人需要层次论的观点，个体的存在有着某些基本需要，而且这些需要之间存在着层次关系，亦即从作为最基本层次的生理需要，到安全需要、爱和归属感需要、尊重需要，再到最高层次的自我实现需要[①]。个人需要层次论包含两个命题：一是个人的需要会呈现层次性特征，即不同个人或个人在不同阶段会有不同层次的需要。二是个人需要的现实层次反映其需要满足的状态。

如果说社会需要的特征是由众多个人需要的特征决定的，那么社会需要的变化趋势和方向也可从一个个的个人需要变动中显现出来。既然个人需要具有层次性特征，那么从这个角度去看，或许也能发现社会需要的变化具有递进性特征。

从社会需要递进论视角看，一个社会在某一阶段或某一时期内，也会有重点的发展需要，这些发展需要会根据社会系统内部经济、政治、社会和文化等主要子系统的发展状况而呈现递进关系，这种递进关系表现为：从经济发展需要依次向政治发展需要、社会发展需要、文化发展需要转变。

综合现实经验来看，当前中国的社会需要处于以社会发展为主的阶段，亦即需要重点推进社会和谐发展，促进社会公平正义以及社会秩序的稳定。在改革开放之后，中国社会相继重点满足了经济发展和政治发展需要。进入21世纪，对和谐社会建设的需要成为需要重点满足的对象，也就是说，现阶段中国社会仍处于重点满足社会发展需要阶段。然而在新时代，随着和谐社会建设的顺利推进，中国社会迈入全面小康社会，社会需要也将发生转变，

---

① 马斯洛. 动机与人格. 北京：华夏出版社，1987：40-68.

转向重点满足文化发展需要。也就是说，文化发展需要将成为在社会中占主要地位的需要。

在社会转向重点满足文化发展需要之后，社会成员的需求偏好也将发生转变，出现从物质主义需求偏好向文化性需求偏好的转向，也就是说，人们将越来越注重文化方面的需求满足。从市场经济角度来看，文化性需求的凸显，将会拉动文化性消费的快速增长，由此而驱动文化性产业的发展，并可能使文化性产业转变为社会中的主要产业。

社会需要的转向既体现在文化价值观的转向上，又受到价值观转向的推动。价值观的转向犹如英格尔哈特所说的"静悄悄的革命"，随着工业化持续向纵深发展，会出现人们价值观从物质主义向后物质主义的转变[①]。在工业化的过程中，社会中会产生物质主义的价值观，这一价值观也在驱动着工业化向前推进，因为人们对满足物质需求的重视会成为工业化发展的动力源泉。而当工业化发展水平达到一定高度后，也就是社会物质生活相对丰裕之后，人们对物质的需求呈现减弱趋势，人们的价值观也相应从物质主义逐渐向后物质主义转变。后物质主义价值观的一个重要特点是社会需要的焦点从物质需求向非物质需求转变，人们对优雅和健康环境的价值越来越重视，文化性需求也变得越来越重要。

改革开放后，中国经济得以持续快速增长，物质资料的生产能力和社会生活水平快速大幅提高，中国由此经历了从物质匮乏到温饱问题解决再到向小康社会迈进的转型过程。也有观点认为，中国社会在转型与变迁过程之中，出现了后物质主义价值观。不过，中国的后物质主义价值观可能是局部的，存在较大代际差距，且受国际化影响较大[②]。不论中国是否出现了后物质主义价值观，从社会需要递进论的视角来看，随着经济与社会发展完成了从物质相对匮乏到物质相对丰裕的发展任务之后，社会需要也自然而然会发生一定的转向。物质需求虽依然是基础、依然重要，但总体上看已不处于中心或重点突出的地位，而赋予物质以丰富意义的文化需求则变得更加突出、更为重要。

---

① INGLEHART R. Culture shift in advanced industrial society. Princeton：Princeton University Press，1990：66 - 103.

② 陶文昭. 后物质主义及其在中国的发轫. 毛泽东邓小平理论研究，2008（6）.

文化需求成为社会需要的重点反映的是社会变迁与发展的一种走向和趋势。随着小康社会的全面建成，人民群众的物质生活水平将普遍得以提高。在物质生活相对丰裕的新时代，文化发展需要将日益增强，人民群众对文化与健康生活的需求将成为驱动社会经济发展的重要动力。

作为社会需要的重点领域，文化需求既是抽象的，又是具体的。就抽象意义而言，宏观层面的文化需求主要是指文化领域或文化方面的发展成为社会发展的重点，也就是说，在当前及未来的发展阶段里，文化发展将更加受到关注，文化领域也会得到更多的发展。就具体意义而言，文化需求主要表现为社会成员的文化性消费需求凸显出来，相对物质消费需求而言，文化性消费需求呈现出快速增长的趋势。对社会成员个体来说，物质需求的满足一般会具有刚性特征，即在物质供给充裕的情况下，也就满足了这一需求。而文化需求的满足则具有较高的弹性和开放性，因为文化消费品的供给是一种社会互动和共同建构的过程。在具体表现形态上，社会中有越来越多的人对文化旅游、文化娱乐以及健康健身服务等休闲生活方式表现出更多的偏重。

在乡村产业振兴方面，需要把握社会需要从物质需求偏重向文化需求偏重转向的这一趋势，针对市场社会中文化性消费需求不断增长的特征，寻求在满足文化需求的过程中调整乡村产业结构和经营模式，以此来重振乡村产业。

二、乡村文化有何价值

在现代化的进程中，文化进化论和绝对主义的文化价值观占据着中心地位，受这些观念影响，乡村文化的价值通常被忽视或是有意无意地被遮蔽，因为乡村文化有时会被视为旧的、落后的文化。推进乡村振兴战略，可能需要从文化相对论的视角来对乡村文化的价值进行再认识。文化相对论强调文化的历史、文化的特质以及文化的相对价值，不同类型的文化围绕着各自的特质而形成各自的"文化模式"[①]，并为文化持有者提供生存和延续下去的各

---

① 本尼迪克（本尼迪克特）. 文化模式. 何锡章，黄欢，译. 北京：华夏出版社，1987：17.

种可能性。所以，不同的文化之间要像费孝通所倡导的那样"各美其美，美人之美，美美与共"①。

乡村文化是在乡土性的社会空间和社会系统中创造出来并保留和传承下来的自然生态文化遗产以及生产生活文化，主要包括田园生态、乡村生活方式、风情民俗、古建遗存、传统技艺等多种元素与内涵构成的复杂综合体。就乡村文化的历史而言，其形成与传统农业（农林牧渔）社会紧密相连，并经历了漫长的变迁和发展的过程。在这个意义上，乡村文化里蕴含着中华文化的"基因"，也是文化传统的根脉和重要构成之一。

在现代化、城镇化的进程中，现代性文化逐渐占据主流地位，乡村文化则渐渐走向边缘化，乡村文化传统面临着消失和被遗忘的危机。因而，重新发现乡村文化的价值在当下显得格外重要。那么，如何从相对论视角重新认识乡村文化的价值呢？作为具有悠久历史传统的复杂综合体，乡村文化的价值也复杂多样。不过，相对于现代社会转型，乡村文化以下几个方面的价值会显得更为突出和重要。

第一，乡村文化具有重要历史记忆价值。中国的乡村文化蕴含了世界上最有价值的农耕文明和农业文化遗产，是中华民族文化的根和脉，保护、传承和发展乡村文化，是我们记住历史传统、实现文化自觉、增强文化自信的重要基础。随着社会的现代转型、生活方式的变迁，有些传统的、既有的乡村文化可能已不适应当前社会环境和快速变化的节奏。现代性的文化、城市文化在不断挤压乡村文化的生存空间。越来越多的传统乡村文化元素（如一些传统农艺和手工艺等）逐渐退出日常生产和生活领域，这意味着其工具性的价值大大降低，会被快速发展的现代技术取代。正是在文化的现代转型的大趋势下，乡村文化的历史记忆价值凸显出来，因为随着文化的传统元素在现实生活中不断减少，乡村文化之于我们了解变迁与转型的历史过程而言，可能是一个重要的窗口。

虽然现代化、城镇化是社会发展的主流和趋势，但这并不意味着乡村社会和文化没有存在与发展的价值。相反，随着乡村文化渐渐退出现代社会生活领域，其工具性功能将会减弱，而社会记忆的功能和价值将凸显出来。然

---

① 费孝通.中国文化的重建.上海：华东师范大学出版社，2014：160.

而，如果不是有意识地去传承和保留那些文化传统，那么乡村文化中的一些精华和优良传统会在现代性的生活方式中逐渐被遗忘和逐渐消失。如果乡村文化传统全面消失，那么乡村文化的恢复和重建将面临记忆灭失的重重困难。因而，在乡村社会的现代转型过程中，重点保留和记住乡村文化传统中的一些精髓和特质，对维持乡村文化的延续来说有着重大意义。

第二，乡村文化具有社会整合价值。从文化人类学的角度看，文化在一个社会中的作用就相当于黏合剂、润滑剂，各种各样的个体被有机地整合为社会，主要是通过文化机制实现并维持的。文化为人们提供了认同感、归属感和集体意识。乡村文化也一样，具有留住"乡愁"、维系传统、增进乡村内部凝聚力的重要功能。

当下，中国乡村正处于一个"大流动"的时代①，社会分化与转型也在加速。在巨变的新时代，乡村社会面临着重新整合和发展的艰巨任务。随着大量乡村青壮年劳动力向外流动，乡村社会结构分化为流动群体和留守群体，乡村时空结构分化为流动时间与团聚时间、城镇栖居空间与乡村家居空间。在某种意义上，流动和分化是新时代乡村社会的一种常态，而并不意味着乡村社会将走向终结，因为仍有大量的乡村在流动和分化的同时，也在重新整合与发展。乡村文化正是乡村社会重新整合和维续的一种重要动能，通过文化认同的力量，乡村社会二元分化的结构得以在一定程度上修复与整合。例如，在重要节日乡村外流人群的回归和团聚，反映的就是文化机制之于社会整合的重要功能。对家乡的文化认同与归属意识会将外出的流动者凝聚起来，为修复和维续乡村共同体提供一种精神支撑。

第三，乡村文化具有维持社会文化多样性的价值。现代化是人类社会变迁的主流和大趋势，尽管这一大趋势不可逆，但我们也需要理性看待和反思现代化的逻辑。现代化主要遵循单一化、格式化和标准化的逻辑，文化的现代性正在吞噬着文化的多样性，民族的、传统的、地方的、多样的文化逐渐为现代性文化所取代。

人类社会文化生态与自然生态有着相通之处，生态系统的平衡和可持续

---

① 陆益龙. 农村劳动力流动及其社会影响：来自皖东 T 村的经验. 中国人民大学学报，2015，29（1）.

发展，在很大程度上体现在多样性的维持上。在某种意义上，新时代乡村振兴战略的一个重要目标就是保护社会文化的多样性，而不是让单纯的城市化来灭绝所有乡村社会文化。所以，对乡村文化的多样性价值的认识，是从一个战略的、长远的角度来看待中国特色现代化进程。对中华民族文化传统来说，乡村文化是文化多样性的基因库，保持乡村文化的延续和发展，无疑有助于维护文化的多样性，也是维持中国社会可持续发展的根基。

第四，乡村文化也具有经济价值。经济与产业振兴是当前乡村振兴的重要条件，也是乡村振兴面临的最大挑战之一。在乡村产业振兴的路径选择中，乡村文化所包含的精细化、生态化的农业生产方式，提供了高品质的食物产品；具有地方特色的乡村生活方式，也为文化产业发展提供了支撑。

在现代化、城镇化不断推进的大环境下，乡村文化资源会因渐渐减少而变得更为稀缺。随着社会需要越来越偏重于文化与健康消费需求，作为稀缺资源的乡村文化将会发挥巨大的经济价值。动员和利用乡村文化资源，不仅为破解乡村社会内生发展困境问题提供了一种可能路径，也为乡村经济发展开辟了一条新的路径。从社会需要递进论及文化相对论的角度看，对乡村经济而言，除了土地、劳动力、技术和信息等传统生产要素之外，文化也会成为一种新的生产要素。依托于乡村文化，结合运用现代互联互通技术和市场机制，乡村经济发展将会开辟一片新天地，迎来新局面。

受现代性文化及教育体制的影响，很多人对乡村文化价值持虚无态度和观念。轻视或否定乡村文化的价值，实际上是无视社会文化发展的连续性和多样性，无形中使发展的眼界变得狭隘。重新发现乡村文化的价值，将会为乡村振兴开辟一条新路径。

三、乡村文化的保护和重建

不可否认的事实是，在社会快速转型和城镇化的进程中，乡村文化正面临保留和存续的巨大危机。技术的进步、社会生产与生活方式的变迁，使得乡村文化与现代社会不断分离，在此过程中，社会选择机制会将乡村文化传统逐渐抛弃和遗忘，因为随着越来越多的人倾向于选择与现代生活方式相对应的文化，传统的、既有的文化不仅仅存续空间越来越小，甚至会逐渐走向灭失。

选择使用更先进、更有效的工具是人类社会行动所遵循的工具理性逻辑，这一理性选择原则是无法改变的，也是社会进步和发展的基本动力。当社会民众选择使用新工具时，那就意味着旧工具将逐渐被抛弃。如在农业生产方面，随着现代化机械农具的广泛使用，使用传统农具的人逐渐减少，社会也就逐渐不再生产和提供传统农具。这样，与传统农具相关联的一系列传统农业文化，包括相应的农艺、手工艺及价值观等，都会随之逐渐消失和被遗忘。

人类文化是由物质文化和非物质文化两个方面有机组成的综合体，既包括工具性文化，也包括非工具性文化。在人类社会文化变迁过程中，一些物质的、工具性的文化总会变成旧的、过时的、落后的文化，而且总会被新的文化取代，但文化中的那些非物质的、非工具性的部分并不能用先进与落后或使用价值的标准去加以衡量。曾经是人类先进文明成果的文化传统和文化遗产，在人类生活中曾发挥作用，那么人类社会应该对之有所记忆。正是通过社会记忆，我们当下的行动才具有文化意义。过时的、既有的文化或许不再具有工具性价值，但其文化价值非但没有随其失去工具性价值而消失，反而变得更为重要。

工具理性原则适用于对物质文化的选择，而在对待文化的非物质、非工具性方面的价值时，增强文化自觉意识显得格外重要。所谓文化自觉，费孝通认为："文化自觉只是指生活在一定文化中的人对其文化有'自知之明'，明白它的来历、形成过程、所具的特色和它发展的趋向"[①]。在对待乡村文化及其发展问题上，如果从文化自觉角度出发，就会发现乡村文化的历史价值、独特性以及丰富的内涵，由此也就会积极寻求乡村文化在新时代存续和有新发展的各种可能性，而不是消极地予以全盘否定，并采取全部抛弃的策略。

文化的变迁与发展遵循着自身的规律，现代化、城镇化、全球化以及网络社会的来临，已是现代社会发展的大方向、大趋势。传统的小农生产技艺、村落和民间文化正处在走向终结的边缘。我们不可能也没有必要去阻挡现代化的大趋势，但完全有必要去挽救小传统，保护乡村文化至少得以部分地存续。在这个意义上，保护和重建乡村文化问题实际上是正确处理文化发展大

---

① 费孝通．中国文化的重建．上海：华东师范大学出版社，2014：160.

趋势与小传统的关系问题。

一方面，保护和重建乡村文化的小传统，是在社会文化现代化的大背景下进行的，因而可以说也是现代化大趋势中的一种需要。按照现代化发展趋势，如果没有积极的保护和干预措施，乡村文化就会为现代化大潮所湮灭，历史传统也会被遗忘。所以，用长远眼光看，及时采取保护性措施来维护乡村文化小传统的发展，会为未来社会留下宝贵的文化财富。假如对小传统没有任何保护而导致其全部消逝，那么相应的文化遗产也将随之灭失。

另一方面，保护和重建乡村文化主要是为了留存部分小传统或文化精髓，让乡村文化中的优良传统得以记忆和传承下来。然而，保护不等同于守旧，即守着既有的文化现状而不求变迁，保护也不是对抗文化现代化的大势，而是尽可能在现代化的过程中，保持文化传统的延续性，保留一些地方性特色。在某种意义上，也就是要探寻具有各自特色的现代化道路。

保护乡村文化的小传统，是为了乡村社会更长远、更持久的发展。乡村社会的文化特色及其历史传统将会成为宝贵的文化资源，有效地开发和利用这一文化资源，可为乡村社会的持续发展提供新的动能。目前，诸多乡村振兴的实践和策略过于偏重现代化、城镇化的逻辑，即按照现代性、城市中心主义标准大幅度地改造乡村社会与文化，甚至彻底破坏乡村文化的传统，而较少考虑如何尽可能地保留和保护具有特色的乡村文化传统。因为按照城市中心主义标准，乡村的一切文化可能都是落后的，都需要被改变或被放弃。如未经综合评估而大范围地实施"撤村"、"易地搬迁"以及"新型社区"建设等措施，实际上都缺乏对乡村文化的保护意识。因此，在这样的现实背景下，乡村文化的保护可能需要上升到立法的层面，同时也需要政府增强文化自觉意识，在保护乡村文化的实践中发挥主动和主导作用。政府既要针对乡村特色文化传统和非物质文化遗产制定有效的保护与传承政策，也要在乡村建设与治理实践中积极主动地保护乡村文化的优良传统，监管和防止过急和过度的开发行为对文化造成的不可逆影响。

在新时代，中国乡村要重新振兴起来，需要经历乡村重建过程。乡村重建是社会建设与社会发展的一种策略和过程，其内容主要包括乡村经济、政治、社会与文化功能的恢复和重建。按照结构功能论的观点，乡村社会系统的恢复与振兴，最终要依靠乡村文化的恢复与重建，因为文化系统具有社会

"黏合剂"的功能。如"在帕森斯那里，社会系统乃是作为一个制度的功能复合体被设想的，在这个复合体中，文化方式或价值被用于对行为的制约，被归并为约束性社会规范和制度化的价值"①。乡村社会与现代社会的整合离不开文化，只有保护乡村文化传统，并根据现代生活要求加以重建，乡村社会才可在现代化进程中得以立足和存续。

重建乡村文化是在保护历史传统基础上推进的文化建设，传承和保护优良的传统并不等同于复原与守旧，而是要尽可能保持社会文化系统变迁的连续性。同时，重建是基于快速社会转型过程中乡村文化经受严重损蚀的现实，发现并留存乡村特色文化"基因"，重新建立起乡村文化自觉和文化自信，推进新时代的乡村文化建设，使乡村文化适应社会现代化变迁的需要，同时在乡村振兴中发挥社会整合、特色资源和精神引领等功能。

四、乡村文化旅游与产业融合发展

在经历现代转型之后，当下的乡村已从乡土社会迈向后乡土社会②。在这样的大背景下推进乡村产业振兴，需要从社会需要递进论视角准确地把握社会需要的发展趋势，根据人们需求的重点或发展趋势选择恰当的乡村产业发展道路。鉴于当前中国社会需要的发展现状已从物质需求偏重转向文化需求偏重，因而在乡村产业振兴的方向选择上，也就要注重乡村文化建设和对文化资源的开发利用。在动员和利用文化资源带动乡村产业振兴方面，推动乡村文化旅游业的兴起与发展是一个重要的方向。

随着中国全面建成小康社会，居民的收入水平和生活水平显著提升，旅游、休闲、度假等精神文化性消费需求日益增长。在快速城镇化的进程中，城镇居民到乡村旅游度假和体验差异性生活的文化需求明显增强。因此，乡村文化旅游业有着巨大的发展空间，将在乡村产业振兴中发挥关键性的作用。

在市场化经济的大背景下，从产业发展的大趋势来看，如果依靠传统农业或仅仅发展农业，那么乡村产业很难得到振兴，农民增收难的问题无法得

---

① 哈贝马斯．交往与社会进化．重庆：重庆出版社，1989：8.
② 陆益龙．后乡土中国．北京：商务印书馆，2017：15.

以解决。调整乡村产业结构，实现乡村产业的融合发展，将是提高乡村经济效益、促进产业振兴的必由之路。通过文化旅游业的发展，乡村可以实现产业的融合发展，因为旅游服务业等乡村第三产业的兴起，将会带动传统农业的变革，让第一产业在与第三产业融合发展过程中获得新的活力，为提高乡村居民的收入水平、改善乡村生活质量创造更多的机会。因此，乡村文化旅游业的发展，将会推动乡村产业走向融合发展之路。此外，乡村文化旅游业的发展将为城镇居民丰富生活、满足休闲文化需求提供条件，同时也为乡村居民提高经济效益和收入水平创造条件，因而乡村文化旅游业的发展也是推动城乡融合发展的新路径。

乡村文化旅游业主要是依托于乡村社会具有自身特色的生产生活方式、民俗风情、历史传统、田园风光、自然景色等文化性资源，通过提供旅游服务，满足人们休闲娱乐生活等文化性消费需求，基于此而使得乡村产业在现代市场经济中得以更加充分发展，乡村居民的收入水平也可得到较大幅度提高。

目前，乡村文化旅游业已在一些地方兴起，对振兴乡村产业、促进乡村发展发挥了重要作用。从已有经验来看，乡村文化旅游的开发类型主要有：（1）农家乐，主要是基于城市居民的休闲文化需求及对乡村文化的消费需求而发展起来的集农家饮食、住宿服务以及休闲娱乐为一体的乡村文化旅游形式。较早的农家乐主要是在大都市和大城市周边的乡村以及有名的旅游景点附近的乡村兴起的，农户动员起乡村特色的饮食文化资源，在旅游市场中找到了一条新的发展路径。（2）休闲农业，主要是在郊区农村或城市周边兴起的一种乡村文化旅游形式，包括一些生态园、采摘园等。休闲农业实际上是将农业与旅游服务业融合起来的一种产业发展模式，主要通过开发利用农业生产及乡村文化资源，为人们提供农业生产和乡村生活的文化体验服务，满足社会中日益增长的文化需求，与此同时也大大提高农业的经济效益。（3）民俗村，主要是利用乡村的风土人情、节日仪式、历史传统等民俗文化资源，将乡村观光、民俗展览、文化表演以及餐饮服务等整合起来而形成的乡村文化旅游形式。这一形式在少数民族地区乡村已快速兴起，并得到了一定的发展。（4）古村落，主要是将村落的独特自然与人文风光、悠久的历史传统和深厚的文化积淀转化为旅游资源，由乡村旅游带动第三产业发展的乡村文化旅游形式。（5）特色小镇，是依托地域自然和文化历史而开发的综合性乡村文化旅游形式，在目前的旅游市场上，类似特色小镇的旅游产品已经非常丰富，发展非常迅速。（6）特色村庄，是在村庄范围内开发的乡村文化旅游形式，主要是依托特色农副产品生产销售、民宿和农事体验等项目而发展起来的。

在乡村文化旅游业发展实践中，可能会有多种不同形式的存在。但不论是何种形式的乡村文化旅游，都具有两个共性特征：第一，对乡村文化价值的发现和利用；第二，对传统产业的变革和融合。

从乡村文化旅游业发展的一些经验来看，以往按照西方经济学资源禀赋论和贫困成因论标准，那些地处穷乡僻壤的乡村，资源贫乏、生存条件脆弱，要实现脱贫，最有效的方法就是易地搬迁。而现实中，却有此类乡村不是通过易地搬迁而是通过发展乡村文化旅游业获得新的生机。这一事实表明，乡村文化在乡村产业振兴中具有不可忽视的价值。乡村文化旅游业发展起来，并非"靠山吃山，靠水吃水"的自然结果，而是在现代化、市场化背景下的变革与创新。乡村居民在文化自觉的基础上，利用自身所具有的特色资源，改变既有的生计模式，开拓出将传统农业与新兴产业融合起来的新路径。

当然，乡村文化旅游业的发展也需要相应的投入。如在基础设施完善、产业业态创新、休闲氛围打造、休闲产品研发及市场营销等方面加大资金投入，将有利于乡村旅游业的更好发展。[①] 在乡村产业发展规划中，也可加大对乡村文化及乡村旅游业的投入。

乡村文化旅游业确是乡村产业融合发展与产业振兴的一条新路径，然而这并不意味着所有的乡村可以"一哄而上"，不切实际地开发乡村旅游项目。乡村文化旅游业同样需要因时制宜、因地制宜，扎实、稳步、可持续地发展。首先，发展乡村文化旅游业受社会需要和有效市场需求状况的制约，因而必须根据需求的实际状况做出科学合理的决策。其次，乡村文化旅游业的发展与各个村庄所具有的条件密切相连，旅游项目的开发和投入必须立足于各个村庄的特点和实际情况，复制模式虽然可能在短期内能见效益，但由于失去自身特色而可能面临发展不可持续的问题。如目前的一些特色小镇，由于是

---

① 李涛. 中国乡村旅游投资发展过程及其主体特征演化. 中国农村观察，2018（4）.

根据现代项目模式统一规划和建构起来的，并不真正具有自然的"特色"，因此其长期发展的前景不太理想。从长远眼光和可持续性角度看，乡村文化旅游业的发展在根本上还是要立足于乡村文化自身，需要在对乡村文化的保护和重建上加大投入，发挥乡村特色文化资源和文化资本在产业发展中的功能。

五、文化富民：乡村产业振兴的新路径

随着社会需要越来越偏重于文化需要，文化消费需求特别是文化旅游需求将继续呈现增长趋势。因此，乡村振兴可以以此为契机，在传承和保护乡村特色文化的过程中，动员和开发乡村的特色文化资源，推动乡村文化旅游业的兴起，促进乡村朝着产业融合的方向发展，为乡村开拓一条文化富民的新路径。

一些实证研究也显示出，在乡村振兴与乡村旅游之间，存在着驱动与响应的耦合关系，乡村旅游的协调发展将是乡村振兴战略的有效路径选择[①]。既然乡村文化旅游业能为乡村振兴提供一条有效路径，那么，在推进乡村产业振兴的方向选择上实际增加了另一种可能性，此方向有别于以往被强调和注重的农业现代化和乡村工业化，即认为乡村产业结构转型与产业振兴就是要实现农业现代化或乡村工业化。文化富民之路将突破现代化和工业化的窠臼，在城镇化、市场化过程中发现和动员乡村文化的独特性及其价值，通过满足大众日益增长的文化需求，来推动乡村产业的融合发展；让农业文化传统在现代化的时代获得存续的机会，并为农民致富提供一条新路径。

依托于乡村文化资源而推进的富民之路，相对农业现代化和乡村工业化道路而言，不仅为富民提供了更多可能性，而且对维续乡村社会发展来说，有着特别重要的意义。因为无论是农业现代化还是乡村工业化，都可能促使乡村社会结构发生"裂变"，结果可能是乡村走向终结，而不是乡村振兴。文化富民之路则利用乡村文化资源来推动乡村文化旅游业发展，由此带动乡村第一、第二和第三产业实现融合，同时也有利于乡村经济发展与社会文化发

展相协调而不是相分离。

虽然依托于乡村特色文化来推动乡村文化旅游业及乡村产业融合发展的路径是可行的，但要在乡村振兴实践中真正发挥好乡村文化的作用，可能还需要正确处理几个方面的关系。

首先，在推动乡村文化旅游业发展过程中，要正确处理保护与开发、传承与重建、保护与创新的关系。乡村文化特色是文化成为发展资源和资本的前提条件，因此，走文化富民之路要立足于对乡村特色文化和历史传统的保护，要提高乡村文化自觉意识，加大对乡村特色文化和历史传统的保护力度。在保护乡村特色文化和历史传统的同时，也要有相应的传承机制，以保障优良的文化传统得以继承和发扬。目前，乡村文化所面临的一个突出问题就是有效传承机制的缺失。因为作为文化传承主要途径的教育，已基本上脱离了乡村文化基础。在乡村基础教育的内容中，已没有多少与乡村社会生活及文化相关联的内容。

当然，如果只注重保护和传承，而缺乏必要的创新和开发，不能顺应社会需要和市场需求的变化，那么乡村文化旅游业也难以兴起和发展起来。乡村社会可以在保持自身文化特色的同时，通过一些文化重建、文化创新方式，为乡村文化资源在现代市场中找到相应的位置和价值。如将乡村在人文、生态方面的特质转换为能够满足人们日益增长的文化需要的现实条件，亦即发展起餐饮、民宿、农业体验、休闲度假、观光娱乐等各种形式的旅游服务业。

其次，推动乡村文化旅游业发展，还要正确处理"点"与"面"的关系。乡村文化旅游业的发展不可能"遍地开花"，而是需要根据各地乡村的实际情况循序渐进、有所侧重地发展。那些率先发展起乡村文化旅游业的典型村庄，将会对周边乡村的发展起到一定的示范和联动作用。

最后，顺利地推进乡村文化旅游业发展，还要处理好政府、市场、社区及农户的关系。就目前的发展经验而言，乡村文化旅游业主要有政府投入、企业开发和村庄自发三种发展模式，每一种发展模式都有自己的发展条件和优势，在实践中也都暴露出了一些问题和局限。要更好地推进乡村文化旅游业的发展，将其作为乡村产业振兴的有效路径之一，关键在于协调好政府、市场、社区乃至农户的利益关系。

发展乡村文化旅游业的文化富民之路，在乡村振兴中不仅有助于乡村社会摆脱经济发展的困境，而且有助于乡村社会与文化在现代化进程中得到新的发展。随着乡村文化的更新和发展，乡村建设将具备强大的文化认同力量，乡村振兴也将具备坚实的文化基础。实现乡村产业的振兴，需要把握乡村文化、社会需要与产业融合发展的有效结合点，因时、因地制宜地推动乡村文化旅游业的发展。

第十二章 "数字下乡"：乡村振兴中的数字乡村建设

2019 年 5 月，国家发布了《数字乡村发展战略纲要》，明确提出"数字乡村是伴随网络化、信息化和数字化在农业农村经济社会发展中的应用，以及农民现代信息技能的提高而内生的农业农村现代化发展和转型进程"①。在全面推进乡村振兴的背景下，数字乡村建设在实践中究竟呈现出什么样的逻辑？它遇到了何种问题或困境？数字乡村要重点朝什么方向建设？这些问题不仅关涉数字乡村建设规划能否成功落地，而且关乎乡村振兴战略的成效。从历史脉络、实践经验和乡村社会现代化理论视角来思考、研究这些问题，对认识数字乡村建设的意义、把握数字乡村建设的正确方向具有重要参考价值。

一、从"文字下乡"到"数字下乡"

数字乡村建设从某种意义上说是推动"数字下乡"的过程，那么，数字为何要下乡？为什么要推动"数字下乡"？对"数字下乡"现象及其意义的认识和理解，或许需要从中国乡村社会现代化变迁的历史脉络中去加以把握。

20 世纪上半叶，在乡村建设与平民教育运动中，"文字下乡"得以广泛推进。倡导乡村建设和平民教育运动的代表人物晏阳初认为，乡村问题归根到底就是"愚、贫、弱、私"问题，因而推动乡村建设就要开展"四大教育

---

① 中共中央办公厅 国务院办公厅印发《数字乡村发展战略纲要》．（2019 - 05 - 16）［2023 - 10 - 10］．https：//www.gov.cn/zhengce/2019 - 05/16/content＿5392269.htm.

与三大方式"的平民教育运动，即通过学校式、社会式和家庭式三种方式开展文艺教育、生计教育、卫生教育和公民教育①。由此可见，乡村建设派倡导"文字下乡"与平民教育，是因为在他们看来，通过教育即可解决乡村根本问题，尤其是农民"愚"的问题。然而，费孝通认为，乡村文盲广泛存在，农民普遍不识字，并不代表乡村人"愚"，而是乡村生活对文字的需要较少。费孝通认为："单从文字和语言的角度去批判一个社会中的人和人的了解程度是不够的，因为文字和语言，只是传情达意的一种工具，并非唯一工具；而且这工具本身也是有缺陷的，能传的情、能达的意是有限的。所以倡导'文字下乡'的人，必须先考虑到文字和语言的基础，否则开几个乡村学校和使乡下人多识几个字，也许并不能使乡下人'聪明'起来。"② 在流动性较低的乡土社会，人们聚居和生活在彼此熟悉的村落里，日常的人际交流靠熟悉的语言及符号就已足够，生产生活需要运用文字的场合并不多。所以，不识字、接受学校教育少不能反映农民"愚"，乡村问题本质上亦非"愚、贫、弱、私"问题，"文字下乡"也不是解决乡村问题的根本出路。

当然，费孝通并不是反对"文字下乡"，而是指出要正确地理解和对待"文字下乡"，提出"如果中国社会乡土性的基层发生了变化，也只有在发生了变化之后，文字才能下乡"③。也就是说，"文字下乡"不是简单化地在乡村推广识字教育，而是要为乡村教育发展创造适宜的社会与文化条件。只有通过社会变革、解决乡村生产生活中的实际问题，才能真正实现"文字下乡"的目标。

随着脱贫攻坚取得胜利，在全面推进乡村振兴的新时代，乡村建设与发展面临新的目标和任务④。数字乡村建设是在乡村振兴战略背景下提出的，作为国家发展战略规划，建设数字乡村是信息化时代乡村发展与现代化的目标和路径之一。也就是说，推动"数字下乡"，建设数字乡村，是实施乡村振兴战略、推进农业农村现代化的重要内容，同时又是实现乡村振兴的有效

---

① 晏阳初.晏阳初全集：第1卷.天津：天津教育出版社，2013：214.
② 费孝通.文字下乡//费孝通.乡土中国 生育制度.北京：北京大学出版社，1998：17.
③ 费孝通.再论文字下乡//费孝通.乡土中国 生育制度.北京：北京大学出版社，1998：17.
④ 陆益龙.乡村振兴背景下乡村发展的路径选择.北京大学学报（哲学社会科学版），2021，58（4）.

路径。

数字乡村建设可以说是数字时代的新生事物，也是乡村建设与乡村发展的理想目标。关于数字乡村建设的价值与意义，学界的阐释大体可概括为三类观点：一是高质量发展需要观；二是数字赋能乡村建设观；三是乡村治理数字化观。

高质量发展需要观认为，实施乡村振兴战略，就是要推动高质量的乡村发展。在信息化、数字化时代，要满足乡村高质量发展的需要，必须加强数字乡村的建设。如有观点认为，数字乡村建设具有"以人为本、成效导向、统筹集约、协同创新"等特点，因而是推进乡村高质量发展的重要路径[1]。

在对数字乡村建设的政策解读中，数字赋能乡村建设观提出，数字化建设向乡村的赋能主要体现在空间再造、权力整合和利益联结等方面。在乡村治理中，数字技术的应用突破了空间区隔、缩短了权力距离、协调了多方利益，从而实现了乡村治理的有效升级[2]。乡村振兴面临的一个重要困境就是如何找到发展新动能。数字乡村建设顺应信息化、现代化的大势，旨在助力乡村社会与时俱进，有效推进乡村现代化。当然，乡村数字化建设能否真正给乡村建设与发展赋能，可能仍在较大程度上取决于"数字下乡"的具体实践。只有数字资源成为乡村社会主体的真实需要，而且被人们真正使用时，才表明"数字下乡"产生了实际效应。

乡村治理数字化观认为，数字乡村建设的重要意义主要在于数字技术对乡村治理变革的贡献。随着数字技术被引入乡村并广泛应用，乡村原有的社会结构、经济结构、关系结构、地缘结构、文化结构等皆发生改变，由此推动乡村治理模式的变革，"形成了以交互性和群结构性为特征的交互式群治理模式"[3]。对乡村治理问题的关注，已是"三农"问题研究领域的一大热点。在关于数字乡村建设与乡村振兴的讨论中，学界将数字乡村建设与乡村治理联系起来，似乎有逻辑必然性。然而，数字乡村建设的主要目标可能并不在

---

① 沈费伟，叶温馨. 数字乡村建设：实现高质量乡村振兴的策略选择. 南京农业大学学报（社会科学版），2021，21（5）.

② 王薇，戴姣，李祥. 数据赋能与系统构建：推进数字乡村治理研究. 世界农业，2021（6）.

③ 陈明，刘义强. 交互式群治理：互联网时代农村治理模式研究. 农业经济问题，2019（2）.

于变革乡村治理，而是要实现乡村社会现代化发展与转型。尽管发展任务也是乡村治理的核心内容之一，乡村振兴也需要有效治理，但乡村振兴、乡村建设与发展的意义并不宜泛化为乡村治理的需要。对"数字下乡"的理解，需要从纵向历史和横向现实两个背景出发，一方面要认识到从"文字下乡"到"数字下乡"这一历史变迁与转型过程中的内在逻辑联系，另一方面要关注到技术革命和制度创新带来的现实形势。

与"文字下乡"相似的是，在社会转型与现代化的背景下，乡土社会的"文字鸿沟"对乡村发展的制约作用凸显出来。同样，在信息化、全球化的背景下，"数字鸿沟"对乡村振兴的"瓶颈"作用也显现出来。伴随着国家乡村振兴战略的实施，数字得以"下乡"。越来越多的数字资源输入乡村社会之后，能否让乡村实现数字化，乡村社会能否顺利吸收这些数字资源，并将其转换为新发展动能，关键仍在于乡村基层的变化。只有在乡村社会发生变化的基础上，数字才能"下乡"。因此，数字乡村建设目标的真正实现，一方面需要注重向乡村输入数字资源，另一方面需要相应加大乡村建设与发展的力度，促进数字化技术的应用与乡村社会发展需要更加紧密地联系起来，与此同时，让乡村社会主体更好地适应现代化、数字化的发展。

二、乡村振兴与数字乡村建设实践

乡村振兴是新时代中国乡村建设与发展的重大战略，也是"三农"工作的中心任务。为助力乡村振兴，落实国家数字乡村发展战略规划，中央网信办信息化发展局、农业农村部市场与信息化司、国家发展改革委创新和高技术发展司、工业和信息化部信息技术发展司、科技部农村科技司、市场监管总局标准技术管理司、国家乡村振兴局社会帮扶司组织有关机构和地方编写了《数字乡村建设指南 1.0》（下称《建设指南》）。

从对《建设指南》的文本分析来看，其内容与《数字乡村发展战略纲要》共同构成了数字乡村建设的顶层设计。《建设指南》主要针对县级层面的数字乡村建设实践，设计出了一个总体框架。这一框架由五大部分构成：建设运营管理、保障体系建设、数字应用场景、公共支撑平台、信息基础设施（见图 12-1）。

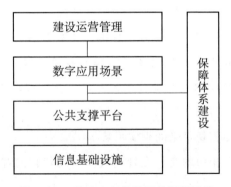

图 12 - 1   数字乡村建设总体框架示意

建设运营管理和保障体系建设属于运行与保障的体系架构，主要在县级管理层面之上。在县域社会范围内，政府可根据数字乡村建设规划，结合本地实际情况和本地特色，统筹协调多方力量和资源，为乡村数字化建设及具体运行提供管理和保障方面的支撑，以推动并维持数字乡村建设的各项措施不断落地见效。

数字应用场景模块可以说是数字乡村建设实践的主体内容。按照《建设指南》，这一模块主要包括五方面内容：一是乡村数字经济，二是智慧绿色乡村，三是乡村数字治理，四是乡村网络文化，五是信息惠民服务。五方面内容实际上对应的是乡村振兴战略的总体要求："产业兴旺，生态宜居，乡风文明，治理有效，生活富裕。"发展乡村数字经济可为促进乡村产业兴旺提供一条新的路径，智慧绿色乡村系统可助力乡村生态宜居建设，乡村数字治理板块可为促进乡村治理有效提供技术治理的支撑，乡村网络文化部分将对乡风文明建设起到积极作用，信息惠民服务系统主要对接生活富裕目标，为乡村生活提供便捷、现代化的服务。

公共支撑平台由两个部分组成：公共数据平台和应用支撑平台。随着数字时代的来临，平台在经济与社会发展中发挥着中介桥梁作用，为发展新业态、新生活提供信息交流和服务的公共平台。在数字乡村建设实践中，搭建起县域社会范围的公共数据平台和数字应用平台，是乡村振兴的一项基础性工作。

信息基础设施建设包括三个方面：网络基础设施、信息服务基础设施和传统基础设施数字化升级。数字乡村建设的意义及必要性与现代化、信息化的大背景密不可分，乡村现代化发展必须适应信息化社会的基本形势，必须具备城乡一体化的信息基础设施，以补齐乡村发展的基础设施"短板"，缩小城乡之间的"数字鸿沟"。

《建设指南》不仅提出了县域数字乡村建设的总体框架，而且提供了一些典型案例。我们从中选取几个案例，介绍其数字建设的相关经验，旨在通过具体事实来理解数字乡村建设的实际意义，阐释数字乡村建设的可行方案。

案例一：浙江省德清县的"数字乡村一张图"

德清县运用遥感监测技术，解决人居环境、"三改一拆"、农地保护、水域监测等方面的发现难、监管难、处置难问题。全县统一采集遥感监测数据，通过大数据分析、智能分析比对等，自动发现垃圾堆放、违章建筑、河流改道、粮食功能区变化等问题，将农业农村、民政、建设和水利等业务部门的遥感监测治理需求一次性采集，从整体智治的角度，节约资源成本、统筹乡村治理。

在"数字乡村一张图"上叠加遥感监测地图、电子地图、国土空间规划、三维实景地图以及各部门应用等18个图层，建成数字化乡村，使问题点位一目了然，方便村干部开展工作。通过在公众平台上线"工单管理"模块，将遥感监测发现的问题自动下发至村干部手中，村干部通过平台认领任务后进行现场确认和处置，最后将处理结果上传，经过镇的审核后完成处置流程。

"数字乡村一张图"的建设成效体现在：实现人居环境、治水拆违、私建墓地、粮食功能区等9类基层治理问题点位的全面发现和自动归集，构建"天上看、网上查、地上管"的闭环监管链条。

在案例一的经验中，数字乡村建设主要从本地的重点问题、突出需要出发，通过数字化建设，将一些先进技术整合起来，运用于乡村治理之中，提升乡村治理的能力，推动乡村治理体系的现代化。

发展数字经济是数字乡村建设的重点内容，为推动乡村产业振兴以及农业农村现代化，乡村经济的数字化升级改造势在必行。要发挥数字乡村建设的功能，就要把数字资源转化为新要素，促进新产业、新业态、新模式的形成。要在以农业生产为主体功能的生产空间，重点布局产业数字化改造。[①]

---

① 彭超．数字乡村战略推进的逻辑．人民论坛，2019（33）．

案例二就提供了数字赋能乡村特色经济发展的经验。

案例二：安徽省长丰县的"数字草莓"

长丰县利用物联网、大数据、区块链、人工智能等技术，建设"数字草莓"大数据中心、草莓园区智能管理、草莓品质品牌数字管理等数字化系统，构建长丰草莓"产业布局、病虫害识别、肥水管控、农产品质量安全追溯、销售网络"一张大图，实现草莓生产温、光、气、土、肥、药可视化和联动控制，建成草莓资源数字化、生产智能化、管理精准化、服务远程化、质量监管网络化体系，形成数字农业应用场景模式。

"数字草莓"的建设成效表现为：通过数字赋能、科技加持，草莓生产节肥30%、节药45%。通过数字化实现草莓平均产量提高15%，每亩节省农资、人力等费用800元，亩均增产增收3 600元，经济效益增长15.2%。依托数字化技术，草莓农产品质量安全追溯覆盖率达到99%以上，长丰草莓电商销售占比增长到19.2%，草莓线上年销售量超7万吨。

从案例二的经验来看，数字乡村建设实践可立足于自身的已有基础和优势，通过引入数字资源和科技力量，推动已有产业的数字转型与升级，通过数字经济助推乡村高质量发展。

电子商务的发展为农产品营销带来了新方式、新机遇。数字乡村建设要为乡村产业兴旺和农业农村现代化做贡献，就须借助农村电子商务平台，给乡村创造新产业、新业态和新机会。在案例三中，江苏丰县的数字乡村建设以农村电子商务为突破口，逐步建立起农村电子商务产业体系。

案例三：江苏省丰县的农村电子商务

近年来，丰县抢抓电子商务发展战略机遇，依托良好的生态环境和产业优势，把以农产品销售为主要内容的电子商务作为战略性新兴产业来打造，初步形成了独具特色的电子商务发展"丰县模式"。

其主要做法是：成立了电子商务发展工作领导小组，出台了农村电子商务产业发展政策，设立了2 000万元的电子商务发展专项扶持资金；建设了数字丰县产业园、淮海云商创业园、丰县快递物流园3个县级产业园区，江苏大沙河电商物流园、大沙河镇电商产业园、宋楼镇电商产业园、首美镇电商产业园 4 个镇级发展载体，以及村级电商综合服务中心，园区共入驻企业 150 余家，年交易额 40 亿元；建立健全了电商人才培训体系，开展电商培训 250 批次，培训人数 12 000 余人，举办电子商务创业创新大赛。

丰县农村电子商务建设成效包括：建成村级快递物流综合服务站点 7 个，覆盖人群 5 万余人。建成镇级电商快递服务站 15 个，村级电商快递服务网点 180 个，服务覆盖全县 100％的行政村，农村快递成本下降 20％，成功创建江苏省首批农村物流示范县。

案例三的数字乡村建设实践是由政府主导，通过相关政策引导与支持，落实人才培育，强化电子商务平台建设，整合市场主体的力量，推动新兴产业的聚集发展，形成较为完整的产业体系，为乡村产业兴旺打下坚实基础。

自中央提出数字乡村建设战略之后，各地其实都在积极地探索符合本地情况的有效建设路径，因而各地的数字乡村建设实践也相互有别、各具特色。这里选择性介绍《建设指南》中的三个典型案例，并非指数字乡村建设只有这三种模式，亦非指各地都可以复制这三种经验。案例经验的呈现主要是为了说明，数字乡村建设实践是地方性的、多样性的，地方的建设实践可以立足本地特色，把握重点建设内容，找到有效的突破口，取得实际建设成效。

三、数字乡村建设面临的困境

虽然数字乡村建设已有宏观的顶层设计和微观的基层实践，然而，数字乡村建设的推进过程并非坦途，而是面临着多种挑战或困境。数字乡村作为乡村振兴、乡村发展的一种理想类型，更容易从理论层面想象出来，但要落实到具体实践之中，则要摆脱诸多的实际困境。在乡土中国的"文字下乡"运动中，文字是通过识字教育、平民教育而被灌输到乡土社会的，而农民的生产生活似乎并不太需要文字。同样，后乡土中国的"数字下乡"也面临着数字如何才能"下乡"、数字如何才能融入乡村社会的问题。

在某种意义上，各种发展、各种转变都常常遇到困境，犹如郑杭生所概括的"人类困境"，在现代社会普遍存在，有着广泛影响。"世界性的'人类困境'主要指'当代到处存在的不稳定性'，也就是现代风险。"① 数字乡村建设所要面对的困境，也可以说是现代性困境的构成之一。因为数字乡村建设受网络化、信息化和数字化等现代性要素的影响，需要去改造、转变或振兴乡村，以此推动乡村社会向现代化社会转变。在乡村社会现代转型过程中，会不可避免地出现各种各样的不稳定性、不确定性，产生多种现代性风险。数字乡村建设既享受来自社会现代化的推动力，即现代化要求乡村朝着网络化、数字化方向发展，而且为乡村数字化发展提供条件和推动力。同时，数字乡村建设又要面对现代化带来的发展困境，这些困境类似于鲍曼所说的"流动的现代性"。我们希望乡村"成为现代"，意指追求乡村更美好的状态，然而也不能排除"急切地、强迫性地去进行现代化"的意向，从而具有"脆弱性、暂时性、易伤性以及持续变化的倾向"②。

就现实而言，数字乡村建设的困境也指具体建设过程中所要克服的困难、所要排除的阻力、所要解决的张力问题。在发展不平衡不充分的现实背景下，推进数字乡村建设，首先必须克服基础薄弱、"短板"突出、资金短缺等一系列困难。其次，需要排除来自自然条件和社会条件等方面的阻力。中国乡村幅员辽阔，地理分布的差异性大，建设数字乡村，就要普遍改善乡村网络通信基础设施建设。在偏远的山区农村加强数字化基础设施建设，必须排除不利自然条件带来的阻力。同样，乡村社会发展存在较大区域差异，不同的社会环境也会给数字乡村建设带来种种阻力，要真正实现数字乡村建设的理想目标，就必须应对来自现实社会的各种障碍与阻力。最后，数字乡村建设还要面对一些张力问题，诸如城镇化与乡村振兴之间的张力及其均衡问题、新业态与农业发展之间的张力及其均衡问题，只有解决好这些问题，才能使数字乡村建设得以更好地推进。作为乡村振兴的重要手段和内容，数字乡村建设必须结合城镇化的大背景，在城乡统筹发展和城乡一体化的大框架下均衡合理地推进。乡村的数字化、信息化建设实践需要发挥城乡融合的优势，提高以城带乡、城乡互补的效率，促进城乡在数字化建设方面的协调发展。作为乡村振兴的途径之一，数字乡村建设追求通过新产业、新业态的发展来促

---

① 郑杭生．中国社会学的"理论自觉"．光明日报，2009－10－20．
② 鲍曼．流动的现代性．欧阳景根，译．北京：中国人民大学出版社，2018：4－5．

进乡村产业兴旺，而同时却又面临着农业发展、农业现代化的要求。新产业、新业态如何与农业发展相融合、相一致，是数字乡村建设必须解决的矛盾关系和张力问题之一。

结合对战略规划和实践经验的分析来看，数字乡村建设所面对的困境可概括为四个主要方面：（1）有效需求与供给效率受限的困境；（2）"数字鸿沟"难以弥合的困境；（3）小农户如何分享大数据成果的困境；（4）数字技术如何与乡土特色相兼容的困境。

（一）有效需求与供给效率受限的困境

"数字下乡"面临的一个突出现实问题就是高流动性与乡村空巢社会的形成所带来的诸多发展困境。乡村"空巢社会"是乡村现代转型与变迁中出现的一种新形态[①]，随着劳动力与人口的大流动，乡村社会处在空落化以及结构功能分化和持续变动的不确定状态之中。如同鲍曼所认为的，流动性虽创造了更多新机会，但也意味着脆弱性、暂时性、易伤性、不可靠性、不稳定性和不确定性。"在'流动性'的状况下，一切都有可能发生，但一切又都不能充满自信与确定性地去应对。"[②]

在数字能否顺利"下乡"这个问题上，虽然外部的推动力很重要，但内在的需求拉力也必不可少。如果数字化建设不被乡村社会成员需要，那么外部"一厢情愿"的推动可能出现有始无终的结局。在乡村劳动力和常住人口持续净流出的背景下，乡村社会的总体需求实际上不断走向疲软，对数字化、信息化的有效需求也因此受到制约。人们通常认为，乡村人口向城镇流动是为了追求更美好的状态，那么，只要改善乡村现代化条件，就能吸引外流人口回流乡村，让乡村人口得以"归巢"。然而，我们看到的残酷现实是，越来越多的乡村已建设得越来越美，但并没有真正扭转流动性的状态。

在脱贫攻坚和乡村振兴战略实施的过程中，来自国家以及社会其他方面的对乡村建设的投入在不断增加，向乡村发展提供的经济支持、政治支持和

---

① 陆益龙. 后乡土中国. 北京：商务印书馆，2017.
② 鲍曼. 流动的现代性. 欧阳景根，译. 北京：中国人民大学出版社，2018：12.

社会支持大大增多。由于受乡村有效需求的限制，这些外部供给的效率难以得到显著提升。因此，数字乡村建设必须正视这一困境，采取合理有效的实践策略，一方面要保障乡村最低限度的公共物品和公共服务的供给，另一方面要最大限度地扩大乡村社会的数字需求，通过培育和发展数字与信息技术需求来提高乡村数字公共品的供给效率。

（二）"数字鸿沟"难以弥合的困境

推进数字乡村建设，其重要目标之一就是补齐乡村在信息化、数字化方面的"短板"。而现实的情况是，横在乡村现代化发展面前的这条"数字鸿沟"既很深又巨大，弥合这条鸿沟难度较大。

所谓"数字鸿沟"，一般指不同社会群体在数字或信息技术拥有及应用方面存在的差别，如城乡、区域、代际在数字基础设施和技术使用方面的不均衡。就"数字鸿沟"的测量而言，互联网普及率通常是衡量不同地区、不同群体之间信息技术拥有与使用差别的主要指标之一。从这一指标的变动情况看，虽然中国城镇与乡村的互联网普及率的差距在逐步缩小，但"数字鸿沟"还是明显存在，城镇地区互联网普及率明显高于农村地区（见图12-2）。

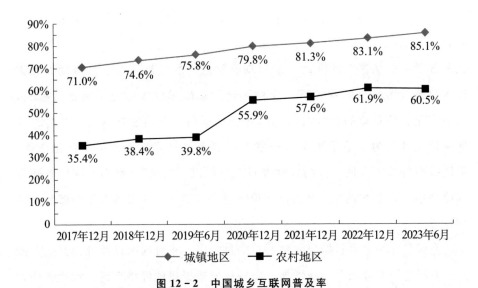

图12-2 中国城乡互联网普及率

资料来源：中国互联网络信息中心（CNNIC）。

数字乡村建设所要弥合的"数字鸿沟"并不仅仅是城乡之间和区域之间

的数字化发展差距，更为严重的困境是乡村内在性的、结构性的和变动性的问题，其中尤为突出的问题就是乡村"双重老年化"问题[①]。在中国社会发生人口转变与社会转型的过程中，乡村既出现了人口的老年化问题，也出现了社会的老年化问题。老年人已成为乡村社会的主体，支撑着乡村社会的日常运转。数字乡村建设首先必须面对这一现实问题，并努力去弥合老年群体特征所内生的结构性"数字鸿沟"。一方面，在由信息化、数字化技术主导的现代化进程中，乡村现代化要想跟上时代步伐，就必须加快推进数字化建设；另一方面，在以老年人为主体的乡村社会中，要弥合"数字鸿沟"，就必须解决数字化建设的适老问题和老年群体的数字化滞后问题。相对于基础设施等物质性"数字鸿沟"来说，受乡村老年化及教育水平等因素影响的社会性"数字鸿沟"可能更难弥合。

（三）小农户如何分享大数据成果的困境

分散的、差异化的、具有脆弱性的小农户既是农村社会的主体构成，也是农业生产的主体之一。乡村振兴战略优先推进农业农村现代化，就面临着小农户如何与现代化有机衔接的问题。小农户与现代化的衔接困境突出体现在三个核心方面：一是如何内化小农户生产特性的产业和技术结构，二是如何组织统筹小农户的分散经营，三是如何实现差异化农产品与地方市场的有效对接[②]。

对数字乡村建设来说，其同样要应对小农户适应与分享的困境问题。乡村数字化、信息化的发展，无疑为现代产业、现代治理创造了新的条件和机会，而对相对传统的小农户来说，由于受自身特性的影响，其可能难以适应并分享数字经济的发展成果，甚至在分化过程中更加边缘化。

小农户既是一种生产经营主体，又是一种生活共同体。小农户既在生产生活方面有较高同质性，又在劳动力构成及需求结构方面存在较大差异性。作为现代化的进程，数字乡村建设致力于新产业、新业态、新机遇的培育与

---

① 陆益龙. 后乡土中国的自力养老及其限度：皖东 T 村经验引发的思考. 南京农业大学学报（社会科学版），2017，17（1）.

② 叶敬忠，张明浩. 小农户为主体的现代农业发展：理论转向、实践探索与路径构建. 农业经济问题，2020（1）.

发展，然而在此过程中，能否成功将小农户融入新发展之中、让他们能够分享发展成果将是关键。小农户与数字化建设有机衔接，小农户能够分享发展成果，也是成功实现乡村现代化的重要影响因素和衡量指标。

（四）数字技术如何与乡土特色相兼容的困境

伴随着数字技术在乡村的推广和应用，乡村社会生活情境将越来越多地受到先进信息技术的影响和支配，同时也意味着现代技术对乡村传统的改造与改变。那么，"植入"乡村社会文化"土壤"之中的数字技术，是否会顺利"生根发芽"并茁壮成长，要看数字技术能否和乡土特色相兼容。虽然技术有影响和引导社会选择的功能，但技术的社会文化兼容性和适应性关系到人们对技术的社会需求，社会需求最终会决定技术发展的前途和命运。

数字乡村建设不同于智慧城市建设，现代城市与数字和信息技术有着高度的统一性和兼容性，城市为数字技术及其新业态发展提供了动力和社会需求的基础。而数字乡村建设面临的情境则不同：不仅受客观物质条件的制约，而且要解决现代技术与乡土传统的兼容问题，这一问题类似于吉登斯所说的"结构性制约"①。结构性制约不同于物质制约和负面制约，是情境类型对一群行动者的选择范围所产生的制约。在乡土情境中，乡村主体拥有和应用数字技术的机会是有限的。如果数字技术不能融入乡土情境之中，数字化建设与发展就难以从乡村社会中汲取资源和支持。

数字乡村建设是实施乡村振兴战略的手段之一，伴随建设行动而进入乡村社会的各项新事物、新变化，需要得到地方性社会和文化的认同与接纳，才能顺利转化为真正的发展，才能持久维续下去，新技术与既有成员才能共同存在于一个场域之中。犹如图海纳认为："我们能否共同生存，全看我们能否认识到我们共同的任务是把工具性行动和文化认同结合起来，看我们每个人是否都能成为主体。"②

当然，分析数字乡村建设面临的困境，并非要否认建设行动的必要性与可能性，而是要强调建设实践必须正视困难、阻力，丢掉理想化、简单化的

---

① 吉登斯. 社会的构成. 北京：生活·读书·新知三联书店，1998：280.
② 图海纳. 我们能否共同生存？. 狄玉明，李平沤，译. 北京：商务印书馆，2003：213.

幻想，因地制宜、扎扎实实地逐步推进乡村数字化进程。

四、共建共享的数字乡村建设

"数字下乡"不仅是国家建设乡村、振兴乡村的行动，也是乡村社会自身变迁以及现代化、信息化的发展进程。在乡村振兴的大背景下，国家为推动乡村高质量发展，提升乡村现代化水平，通过公共建设力量加强数字化和信息化技术在乡村的推广与应用。而作为乡村社会转型与变迁的过程，数字乡村在内生需要驱动下，通过变革与创新，不断扩大现代信息技术的应用范围，开创出越来越多的数字技术应用的新场景、新形态。

既然数字乡村建设并非单向的工具性行动，而是一个共进共变过程，那么，顺利地、持续地推进这一过程，就需要构建起两个机制作为保障：一是多主体共建机制；二是新平台共享机制。

（一）多主体共建机制

数字乡村的共建机制是其建设过程的推动、组织和保障的基本方式，乡村的信息化、数字化建设与发展，乡村社会生活条件现代化水平的不断提高，是由多主体共同参与、共同建设和共同发展的进程。仅靠国家、市场、技术人员、基层组织或居民个体的单一力量，是无法实现数字乡村建设的总体目标的。只有多主体共同参与到共同建设的行动之中，并在文化上认同建设目标和建设任务，才能有效地推进和实施共同的发展战略，实现共同的发展目标。

在数字乡村建设实践中成功构建起多主体共建机制，关键在于处理和解决共建过程中的三个核心问题：主体性问题、主导性问题和共同性问题。

所谓主体性问题，是指与乡村数字化、信息化、现代化建设和发展相关的机构、组织、单位和个人能否在实践过程中成为行动的真正主体。也就是说，乡村数字化建设过程关涉到多方面的、多种类的行动者，如政府、企业、团体、社会组织、社区和个人等，多种行动者会参与到建设过程之中，每一种行动者都真正成为此项建设行动的主体，对共建来说至关重要。只有让参与到数字乡村建设中的多主体能真正发挥主体性作用，才能形成共建的合力。

成为行动主体不同于一般性公共参与。参与有主动与被动之分，而对行动主体来说，其会自主地、自觉地、主动地、积极地选择行动，并通过协调达到共同一致的行动。

在数字乡村建设的多主体之中，不同行动主体的角色并不完全相同。要达到多主体共建的效果，必须具备主导性力量或主角。共建机制的主导性问题实际就是政府如何主导数字乡村建设行动，亦即如何为具体建设实践提供整体谋划，引导并规范多主体的建设行动，为建设与发展项目提供主力支持。

实现多主体的共建功能，还须解决不同主体的行动共同性问题，也就是行动对共性目标的一致作用。例如，在应对乡村数字经济的市场困境方面，就需要政府、电子商务平台和农民一致行动，共同对市场进行数字化改造[①]。数字技术能否成功为乡村发展赋能，能否真正造福于乡村居民，关键看各种不同主体能否在建设过程中达到高度的认同，采取高度一致的行动。

（二）新平台共享机制

在数字乡村建设中，共享机制是让数字和信息技术得以持续发展的保障机制。要使多种不同主体持续地、主动地采取建设行动，一个重要前提就是保证每个主体都能够分享建设与发展的成果。如果多主体不能共享实际收益，就难以保证建设行动的可持续性。

数字乡村建设实际上为乡村经济与社会生活创造了一种新平台，网络通信、数字化及信息技术的广泛应用，改变着经济与社会生活中的信用担保、支付和交易方式，这些改变促成了数字平台的形成，而新平台又为市场主体的收益共享创造了新机制。随着平台经济成为社会经济新常态，平台的共享机制的动力源及维续功能也就显得格外重要。

新平台共享功能的发挥，取决于三个核心因素：平台创新、体制变革和成果共享。

共享问题在经济学意义上属于收益分配范畴，技术的更新不仅会影响生产能力和方式，而且会影响并改变分配方式。数字技术在乡村的推广和使用，

---

① 梅燕，鹿雨慧，毛丹灵. 典型发达国家数字乡村发展模式总结与比较分析. 经济社会体制比较，2021（3）.

其重要功能是建立与创新多种平台，如政府公益性信息平台、电子商务平台、组织或个人的直播平台等。这些数字平台的创立和应用，会产生平台经济效应，带动新业态的发展，但要注意必须满足一个基本前提条件，即平台具有公平合理的共享机制，让利益相关者能够共享平台经济效益。

在数字化与平台经济时代，需要对传统市场规则进行一定的变革，以往"谁投资谁受益"和"胜者全得"的规则与共享原则有一定相悖，数字设施、数字平台的建设者、提供者不能独享数字经济发展的成果，而是要与广大的参与者、使用者共享收益。特别是在乡村社会，小农户的数字化建设投入及数字技术掌握都较为有限，要让广大小农户从数字乡村建设中受益，就必须有相应的制度变革，保障小农户的共享权利。

充分发挥数字平台的共享功能，关键在于让平台建设与发展的成果能够被多元主体共享，成果的共享既是核心，也是本质所在。从数字乡村建设的具体实践来看，无论是何种性质的信息或数字平台，其运行和管理都必须追求让广大民众特别是小农户能从中获得实实在在的福利与便利，让平台建设与发展给人们带来增收或生活改善等实际成果。乡村数字平台建设要实现成果共享的目标，就不能按照理想化、模式化的标准去推进，而是要促成数字技术与各地乡村社会文化达到高度的融合，让数字平台更好地满足地方性社会的需要。

共建共享的建设模式可以说是数字乡村建设的大方向，此方向是由数字时代特征和乡村社会现实决定的。新时代的乡村振兴需要信息化与数字技术的赋能和支持，乡村数字化建设要满足应对不均衡不充分发展的功能需要，实现乡村社会共享信息化、现代化的发展成果。

五、小结

数字与信息技术已成为现代社会生产和生活不可或缺的构成要素，甚至主导并形塑着当下生产和生活的形态。在现代化的新时代，乡村振兴的国家战略自然而然地把乡村数字化建设与发展作为重要战略任务，大力推动"数字下乡"行动。

"数字下乡"作为国家建设乡村的战略行动，主要依靠国家力量将通信、信息等设施输往乡村，并通过外部力量将数字技术推向乡村。"数字下乡"面临与乡土中国"文字下乡"相类似的现代性困境。数字乡村建设只有摆脱这些困境，通过乡村变革，才能让数字顺利地"下乡"。

数字乡村建设已有顶层设计的方案，国家层面的实践指南主要针对县域社会的数字乡村发展，做出了"五大板块"的规划。地方社会在各地建设实践中，立足于基本目标，遵循着地方实践逻辑。地方实践逻辑类似于布迪厄等所概括的探寻"可能的经济形式"，尽量满足"充足理由律"，遵循"若无充分理由，即若无利益，也就没有行动"的定律①。从地方数字乡村建设的典型经验来看，地方更加注重数字化发展给当地带来的实在利益。

作为现代化进程的组成部分，数字乡村建设不仅为国家的建设行动，也包含着多主体推动的乡村转型与变迁。政府、互联网公司、电子商务平台、社团组织、基层组织、个人等都对乡村数字化、信息化发展有种种需求，也会以不同行动方式参与数字乡村建设或影响数字乡村的发展。要想成功建成数字乡村，就需要将多种行动者、参与者转换为数字化建设的主体，即使之成为自主、自觉、主动推进建设实践的主力成员。

数字乡村建设的顺利进行，既要解决建设实践的主体性问题，又要解决多主体之间的协调性问题，因此，构建共建共享的建设模式有相应必要性。多主体的共建机制会在不同建设主体之间促成合力，通过数字新平台形成的共享机制，给数字乡村建设和维护提供源源不断的动力。

在处于大流动状态的"后乡土社会"中②，推动"数字下乡"可能会遇到种种严峻挑战和困境，数字乡村建设实践需要正视现实，理性看待各种困境，科学制定基层建设方案，采取合理有效的建设策略，让数字乡村建设对乡村振兴真正发挥促进作用。

---

① 布迪厄，华康德. 实践与反思：反思社会学导引. 李猛，李康，译. 北京：中央编译出版社，1998：28.

② 陆益龙. 后乡土中国. 北京：商务印书馆，2017.

第十三章　村庄特质与乡村振兴道路的多样性

在推进和实施新时代乡村振兴战略的过程中，道路选择问题既是关乎战略目标实现的全局性的大问题，又是涉及振兴实践策略的具体问题。探讨乡村振兴的道路选择问题，并为理解这一问题提供多角度的参照，对于有效推进乡村振兴将具有重要现实意义。村庄既是乡村社会的主体构成，振兴乡村要以村庄为主要对象，同时村庄又是重要的主体。振兴乡村，关键就在村庄。基于此，本章旨在从村庄特质的角度，来探讨乡村振兴的道路选择方面的相关问题。

一、村庄特质：文化相对论的视角

无论是在关于乡村社会还是在关于乡土文化的认识论中，人们往往会更倾向于对其共性的认识，即认为乡村社会是一个同质性高的社会，即便对差异性有所意识，也主要是从中观层面的区域类型划分角度来理解的，而从微观甚至个体层面来审视不同的乡村社会文化特质，则似乎未得到足够的关注。因此，较多的对策研究甚至一些宏观政策也会以乡村社会的共性特征为前提，形成某种理想化的方案。然而事实上，乡村社会文化是由共性和特质构成的统合体。如果仅以共性特征为前提条件，就可能忽视各地乡村的特质之于发展路径选择的重要性。有关"三农"政策的执行实践，通常会强调"因地制宜"的原则，实际上就是强调重视各地乡村的特殊性，根据各地特质采取与之相适应的实践策略。

各地乡村的特殊性源自不同村庄所具有的特质。所谓村庄特质，是指村庄作为一种历史连续统，在自然、生态、文化、经济、社会以及风土人情等诸多方面所形成并维持的独特性质和品格。较多的村庄有着久远的历史，在漫长的历史变迁过程中，积淀起具有各自特质的文化，并依靠自身的文化特质而获得发展资源。对村庄特质的关注和再认识，意义在于从文化相对论的视角来重新审视乡村社会发展的路径选择问题。

如果说文化功能主义从整体论的视角突破了进化论的局限[①]，那么文化相对论则从文化特质的视角进一步揭示了进化论的局限。文化功能论看到了现存文化所具有的整体性和自主性，强调不同的文化有着各自完整的动态系统，而并非体现了共同进化过程的不同发展水平。在文化相对论看来，人类文化犹如一条弧线，这条弧线实际上由一个个具有特质的点构成，亦即人类文化是由具有不同特质的文化构成的。犹如本尼迪克特所言："且不说人类想象力的丰富，生命历程和环境压力就提供了数量惊人的可能线索，所有这些线索似乎都提供了一个我们可赖以生存的社会。"[②]

文化相对论为我们认识乡村社会发展与乡村振兴问题提供了一个不同于城市中心主义或绝对发展主义的视角。按照城市中心主义的发展观，乡村发展或乡村振兴的路径可能就是以城市社会为模板，对所有乡村进行普遍的"格式化"，亦即促使乡村城市化。

且不说全国所有的乡村能否全被"格式化"为城市，单就乡村社会的生存和维续而言，普遍的城市化所代表的只是城市扩张与发展的状态，而并不代表乡村发展的历史延续，更不是乡村的振兴。因为在城市化的社会里，已经不存在乡村社会与文化的特质，各种各样的村庄特质已经灭失，被统一的城市化模式取代。在这个意义上，村庄特质的消失将意味着乡村的终结而不是振兴。

从文化相对论视角来看中国乡村振兴的道路选择，主要是为了跳出进化论的思维模式，增加历史的、比较的、生态的维度，关注各地乡村的特质及其整合的历史过程，重新认识乡村社会特质对其变迁与发展的意义。乡村社会中的每个村庄，其所呈现出的发展现状，实际上都蕴含着一个连续的历史进程，而且在此过程中形成了其赖以生存的社会与文化特质，这些特质中有

---

① 马林诺夫斯基. 文化论. 费孝通，等译. 北京：中国民间文艺出版社，1987.
② 本尼迪克（本尼迪克特）. 文化模式. 何锡章，黄欢，译. 北京：华夏出版社，1987：17.

着不被分享的特殊性元素。正是具有不同特质的村庄的存在和维续，形成了既相互有别又相互共生的乡村社会生态系统。

然而，在现代性的话语体系中，村庄特质可能被视为"落后的"象征、制约发展的因素，因为按照现代化、城镇化的指标体系，保留和维持村庄特质可能与发展目标和统一模式相冲突。

从历史的角度来看，现代化、城镇化只是人类社会变迁的一个历史阶段，也是当下正在推进的发展过程，而并非人类历史的全部，也不代表人类社会发展的终极目标。如果将统一的城镇化作为全面的发展目标，而忽视社会文化特质的整合和社会生态系统的平衡，那么最终的发展结果将是只有单一的现代化城市。而从西方社会的发展经验中，我们已经看到了现代性发展所隐含的危机和风险。面对这一现代性的困局，有学者开始意识到亚洲传统的价值。[①]

村庄是乡村社会存续的基础，每个村庄其实就像每个人那样，都有着自己的特质。有着不同特质的个体能够整合起社会，有着不同特质的村庄同样是整合乡村社会的基本力量。所以，在推进乡村振兴的实践中，需要重视文化相对论的理念，重新认识并去发现村庄特质，让村庄特质得以自然的延续和整合，并在乡村社会现代发展中发挥积极的作用。

在现代化、城镇化的大背景下，乡村振兴的一项重要内容可能就是重新整合村庄特质，以使乡村社会文化的特色"基因"得到保护和得以存续下去，同时为乡村在现代社会的生存提供多种可能的线索。当然，强调村庄特质的留存和自然延续并非要对抗城镇化的大势，而是要从更为长远的、文化比较的以及社会生态多样性的角度来看待乡村振兴的道路选择问题。虽然村庄的一些特质在现代社会中面临着转型的挑战，但在乡村振兴的过程中不能完全放弃不同村庄所具有的特质，全面地按照标准化模式改造乡村。尽管现代城市的扩张难以避免让一些乡村走向终结，但让一部分村庄特质得以自然维续和重新整合，甚至有意识地保留和保护部分有特色的乡村社会，不仅可以维持社会生态的多样性，对规避现代性发展可能带来的危机与风险也有着重要意义。

---

① 杜赞奇. 全球现代性的危机：亚洲传统和可持续的未来. 黄彦杰，译. 北京：商务印书馆，2017.

二、模式和经验能复制推广吗

在对乡村社会发展或乡村振兴道路的理论探讨及实践探寻中，通常会有一种倾向，那就是试图找到一种可以复制和推广的发展模式或振兴经验。因而，无论是农村经济或"三农"问题研究，还是乡村治理及农村社会学研究，都一直热衷于概括总结甚至倡导推广农村发展模式和典型经验。然而，如果从文化相对论的角度来进行反思，就会发现那些先进经验总结和模式推广研究中其实存在着普遍主义的陷阱，即预设各地乡村都可按照一个普遍理想的模式来推进发展。

同样，在典型经验的复制和推广实践中，也存在形式主义的陷阱。对被当作先进模式或先进典型的地区而言，当地政府会积极地宣传推广自己的经验，因为这样做不仅可以提升本地的知名度，这些经验也是自身政绩的鲜活证据。而对模式和典型的学习者，或是急于寻求脱贫与发展"良方"的地区而言，其常有一种试图找到"发展捷径"的心理，指望借用别人的发展模式和成功经验来实现自己的发展目标，以省去路径探索的成本。然而在具体的模仿和复制实践中，搬用成功的模式常常会面临诸多的"水土不服"问题，能够达到成功复制目标的几乎没有，甚至产生事与愿违的结果也是常见的事。

从当代中国乡村社会发展的历史经验来看，那种通过宏观政策来强行复制和推广一种被建构为榜样或典型的经验的例子也时常出现。例如，大寨和小岗就曾被建构为截然不同的榜样供大家模仿和学习，尽管这两个典型榜样的产生有着特殊的历史背景，但其都曾被当作成功的、典型的模式，被要求复制和推广。然而，在这些榜样经验被复制和推广的实践中，不同地区的农村却出现了各种各样的意外后果。[①] 这些意外后果的出现其实就是由于陷入了所谓理想模式和成功经验复制与推广的形式主义陷阱，因为各地农村在简单复制别人模式的过程中，实际上背离了自身发展所具有的特质，最终既偏离了自己的发展路径，又在模仿别人经验的过程中迷失了方向。

---

① 陆益龙. 大寨与小岗：农村典型建构及意义的再认识. 南京农业大学学报（社会科学版），2014，14（5）.

那么，探寻乡村振兴之路，为何典型模式和经验是不能复制和推广的呢？要理解这一问题，需要正确地认识和看待模式与经验的本质及意义。为探寻"富民"之路，费孝通曾关注和总结过乡村发展模式，不过在费孝通看来，乡村社会发展与变迁领域中的模式，其含义是指"在一定地区、一定历史条件下，具有特色的发展路子"。也就是说，一种乡村发展模式其实是其特质的整合，是在特定条件下形成的具有特色的路径。关于乡村发展模式的特征，费孝通指出："各地农民居住的地域不同，条件有别，所开辟的生财之道必定多种多样，因而形成了农村经济发展的不同模式。"① 由此看来，费孝通总结乡村发展模式既不是将模式视为普遍规律，也不是把典型经验当作普适经验，而是强调模式的特殊性和地方性。

在某种意义上，费孝通概括和总结的诸如"苏南模式""温州模式"等乡村发展模式，其意义类似于韦伯所提出的"理想型"（ideal type）概念②。这些乡村发展的理想型并不是用来复制和推广的，而是用来帮助我们从社会历史因果链的角度来理解各种事件及其意义和相互关系，理解不同的乡村如何在其所具有的特定条件基础上走出具有特质的发展道路。

然而，在科学主义的范式中，乡村研究总倾向于追求普适性经验和最优模式，而往往忽视乡村社会文化特质。因为受科学主义思维的影响，较多乡村发展研究遵循着工具主义的逻辑，强调科学研究就是要探寻最优的工具，而较少关注乡村社会发展的特殊性及发展过程中的人文价值问题。人类社会文化是一个复杂的系统，其变迁和发展也是一个复杂的动态调节过程，放之四海而皆准的普适模式并不存在。因而，找到一劳永逸的最优发展方案其实是一种科学主义的幻想，尽管从对乡村发展模式及典型经验的总结和概括中，也能获得一些关于发展的规律性的认识，了解一些因素在发展过程中的重要性及影响。例如，张敦福曾把自然资源和地理气候、人口、资金、技术、交通运输和通信、国内政策、历史和文化传统、区域互动等8个变量纳入区域发展模式的模型之中③，目的就在于揭示模式中的一些共性规律，亦即哪些因素在发展模式中发挥着什么样的作用。

① 费孝通. 从实求知录. 北京：北京大学出版社，1998：201.
② 韦伯. 经济与社会：上卷. 林荣远，译. 北京：商务印书馆，1997：40.
③ 张敦福. 区域发展模式的社会学分析. 天津：天津人民出版社，2002：136.

既然乡村发展模式和经验不是普适的，模式和经验不能简单复制和推广，那么研究和总结乡村发展或乡村振兴的模式和经验是不是就失去了意义呢？其实不然，如果我们从文化相对论与村庄特质的视角来总结和看待典型模式与经验，那么从多种多样的模式中也能发现和认识到不同的乡村是如何使自身的特质得以发展和整合，形成具有自己特色的发展道路的。由此，既可增强不同乡村在寻求振兴过程中的道路自信，亦可从中学习到将自身特质加以发扬光大以及把特质整合到发展动力之中的经验。譬如，对华西村、南街村、大寨等特殊村庄的发展经验的调查和总结①，就旨在提供关于不同村庄探寻到各自发展路径的具体和综合信息，以便我们更好地理解特定的模式何以可能。很显然，华西村的发展模式是难以也不可能广泛复制的，但这一特定模式的特殊内涵和形成过程，则为我们认识和理解乡村发展道路提供了一种相对照的参考信息。因此，乡村振兴研究需要慎防陷入两个误区：一是所谓典型经验的宣传推广；二是草率提出对策建议。对乡村振兴的学术研究来说，重要的是立足于知识本位，注重深入扎实的调查研究，开展严密的学理分析，提出有助于更加全面地认识和理解乡村社会及乡村振兴的知识和思想。

在推进乡村振兴战略的过程中，关注和考察一些模式和经验的意义在于增进我们对乡村发展路径的认识，而不在于选择某个模式去加以复制和推广。那种人为的甚或强行推进的模式复制和榜样经验推广的做法，往往在实际中收效甚微，甚至可能导致与愿望相背离的结果。

三、村庄特质与特色资源

在对乡村振兴道路的探寻中，首先需要面对的实际情况就是要让千差万别的乡村共同走向小康之路，重新振兴起来。中国的乡村社会幅员辽阔，各地乡村有着各不相同的村庄特质，不仅所具有的自然生态条件存在巨大差别，其社会文化及历史传统也有着显著的差异。因此，村庄特质其实是乡村振兴的一个客观现实基础，道路的探寻或路径选择越是契合这一现实基础，就越具有可行性。

---

① 陆学艺．"三农论"：当代中国农业、农村、农民研究．北京：社会科学文献出版社，2002.

　　既然村庄特质是客观存在的，那么在探寻乡村振兴之路时，也就需要去发现各地所具有的特质，因为特质本身就是一种资源。所以，对每个村庄来说，发现自己的特质也就相当于找到一种新资源。即便是那些处于贫困的、脆弱的状态中的村庄，也能找到可资利用的特色资源。从历史的、相对论的角度来看，具有不同特点的乡村经历了长期的历史变迁，仍能存续下来，并在不断发展，所依赖的正是各自所拥有的资源，这种资源便是其本身特质的整合体。

　　要发现村庄特质，还需要对西方经济学的资源禀赋论加以反思，并从文化相对论的角度对乡村资源加以再认识。虽然资源是乡村社会经济发展的重要基础和条件，而资源禀赋论常常把乡村发展的滞后性和农村贫困问题归因于资源的匮乏，但是，社会经济发展中可资利用的资源并不是绝对的，而是具有较大的相对性。受发展的历史时期、阶段、外部环境、主体能动性等多方面因素影响，资源的属性和价值也会处于变动的状态之中。不同村庄会具有不同的资源禀赋特征，这些禀赋特征其实就是村庄所具有的特质，不同特质之间确实存在差异，但并非有绝对优劣或好坏之分。相对于村庄发展而言，这些特质都是可以动员和开发的资源，其差别不过是特色资源的利用过程与整合程度有别而已。例如，在一些革命老区农村，经济发展相对滞后，贫困问题相对较多。对这种现象的认识和理解其实也需要从相对论的角度出发，把这些区域的乡村发展现状看作相对于现阶段、相对于富裕地区的一种特殊状态，而不是将其视为其资源禀赋的必然结果。寻求革命老区的乡村振兴之路，同样不能忽视其乡村所具有的特质，需要在现代化背景下重新发现和开发那些特质，将特色资源作为发展的重要驱动力。如大别山革命老区的乡村，其革命历史传统、绿色生态、自然景观、淳朴的民风民情等，都是其所具有的特质①，这些特质通过有效整合，也会转化成为乡村振兴做贡献的特色资源，成为乡村旅游业兴起和发展的基础和条件。所以，在全球化、网络社会的新时代，对乡村发展和乡村振兴的理解，需要在一定意义上超越资源禀赋论，从更广的意义上来看待乡村资源。

---

　　① 汪谦慎. 特色资源开发、现代农业扶持与市场能力培育：革命老区岳西脱贫致富的"三元驱动". 安徽师范大学学报（人文社会科学版），2012，40（4）.

特质是与模式化、格式化相对立的，村庄特质是一个村庄在历史延续和发展中具有的独特内在品质，是村庄历史连续统的经脉。因此，乡村社会要保持自身的一些特质，维持自身历史的连续性是重要前提。当村庄失去特质后，乡村社会也就面临走向终结的结局。当村庄特质不存在时，乡村振兴无形中也会不可逆转地失去一种特色资源。所以，在现代化、城镇化的话语支配下，尤其要警惕那些消除村庄特质的行为或改造方案，审慎对待拆村并村、易地搬迁以及"赶农民上楼"或所谓"新型社区"建设等策略。在新时代重新发现旧的特质，寻找已有的确定性和稳定性，对寻求可持续发展的特色资源来说是非常有价值的，正如本尼迪克特所提出的："对文化相对性的承认，有其自身的价值，这些价值未必就是那些绝对主义者哲学理论所宣称的价值。"①

各地乡村在其漫长的历史变迁过程中，一些特质得以形成并相对稳定下来。在这个意义上，村庄特质是村庄历史传统既有的特性。然而，村庄特质也不是一成不变的，而是处在动态的发展之中。保持村庄特质亦非守着一个古老的村庄，而是在村庄这一社会历史空间里不断地创造并积淀特色资源。村庄特色资源既是既有和传承下来的，也是不断地被创造出来并得以更新的。重新发现村庄特质，将特质转化为特色资源，这一过程本身就是一个文化性的创造过程。在此过程中，村庄的主体通过自己能动性的创新实践，来改变和改善现实状况，满足新的发展需要，这样又会整合出新的村庄特质。就乡村发展与乡村振兴而言，不论什么样的村庄，只要有创造性的变革，就都能找到具有自身特色的发展与振兴之路，形成自己的振兴模式。

就宏观战略意义而言，乡村振兴的核心内容是推进农业农村现代化。然而，对农业农村现代化的认识，可能需要摒弃标准化、模式化的原则，重新认识和发现村庄特质与特色资源的价值。既然乡村振兴是一项战略，那么就需要用长远的、战略的眼光来看乡村的发展与振兴，而不是仅仅局限于或急于解决当下的一些具体问题。乡村振兴所要振兴的是具有田园特色的乡村，而且发现和保留乡村特色也会为乡村振兴及其可持续发展提供重要的动力。

确实，在现代化、市场化的大背景下，乡村社会发展总体上显得滞后，

---

① 本尼迪克（本尼迪克特）. 文化模式. 何锡章，黄欢，译. 北京：华夏出版社，1987：216.

经济收入水平处于相对较低状态。为获得增加收入的机会，大量乡村劳动力涌向城镇，由此出现了乡村社会的"大流动"与空落化的景象。这样的景象可能让人们对乡村既有的东西包括乡村社会文化特质产生怀疑，甚至对乡村社会的未来产生悲观态度。在某种意义上，乡村社会现阶段的大流动与空落化现象其实也是当下特定时期的发展特征，是村庄特质的一个阶段性组成部分。乡村居民向外流动反映的是现阶段的一种生计模式与生活方式，而并不意味着乡村将彻底走向终结，也不代表着既有的农业生计会完全失去价值。在社会快速转型的时期，乡村振兴不可避免地面临道路选择的困境。一方面，如果完全保持已有的方式和特质，就可能难以适应快速变迁中的社会生活需要，因为乡村居民同样要面对大市场，而传统生计又难以满足他们的增收需要。另一方面，如果全部放弃既有的传统和历史积淀下来的特质，开启全面彻底的更新进程，那么又可能陷入不可逆的现代性危机之中。因为在现代市场大潮中，完全失去特质的乡村一旦进入危机周期，就会陷入更加脆弱和不安全的境地。而如果保留部分乡村特质，则会为人们提供一条退路或一些回旋余地。

因此，在推进乡村振兴的实践中，既要重视村庄特质的价值，同时也要创造性地将现代要素与村庄特质重新整合起来，让村庄特质在现代社会转化为特色资源。当现代化、城镇化广泛推进之后，具有村庄特质的乡村将拥有"稀缺"资源或特色资源，乡村的自然生态、田园风光、乡土文化以及农耕传统等要素，既体现出乡村社会所具有的特质，也可通过与市场和现代技术因素的整合，形成发展与振兴的特色资源。在现代化进程中，保持乡村特质并重振乡村的经验，也可在工业化国家中看到，如荷兰和日本，并未按标准化模式对乡村进行现代改造，而是尽可能保留传统特质，并通过精耕细作和美化乡村为乡村创造出新的生机。中国大量的乡村有着深厚的历史文化传统，且地方性特色鲜明，保留和重新整合这些村庄特质，将形成乡村现代化的重要资源。

四、道路自觉：多样性的乡村振兴之路

当前，乡村振兴已成为一个时事热点问题。对于这一热点问题，人们通常关心的是能不能找到一条理想的、简便易行的通道，或是有没有一种成功

经验可用来复制推广。这样的想法其实具有机会主义的倾向，在现实社会中往往行不通。

受现代性的发展意识和话语体系的影响，欠发达地区乡村的边缘意识在增强，而主体性的自觉、自信意识在被削弱。推进和实施乡村振兴战略，解决乡村内生发展动力不足问题，就必须树立起乡村社会主体的道路自觉和道路自信，即唤醒乡村居民共谋具有自己特色的振兴之路的意识，用自己的实际行动去创造和积累经验，而不是依赖于对所谓成功或先进经验的总结和效仿。

乡村振兴的道路自觉理念，在某种意义上与文化自觉理论有较多相通之处。费孝通指出："文化自觉只是指生活在一定文化中的人对其文化有'自知之明'，明白它的来历、形成过程、所具的特色和它发展的趋向，不带任何'文化回归'的意思，不是要'复旧'，同时也不主张'全盘西化'或'全盘他化'。"① 所以费孝通主张社会文化发展要"各美其美，美人之美，美美与共"。

在探寻乡村振兴道路的过程中，首先需要坚持"各美其美"的原则。各个村庄要对各自的特质有自觉、自信的意识，即便是贫困村，也有自己"美"的地方，或者有使自己的村庄"美"起来的自信。如果按照统一的标准、统一的模式来推进乡村振兴，那么，那些经济发展相对滞后的乡村要么会失去振兴的信心，要么会丧失自身的特质。

总结和建构乡村发展或乡村振兴的典型经验和先进模式，可以实现"美人之美"的功能，亦即可以宣传和弘扬典型经验中的一些积极精神和正面价值。但是，如果把典型经验和模式加以形式化地模仿或强行复制推广，则可能影响乡村社会主体在实施振兴过程中的道路自觉，甚至可能出现标准化的乡村建设行为或城镇化举措导致村庄特质灭失的情况，以致乡村振兴失去自身的特质基础。

增强乡村振兴的道路自觉意识，还需要重新认识乡村振兴的统一规划问题。自乡村振兴宏观战略被提出之后，各地在具体实践中，似乎都在强调各个层级的乡村振兴规划，试图为乡村振兴设计出一个统一的目标、模式和路

---

① 费孝通. 中国文化的重建. 上海：华东师范大学出版社，2014：160.

线图。然而事实上，中国的乡村之间存在着巨大的差异性，各地乡村所面对的主要问题也各式各样。如果要为乡村振兴进行宏观规划，那么最好只确定乡村振兴的基本原则、重点范围、重点任务，而不宜规划和设计出唯一的路线。

迈向乡村振兴的道路，归根到底还是要依靠各地乡村社会主体积极地行动起来，在各自已有的特质基础上，结合自身的实际情况，在具体的振兴实践中，重新整合新的特色资源，寻求新的发展路径，而不是指望按照统一规划好的路线图即可达到振兴目标。

每个地区的乡村、每个村庄都有自己的传统，都有自身特殊的发展历程，也都有各具特色的资源，其实，它们都可以通过自己的创造性实践"闯出"通向振兴之路。相反，那种理想化的、唯一的通道则存在着约束乡村社会主体能动性和积极性的风险。因此，在实施乡村振兴战略的实践中，我们可能需要"一地一策""一村一品"，而不是统一规划振兴路径，更不宜强制推广单一模式。尽管在一些乡村建设的典型模式中，也包含对乡村发展共性问题及规律的概括和总结，但模式经验只具有参考和借鉴意义，而无法被真正地复制。

既然通向乡村振兴之路并不存在绝对最优化的理想路径，那么，在新时代谋求乡村振兴就需要倡导道路的多样性，从文化相对论的视角重新发现乡村特质的价值，并使各地乡村特质得到新的整合和发展。

当下，乡村发展的多样性原则及其价值正面临诸多挑战，发展上的差异性在不断降低人们对村庄自身特质和潜质的自信，使人们对先进经验和模式则产生趋同甚至膜拜的心埋。探寻多样性的乡村振兴之路，就需要一种乡村价值的启蒙和乡村的回归。犹如赵旭东所提出的："乡村振兴是一个契机，也是一种启蒙，是生活价值选择的启蒙，在这个意义上，回得去的乡村才是真正的乡村振兴之所求。"[①] 乡村振兴道路多样性的主张的意义就在于对乡村改造绝对主义的反思，以唤醒乡村建设与发展中的道路自觉意识。

在新时代的乡村振兴实践中，提升道路自觉意识可能需要重点在这样三个方面努力：首先，振兴实践要重塑对村庄历史传统及自身特质的自尊和自

① 赵旭东. 乡村何以振兴?：自然与文化对立与交互作用的维度. 中国农业大学学报（社会科学版），2018，35（3）.

信。尽管按现代发展主义的标准，一些乡村可能被划入"贫穷落后"的范畴，但各地乡村仍不能怀疑自己的历史及传统，而是需要对各自的历史及传统有理性的认识，亦即要有"自知之明"；在此基础之上，重塑对自己历史和文化特质的自尊和自信。在一定的发展阶段，不同地区的乡村可能显现出不同的发展状况和特征，如经济收入和产业结构等方面的差别。然而，即便是贫困地区的乡村，它们与发达地区乡村之间的差别主要是经济发展水平上的不同，其变迁历史、文化特质和路径选择之于各自的生存与发展而言实际上具有平等的价值。乡村振兴的道路选择可能需要重振村庄特质的价值，而不是简单地放弃。

其次，乡村振兴道路自觉需要明白发展过程中自身的问题。乡村振兴所面临的挑战表面上看似乎都是贫困与发展问题，然而事实上，各地乡村所要应对和解决的问题是不同的，且问题的成因和解决进路也会各自不同，具有各地的特点或特殊性。道路自觉就是要针对各自特殊的困境和问题的特殊性来寻求新的整合路径，而不是用一种统一的方式方法切断不同村庄的历史发展链条。虽然用"格式化"的方法或许能暂时解决乡村发展过程中的一些问题，但是，这一"格式化"路径实际上会使得乡村发展产生断裂，最终达到的可能不是乡村的振兴，而是乡村的终结。

最后，乡村振兴道路自觉还需要自知发展趋向，自寻重振村庄特质的路径。与文化自觉一样，道路自觉不是"回归"，不是"复旧"，而是需要创新。乡村振兴道路创新的前提条件就是各地乡村要认识到各自既有的特质，以及将特质转化为资源的方向，实质上也就是要探索出重振或重新整合村庄特质的路径。虽然道路创新包含着创造和革新，但可持续的变革并非对自身的完全否定，而是为自身特质在新时代、新环境中寻求新的发展路径。同时，道路创新也需要将新时代的一些新元素整合到自身特质之中，形成新的具有特质的发展模式。

在现代化和市场转型的推动下，中国已从乡土中国迈入后乡土中国的发展阶段，虽然乡村社会的部分乡土性特征依然维续，但城镇化和市场化浪潮已冲击并改变了乡村社会的结构与形态[1]。推进乡村振兴战略，可能面临着

---

[1] 陆益龙. 后乡土中国. 北京：商务印书馆，2017.

对两种路径的选择：一是在保护和维续乡村特质基础上的乡村变革与乡村振兴，二是完全告别乡村历史和特质的城镇化。要改变一面是城市繁荣发展而另一面是乡村凋敝衰落的困境，根本的出路就是重新理解城市与乡村的社会价值，亦即从相对论的角度来看待乡村和城市，发现和重振村庄的特质及其在现代社会中的重要价值。在谋求发展的过程中，珍视、保护并尽可能维续村庄特质，尽可能在历史传统与现代元素的重新整合中推进乡村振兴。

第十四章　精准衔接：乡村振兴的有效实现机制

2020 年，中国脱贫攻坚任务胜利完成，现行标准下农村贫困人口全部脱贫，全面建成小康社会的战略目标得以实现。2021 年中央一号文件提出，要"全面推进乡村振兴，加快农业农村现代化"，把乡村振兴作为实现中华民族伟大复兴的一项重大任务。在新发展阶段，如何实现乡村振兴与脱贫攻坚的有机衔接？如何有效实施乡村振兴战略的各项政策措施，促进新发展格局的形成？这是包括农村社会学研究在内的"三农"问题研究所关注且须广泛而深入探讨的重大课题。

第七次全国人口普查结果显示，目前我国人口总量（不含港澳台）已达 14.1 亿人，乡村人口 5.1 亿人，常住人口城镇化率达到 63.9%，流动人口 3.8 亿人。数据反映出，中国社会已经发生结构转型，已从费孝通所描绘的"乡土中国"①，转向基层社会由城市和乡村构成的"城乡中国"②。而且，乡村社会呈现出"后乡土中国"的"大流动"突出特征③。在城镇化持续推进、乡村人口"大流动"的新时代，实现乡村振兴既显得格外重要，又意味着困难重重。探寻有效的实现机制，有助于把战略规划转换为具体实践，并发挥促进乡村振兴的实际成效。本章在梳理有关乡村振兴理论阐释的基础上，结合笔者已有的乡村调查经验，就乡村振兴与脱贫攻坚相衔接的机制问题进行推论性探讨和总结，为认识乡村振兴战略提供一种视角，为推进乡村振兴实践增加一种理论参考。

---

① 费孝通. 乡土中国 生育制度. 北京：北京大学出版社，1998：6.

② 刘守英，王一鸽. 从乡土中国到城乡中国：中国转型的乡村变迁视角. 管理世界，2018，34（10）.

. ③ 陆益龙. 后乡土中国. 北京：商务印书馆，2017：16.

一、乡村振兴诸问题的理论解读

乡村振兴是中共十九大报告正式提出的乡村发展战略，并成为新时代"三农"工作的总抓手。围绕这一新的重大战略问题，学界已开展了广泛的探讨和研究，形成了一些理论阐释和观点。概括起来，关于乡村振兴问题的理论探讨主要聚焦于三大方面：一是乡村振兴战略的性质问题；二是乡村振兴与脱贫攻坚的衔接机制问题；三是乡村振兴的实现路径问题。

（一）对乡村振兴性质的判断

准确判断并把握乡村振兴的基本性质，是顺利推进并实现乡村振兴战略目标的认识基础。将乡村振兴理解为何种性质的发展战略与发展过程，会影响到在实践中走什么样的路、采取什么样的措施。

对乡村振兴战略基本性质的析解，目前主要有这样几种倾向与观点：

一是政策阐释倾向的"二十字方针"观点。此类研究坚持政策导向，根据中央政策的核心内容，从理论层面解读政策所包含的基本精神。如有研究认为，要理解乡村振兴战略的基本性质，关键在于准确把握"二十字方针"[1]，即准确把握乡村振兴的总体要求："产业兴旺，生态宜居，乡风文明，治理有效，生活富裕。"

二是"保障论"或"退路论"观点。此种观点认为，解决"三农"问题并不是为了让农民生活富裕起来，而是为了保障基本民生。因而，振兴乡村，不是为了让农村复兴起来、繁荣起来，而主要是为了给进城失败的农民留条退路。[2] 这样一种理解，其实并未用发展的眼光全面地看待"三农"发展问题和乡村振兴目标。"三农"的发展需要与时俱进，在农村实现全面脱贫之后，不断提高农村社会生活水平，让广大农民享有更加美好的生活，是乡村振兴需要实现的重要目标，也是能够实现的目标，乡村发展不能停留在保障温饱水平上。

---

① 黄祖辉．准确把握中国乡村振兴战略．中国农村经济，2018（4）．

② 贺雪峰．大国之基：中国乡村振兴诸问题．北京：东方出版社，2019：14．

三是"社会生态系统均衡论"观点。如笔者曾将新时代乡村振兴的本质意义理解为通过促进乡村社会新的发展或乡村社会现代化，达到保护社会生态系统多样与均衡的目标。人类社会也是一种有机系统，由大都市、中小城市、县城、乡镇、农村等多样的子系统构成，而要保持社会生态系统的均衡，就需要保护乡村的存续和发展，因为快速的城镇化正在快速地让乡村走向终结。实施乡村振兴战略的一项重要意义就在于保障乡村社会的持续发展，维持社会系统的多样性与"生态平衡"。

四是"乡村城镇化论"观点。此种观点将乡村振兴的性质理解为促进乡村发展为城镇。在"三农"工作与乡村建设的具体实践中，这一观点还较为流行。一些乡村振兴的政策措施，有着明显的城镇化色彩，亦即按照城镇化发展的标准、模式和方法来推进乡村振兴。然而，这些具体措施推行的结果并不是乡村的振兴，而是乡村的消失。

（二）对乡村振兴衔接机制的讨论

从精准扶贫到乡村振兴，既是一次历史性飞跃，也是战略的转换。在全面推进乡村振兴与巩固脱贫攻坚成果之间，需要一个有效的衔接机制，以促进发展战略转换的顺利实现。围绕乡村振兴战略的衔接机制问题，学界的探讨及观点主要有：

第一种观点是"有机衔接论"。此种观点认为，乡村振兴和脱贫攻坚两大战略部署具有理念相通性和阶段递进性，两者的有机衔接关系到两大战略的成效。促进乡村振兴与脱贫攻坚的有机衔接，需要坚持农村居民生计改善和全面发展的目标导向，把握扶贫产业可持续发展、生态价值转化、资产高效利用、治理现代化等重点领域，采取政策转型、社会动员机制衔接、人力资源开发利用、重大项目建设等关键措施。[①] 对乡村振兴有机衔接机制的讨论，主要聚焦于有机衔接的必要性、重点内容和具体措施等方面。

第二种观点是"统筹衔接论"。这一观点是在有机衔接论的基础上提出，要接续推动乡村全面振兴，必须继续保持和发挥制度优势，进行统筹设计，以振兴为统揽，以巩固脱贫成果为基石，构建起统筹减贫振兴的长

---

① 涂圣伟．脱贫攻坚与乡村振兴有机衔接：目标导向、重点领域与关键举措．中国农村经济，2020（8）．

效机制①。对乡村振兴与脱贫攻坚统筹衔接的讨论，关注点实际上仍在减贫政策的调整与转变上，而对乡村振兴战略如何衔接、如何建立有效机制等关键问题，没有做更为深入的分析和阐释。

第三种观点可概括为关于"体制机制连续性"的讨论。这方面的讨论主要围绕发展战略的连续性、体制机制的连续性、政策体系的连续性等问题展开相关探究和论述。如有研究从农村发展战略连续性的视角讨论了乡村振兴战略的衔接问题，认为乡村振兴战略是中国农村发展战略五个阶段的组成部分之一，是阶段性战略的延续和在新时代的提升。乡村振兴战略的实施，必须统筹各个阶段的发展战略，注重从"人"和"物"两个维度强化战略的衔接性和连续性。②也有学者关注乡村振兴战略中的横向衔接机制问题，亦即各种助推乡村振兴的制度安排、体制机制和政策体系之间的连接与协同问题。构建农业农村优先发展的政策体系，重点需要从土地资源、农业经营体制、产权制度、人才队伍、财税政策、金融政策、基础设施和公共服务等十个方面加强衔接③，为促进乡村振兴创造有效的体制机制。

（三）对乡村振兴实现路径的设想

一项发展战略的目标能否达到，关键在于能否找到切实可行的实现路径。目前，关于乡村振兴路径选择问题的探讨，主要围绕战略规划和制度路径两大议题展开。

一些针对乡村振兴的经济学和人文地理学研究，倾向于按照某种定位或理论原理，就战略的执行和实施做出相应的规划或设计。如有研究提出，乡村振兴的战略定位是新时代"三农"工作总抓手，战略导向是高质量发展、农业农村优先发展和城乡融合发展，战略重点难点和基点是产业兴旺。基于这些理论原则，需要编制和实施乡村振兴战略规划。④也有研究提出"三主

---

① 高强. 脱贫攻坚与乡村振兴的统筹衔接：形势任务与战略转型. 中国人民大学学报，2020，34（6）.

② 杨玉珍，黄少安. 乡村振兴战略与我国农村发展战略的衔接及其连续性. 农业经济问题，2019（6）.

③ 张红宇，陈良彪，胡振通. 构建农业农村优先发展体制机制和政策体系. 中国农村经济，2019（12）.

④ 姜长云，等. 乡村振兴战略：理论、政策和规划研究. 2版. 北京：中国财政经济出版社，2020：1.

三分"的乡村振兴规划理论和方法，亦即将乡村地域空间按"主体功能-主导类型-主要用途"进行层级划分，按"分区-分类-分级"进行空间组织体系划分，并且在对乡村生态环境、资源禀赋、发展基础和未来潜力进行综合分析的基础上，科学地编制出县域乡村振兴的优化方案①。在推进乡村振兴的实践过程中，科学地规划、精细地设计对于提高执行效率、指导和协调振兴行动的方向准确与协同一致具有重要的作用。然而，规划通常是基于理想化的条件而设想出来的，在具体实践中并不一定能够满足实现的条件。要有效地实现乡村振兴战略目标，不宜迷信乌托邦式的战略规划，因为从中国乡村发展的历史经验看，较多的创新与创造是在具体实践之中实现的，也就是"干"出来的，而不是"想"出来的。

关于乡村振兴的实现路径，也有观点将其视为制度路径或制度创新路径。如有学者认为乡村振兴战略是新发展理念引领的创新战略，实现振兴需要一个长期的制度和政策创新路径，其中主要包括农村综合改革、城乡要素市场和公共服务体系改革等②。也有学者提出，乡村振兴是不同于"城市主义"发展模式的路径选择，振兴的路径要坚守"五不"原则，亦即"乡村振兴不是'去小农化'、不是乡村过度产业化、不能盲目推进土地流转、不能消灭农民生活方式差异、不能轻视基层'三农'工作，应在坚持乡村和农民主体地位的基础上实现农业农村与现代化发展的有机结合"③。作为新的发展战略，乡村振兴的推进过程包含了制度创新和政策改革的内容。在某种意义上，乡村振兴的实现需要依靠有效的制度与政策支撑，通过有效的制度创新与变革来促进和保障相应战略目标的实现。当然，乡村振兴的实现路径并非唯一的，而是有多种可能，对实现路径的理论探讨，意义在于增进对乡村振兴战略的认识，以更加有效地推进振兴实践。

虽然乡村振兴聚焦"三农"问题、关注"三农"发展，但乡村振兴战略的推进实际上涉及经济、社会、文化以及自然生态等多方面，参与主体包括

① 刘彦随. 中国乡村振兴规划的基础理论与方法论. 地理学报，2020，75（6）.

② 张海鹏，郜亮亮，闫坤. 乡村振兴战略思想的理论渊源、主要创新和实现路径. 中国农村经济，2018（11）.

③ 叶敬忠. 乡村振兴战略：历史沿循、总体布局与路径省思. 华南师范大学学报（社会科学版），2018（2）.

政府、市场、社会、社区、农户等多方主体，实施过程既关涉农村，也涉及城镇。因此，要想顺利、全面地推进乡村振兴战略，需要对相关诸问题有更广泛、更深入的研究与探讨，以积累更多的科学认识和乡村振兴理论知识。

二、精准扶贫的经验对乡村振兴的启示

作为新发展阶段的一项重大发展战略，乡村振兴主要是为脱贫攻坚取得全面胜利后"三农"发展而做出的总体布局。就发展与变迁过程而言，一方面，乡村振兴必须巩固脱贫攻坚取得的成果；另一方面，乡村振兴还需要接续扶贫脱贫的相关政策措施，进一步推动乡村迈向更高水平的发展。为实现这两个方面的目标，乡村振兴与脱贫攻坚相衔接的问题显得格外重要。

既然推进乡村振兴是继脱贫攻坚与全面建成小康社会之后"三农"工作的中心任务，那么在战略衔接中，可以借鉴和充分发挥脱贫攻坚阶段的成功经验。这些经验的延续和拓展，不仅有利于脱贫攻坚成果的巩固，而且有助于与乡村振兴新战略的衔接。

改革开放后，中国农村扶贫开发工作取得显著成效，1978 年有 2.5 亿农村贫困人口的温饱问题未解决，1994 年农村绝对贫困人口减至 8 000 万。为进一步消除农村贫困，1994 年，国务院制定并发布《国家八七扶贫攻坚计划》，这一扶贫开发工作纲领性文件的发布，标志着国家针对 8 000 万农村绝对贫困人口，争取在七年时间内即在 20 世纪末全面解决温饱问题，同时也意味着扶贫开发进入攻坚阶段。

2013 年，党中央做出实施精准扶贫的战略部署，提出"实事求是、因地制宜、分类指导、精准扶贫"的原则，为脱贫攻坚与全面建成小康社会的具体实践确立了新思路、新方法。

从扶贫开发到精准扶贫的转变，表面看是农村扶贫方式的改变，实际是减贫与乡村发展领域的一次重大制度创新。精准扶贫的制度变革和具体实践蕴含了丰富的发展经验，对乡村振兴战略的推进而言，有着重要的启示和经验借鉴意义。

通过实施精准扶贫战略，2020 年年底，中国的脱贫攻坚战取得了全面胜利，现行标准下 9 899 万农村贫困人口全部脱贫，832 个贫困县全部摘帽，

12.8万个贫困村全部出列，解决了区域性整体贫困问题，消除了农村绝对贫困，创造了彪炳史册的世界减贫奇迹。用8年时间实现农村贫困人口全部脱贫，每年让超过1 000万的贫困人口脱贫，这样的伟大成就既充分体现出脱贫攻坚战略的重要意义，也反映出中国特色减贫道路的有效性。[①]

脱贫攻坚之所以能在计划的时间内取得全面胜利，关键是因为精准机制。在实施精准扶贫的微观实践中，各地扶贫主体或机构组织都力争在六个方面做到精准，也就是：扶贫对象的精准、项目安排的精准、资金使用的精准、措施到户的精准、因村派人的精准、脱贫成效的精准。

在精准脱贫的宏观规划方面，主要采取了"五个一批"的脱贫策略，亦即发展生产脱贫一批、易地扶贫搬迁脱贫一批、生态补偿脱贫一批、发展教育脱贫一批、社会保障脱贫一批。

从某种意义上说，"六个精准"和"五个一批"是构成脱贫攻坚战略的精准扶贫机制的核心要件，也是实现农村贫困人口全部脱贫的有效机制。从脱贫攻坚到乡村振兴，具有启发性的、可以共享的经验集中体现在推进和实现机制的精准方面，主要包括三个方面的要素构成。

首先，精准地确立对象和目标。在脱贫攻坚阶段，为确保减贫战略目标的全面实现，确保扶贫脱贫的效率，精准扶贫工作建立了科学、准确的"瞄准"机制，即建档立卡制度：对农村贫困户和贫困人口建档立卡，并录入数据信息系统。通过此项制度和信息系统管理，既可准确把握扶贫对象的基本信息，也可准确了解具体贫困户和贫困人口的致贫原因，为后续实施精准扶贫脱贫措施奠定坚实基础。

精准扶贫之所以实现了理想的脱贫效果，是因为扶贫战略对政策目标做了较为精准的设定。精准扶贫既明确了扶贫脱贫的总体目标，不同地区还根据建档立卡贫困人口的分布情况，精准地制定了本地区的扶贫脱贫目标。具体的脱贫目标的制定，给扶贫行动与实践提供了明确方向，对提高扶贫脱贫效率具有重要的指导和激励作用。

其次，精准地施行有效政策措施。在脱贫攻坚阶段，扶贫脱贫对象主要涉及深度贫困地区的贫困问题和特殊的贫困，脱贫的难度非常大，而且贫困

---

① 黄承伟. 中国特色减贫道路论纲. 求索，2020（4）.

问题的差异性很大。要实现有效的扶贫脱贫，全面建成小康社会，具体的、落地的扶贫帮困政策措施必须达到高度精准。脱贫攻坚是农村发展的重要构成之一，在促进农村发展方面，需要根据各地农村的自然条件、历史文化传统和社会经济基础，探索适合自身特点的发展模式。[①] 精准扶贫在精准施策方面积累了较为丰富的成功经验，对精准地推进乡村振兴战略来说具有重要参考意义。

针对农村贫困问题的区域特殊性、差异性，精准扶贫在产业扶贫、项目扶贫、易地扶贫搬迁、教育扶贫和社会扶贫等政策措施的安排与实施方面，做了大量精准细致的工作，做到了精准到户、精准到人。各地在具体实施扶贫帮困措施的过程中，遵循精准有效的原则，取得了"真扶贫，真脱贫"的成效。

最后，精准地实现和评估战略成效。精准扶贫的精准机制还包括精准的实现与评估机制。为确保脱贫目标的实现，必须有切实可行的实现机制和评估机制。从精准扶贫的已有经验来看，国家为推进扶贫脱贫建立了精准可靠的实现机制和评估机制。在脱贫攻坚8年中，全国累计选派了25.5万个驻村工作队、300多万名第一书记和驻村干部，同近200万名乡镇干部和数百万名村干部一道，共同承担起精准扶贫的具体责任。而且，在准确把握扶贫脱贫成效方面，国家也构建了精准的脱贫成效评估机制，建立起科学合理的"脱贫摘帽"标准和验收评估程序，以确保脱贫成效的真实性、准确性和可靠性。

脱贫攻坚的成功经验显示出，在全面地、有计划地、有组织地、大规模地推行和实施一个发展战略的进程中，精准性或精准机制不可或缺。因为只有在战略执行的实践中做到精准，才能保障战略核心目标得以达成。因此，从脱贫攻坚到乡村振兴，构建起精准衔接机制也就格外重要。

三、乡村振兴精准衔接机制的构成与功能

乡村振兴与脱贫攻坚的有机衔接，必须做到精准，也就是需要有精准机

---

① 费孝通. 从实求知录. 北京：北京大学出版社，1998：200.

制，才能精准对接。推进和实施乡村振兴战略，属于新时代的新战略、新政策，具有制度变迁的意义。从制度变迁的理论来看，新制度的形成与实行都会存在一定的"路径依赖"①，乡村振兴作为新时代乡村发展的新战略，在振兴路径的选择上自然要与脱贫攻坚战略有效衔接。

所谓乡村振兴的精准衔接机制，是指根据不同地区乡村的自然禀赋、历史文化传统、社会经济发展状况，因地制宜、分类指导、精准施策，科学、合理且有效地推进乡村振兴，实现战略规划的预期目标。

就结构而言，乡村振兴与脱贫攻坚精准衔接的机制主要由三个方面的要素构成：精准分类、精准均衡和精准施策。

（一）精准分类

振兴乡村的基本前提是，必须全面而准确地把握振兴对象的发展状况、现实基础和所面临的困境。目前，随着中国经济社会的快速转型，乡村社会处于剧烈变动之中。从第七次全国人口普查结果来看，常住乡村的人口已经仅占总人品的 36.1%，而且每年还有大量的流动人口。乡村社会不仅经历着快速变迁过程，而且分化程度和差异性在增大。要让乡村振兴这一宏观战略切实落地，首先必须准确地掌握乡村社会的实际情况，因地制宜。

广义而言，乡村振兴是指乡村社会的全面振兴。然而，作为新时代"三农"发展的战略，乡村振兴的具体实践则要根据各地乡村发展的状况而采取不同的政策措施，尤其是针对发展相对滞后、处于凋敝终结边缘的乡村，要积极采取干预性措施，促进这些乡村恢复发展，以解决发展不均衡的矛盾。因此，要想有效地推进乡村振兴战略，就要对当前的乡村社会进行精准分类，以准确把握需要振兴的重点对象。

精准分类可依据乡村振兴的总体要求，通过相应指标评估后，测量出不同地区乡村的发展水平和差距情况。如有学者构建了 45 个指标来评价乡村振兴发展水平，结果显示，乡村振兴发展水平处于非均衡状态，呈现东部、中部、东北、西部依次降低态势，空间差异性明显，东部地区的内部差距最大，东西部地区间差距最大，整体和东部地区分别呈现多极分化和

---

① 温铁军．"三农"问题与制度变迁．北京：中国经济出版社，2009：5.

两极分化趋势①。这一评估方法所评价的是地区和省级层次的乡村发展水平差异，而难以体现出乡镇、村庄的发展现状和振兴的具体需求。

既然是乡村振兴，那么振兴的具体对象主要是乡镇和村庄。要精准地把握振兴对象的信息，就要以乡镇和村庄为单位，根据乡村振兴总方针，对乡镇和村庄发展状况加以评估并进行准确分类（如表 14－1 所示）。最后，综合乡—村分类的信息，精准把握振兴的重点对象和重点领域，并根据精准分类结果进行建档立卡，以便为后续振兴措施的执行提供信息支撑，为振兴成效的精准评估提提供依据。

表 14－1　乡村振兴总方针与精准分类

乡村振兴维度	发展现状水平		
	低（L）	中（M）	高（H）
产业兴旺（I）	I-L		
生态宜居（E）			E-H
乡风文明（C）			C-H
治理有效（G）		G-M	
生活富裕（W）	W-L		

对乡村的精准分类，主要是具体地、准确地把握和汇总乡镇、村庄在产业发展、居住环境、文化建设、社会治理和生活水平等 5 个维度的发展现状、水平及问题。精准分类是精准衔接机制的基础和关键部位，只有对乡村振兴对象有准确的把握，才能采取有针对性的、切实可行的具体振兴措施，实现更为具体的振兴目标。

（二）精准均衡

乡村振兴是继脱贫攻坚之后关系到乡村发展的新战略，实际上是一种制度变迁，可理解为由国家和政府主导并推动的"引导性制度变迁"②。在此过程中，国家和政府会出台一系列的相关制度安排、政策措施，来应对新时代"三农"问题，促进乡村社会的振兴与发展。

---

① 吕承超，崔悦.乡村振兴发展：指标评价体系、地区差距与空间极化.农业经济问题，2021（5）.

② 陆益龙.制度、市场与中国农村发展.北京：中国人民大学出版社，2013：123－124.

要使乡村振兴从政治纲领转化为实际成效，就离不开具体的制度安排和政策措施，以及执行这些政策措施的具体实践。实现乡村振兴与脱贫攻坚的精准衔接，还需要在制度或政策设计上找到三个精准的均衡点：一是在新型城镇化与乡村振兴之间的均衡；二是在保护与发展之间的均衡；三是在外部支持与内生发展之间的均衡。

乡村振兴与新型城镇化之间有着密切关联，两者都直接关涉新时代的乡村发展与现代化，且两者之间又存在一定的张力。一方面，新型城镇化为乡村发展与现代化提供一种空间和路径；另一方面，城镇化又不可避免地带来部分乡村的终结。因此，全面推进乡村振兴，精准地找到两者的均衡点尤为重要。

乡村振兴所要实现的不仅是现代性发展，而且是保护性发展。所谓保护性发展，就是在发展中有选择地保护乡村的生态系统、社会系统和文化系统，以确保系统多样性的构成。推进乡村振兴，就要面临在保护中发展、在发展中保护的问题，而要有效应对这一问题，就需要在保护与发展之间寻求精准的均衡点。

此外，在新发展格局中，乡村振兴的力量来源有两个：乡村外部的支持力量和乡村内部的内生动力。虽然来自两个方面的力量都会对乡村振兴起到推动作用，但两种力量之间也存在协调问题。一方面，由于乡村不充分、不均衡发展现实存在，因此要振兴乡村，就需要有外部支持和帮扶力量的补充；另一方面，乡村振兴的实现以及可持续发展，最终还是要依靠乡村社会的内生力量。因而，乡村社会的主体性对乡村发展来说，具有至关重要的作用。[1]构建乡村振兴精准衔接机制，各地也需要根据实际情况，在外部支持与内生发展之间找到合适的均衡点。

（三）精准施策

全面推进乡村振兴并非指对全国乡村执行统一化的振兴措施。如果只有单一的政策措施，那么乡村振兴不仅难以与脱贫攻坚精准衔接，而且容易走

---

① 王春光. 中国社会发展中的社会文化主体性：以40年农村发展和减贫为例. 中国社会科学，2019 (11).

向形式主义，难以取得实质性的振兴成效。中国乡村社会的空间分布区域广阔，自然条件、人文条件、社会经济基础等有着巨大的差异性和多样性。乡村振兴的一项重要价值就在于保护乡村社会文化的多样性，支持并促进差异化的乡村在现代社会获得均衡与充分的发展。

实现乡村振兴与脱贫攻坚的精准衔接，还需要在实施振兴政策措施上做到精准，即建立精准施策机制。从精准扶贫的经验来看，能取得全面脱贫的成效，关键在于扶贫脱贫的措施精准到县、精准到户、精准到人。乡村振兴的精准衔接机制可将具体振兴政策措施精准到乡、精准到村，重点在乡镇层面和村级层面精准落实振兴政策措施。

乡镇在乡村社会占据中心地位，对乡村振兴具有至关重要的意义，正如费孝通所指出的那样，"小城镇，大问题"①。也就是说，小城镇的发展与振兴，不仅直接关系到乡村发展问题，而且是关系到整个社会协调发展的大问题。目前，我国乡镇数量在 3 万个左右（见图 14 - 1）。顺利地推进乡村振兴，就要根据这些乡镇发展的实际状况，因地制宜，精确设计制定有效政策、精准实施具体振兴措施。

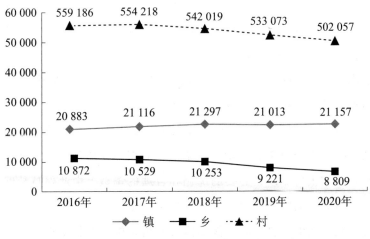

图 14 - 1　全国乡、镇、村的情况（单位：个）

精准到村是精准施策的关键，乡村振兴的具体政策最终主要在村庄层面落地，也在村一级见效。因此，要达到精准施策，就必须准确把握村庄的基

---

① 费孝通．志在富民：从沿海到边区的考察．上海：上海人民出版社，2007：27.

本情况，精确了解村庄振兴的现实基础和基本需求，根据不同村庄的特点和需求，因村施策，精准推进。

由图 14-1 可知，2020 年，我国共有行政村 502 057 个，呈逐年减少之趋势。由此表明，随着城镇化的推进，一些村庄走向了终结。为扭转村庄衰退终结之势，振兴乡村的重要性和必要性凸显。要发挥振兴措施的效力，必须做到措施到村的精准、因村派人的精准、村庄振兴成效的精准；也就是瞄准乡村振兴重点对象村，精准支持，精准发力，有效推动乡村重建与现代发展。

构建精准衔接机制，对全面推进和实施乡村振兴战略的功能主要有两个：一是过渡巩固功能；二是整合增效功能。

在新发展阶段，"三农"工作需要从脱贫攻坚过渡到乡村振兴，以及农业农村现代化建设。两个战略之间的衔接与过渡，主要靠相应的机制来实现。乡村振兴精准衔接机制的一项重要的功能就是保障和促进从脱贫攻坚顺畅地过渡到乡村振兴，使两个发展阶段的政策措施和工作环节得以平稳过渡，有机衔接。

精准衔接机制不仅在脱贫攻坚与乡村振兴之间发挥着顺利、平稳过渡的功能，还具有巩固精准扶贫与全面建成小康社会战略成果的功能。脱贫攻坚阶段有 12.8 万个贫困村得以脱贫出列，约占现有村庄总数的 1/4。要实现乡村振兴的目标，首先必须巩固住全面脱贫的成果，通过精准衔接机制，有效地预防贫困村返贫风险，为乡村进一步振兴奠定坚实的制度基础。

乡村振兴精准衔接机制的过渡巩固功能的作用机理主要体现在乡村振兴的递次推进方式上，即在脱贫攻坚与乡村振兴的过渡期里，通过实施"摘帽不摘责任、摘帽不摘政策、摘帽不摘帮扶、摘帽不摘监管"的"四不摘"政策，保持帮扶政策的延续、必要的优化和合理的调整，由此保持战略与政策的稳定性，巩固全面脱贫成果，确立促进乡村发展的长效机制。此外，乡村振兴精准衔接机制的过渡巩固功能还体现在组织机制的精准衔接上。在推进和实施乡村振兴战略的过程中，可逐步将脱贫攻坚工作中的组织架构、工作流程、方式方法融入具体实践之中，实现组织体系的顺利过渡、组织功能的充分发挥。这样，脱贫攻坚阶段的体制机制以及全社会共同参与而形成的合力机制，不仅可巩固已有的脱贫成果，而且将对顺利推进乡村振兴，保障各项振兴措施的落地，促进乡村社会在新的发展阶段取得新的发展成就，发挥显著的、积极的作用。

整合增效功能是指精准衔接机制在整合乡村现代化建设与发展力量、增强乡村振兴的效能方面所发挥的功能。乡村振兴与脱贫攻坚的精准衔接可以进一步把扶贫脱贫的资源、机制整合起来，在推进乡村振兴的实践中充分利用多种资源和高效工作机制，以增强乡村振兴的推动力。整合功能还体现为对参与乡村振兴的多种主体、多种力量的整合。乡村振兴目标的实现，必须有多主体、多方力量的参与。面对政府、市场、社会以及村民等不同的主体，需要依靠有效的机制对各方力量进行协调与整合，这样才有助于合力的形成，而精准衔接机制中就包含精准的整合机制。

乡村振兴精准衔接机制的整合增效功能的作用主要是：首先，精准分类机制通过对乡村发展实际状况的分析，准确把握振兴的重点，从而可精准发力，提高振兴的效率和效力；其次，通过精准均衡机制，制定合理的推进策略和具体方案，对可以调动的振兴资源和力量进行有效整合；最后，精准施策机制提高了振兴政策的针对性、可操作性和实效性。乡村振兴的逻辑和推进策略不同于城镇化，标准化、单一化的推进模式不适用于乡村振兴实践，也不能达到理想的效果。乡村社会及其发展的差异性、多样性要求振兴与发展的政策措施必须符合各地的实际情况和需求。精准施策就是在准确把握振兴对象的实际状况、实际需要的基础上，因乡施策、因村施策，既精准地补齐"短板"，又精准地发挥各地特色，推动高质量发展。

四、构建乡村振兴精准衔接机制的路径和方法

随着全面建设社会主义现代化国家新征程的开启，乡村振兴的战略意义更加凸显。顺利推进乡村振兴，事关国家整体发展的大局。实现振兴乡村的战略目标，构建精准衔接机制是关键。为建立起乡村振兴精准有效的衔接机制与实现机制，以下路径和方法值得参考与选择。

（一）依法振兴路径

2021 年 4 月，第十三届全国人民代表大会常务委员会第二十八次会议通过《中华人民共和国乡村振兴促进法》。这一法律的出台，为促进乡村振兴与

脱贫攻坚的精准衔接提供了一条法治的路径，同时也从法律层面提出了促进乡村振兴的基本方法。

《中华人民共和国乡村振兴促进法》明确了促进乡村振兴五个方面的原则和要求：产业发展、人才支撑、文化繁荣、生态保护和组织建设。依据法律所确立的方向和原则，各地再结合自身的实际状况，可构建起符合本地需要的乡村振兴精准衔接机制。

在乡村产业振兴方面，构建精准衔接机制需要按照法律的精神，参照国家相关制度安排和政策规定，对本地乡村产业体系、生产体系和经营体系做精细规划；对支持农业农村优先发展和农业高质量发展的制度体系，结合实际需要进行更加精准的创新；对发展相对滞后的地区，需要加大产业扶持的力度，且须精准地、可持续地推进产业扶持措施。

在乡村人才振兴方面，法律进一步强化了健全乡村人才工作体制机制的重要性，提出了人才下乡、服务下乡和乡村人才队伍建设的基本方法，同时还就建立参与和服务乡村振兴的各类人才的激励机制做出了相应规定。中国"三农"问题的核心是农民问题，乡村振兴与农村现代化的关键在于农民的发展和农民的现代化。[①] 精准推进乡村振兴，扭转乡村人才流失和人才稀缺的局面尤为重要。要为乡村振兴提供有力人才支撑，须与时俱进地对乡村人才体制和激励机制进行更加精准化的设置。

文化在社会中发挥着黏合剂与整合的功能，乡村文化振兴是乡村振兴的整合机制，若没有乡村文化的发展与振兴，就不会实现乡村振兴的目标。乡村文化振兴是一个复杂问题，需要正确处理传统传承与现代创新、地方性与现代性的关系。构建精准衔接机制，必须精准地辨识地方性文化的特色基因和传统，精准有效地加以保护与传承，并在保护与传承中寻求恰当的现代发展路径，合理开发和利用特色文化资源以及乡风文明建设资源，为乡村振兴创造优良的文化环境。

关于乡村生态振兴问题，法律要求加强乡村生态保护与环境治理，美化乡村环境，建设美丽乡村。在生态振兴方面，构建精准衔接机制的关键在于制度精准、措施精准，亦即在生态系统保护制度和生态保护补偿制度方面，

---

① 陆学艺. 中国农村现代化的道路. 教学与研究，1995（5）.

从乡村生产、生活各个方面精细地设计、精准地实施。

在乡村组织振兴方面，《中华人民共和国乡村振兴促进法》提出："建立健全党委领导、政府负责、民主协商、社会协同、公众参与、法治保障、科技支撑的现代乡村社会治理体制和自治、法治、德治相结合的乡村社会治理体系，建设充满活力、和谐有序的善治乡村。"[①] 依法构建精准衔接机制，关键在于各种组织的建设要做到精准，不同组织的管理要做到精准，各种组织服务要做到精准。

（二）协同振兴路径

实现乡村振兴与脱贫攻坚的精准衔接，合理有效的振兴执行机制至关重要。不论什么样精准设置的政策措施，最终都需要落地执行才能见成效，而在振兴措施执行的实践中，又需要多种主体的参与，因而这就涉及多种执行主体的行动协同问题。多主体的行动协同既是保证各项政策措施顺利实施的机制，也是避免矛盾冲突、提高政策执行效率和效力的重要途径。

构建有效的协同机制，首先要坚持党委政府领导下的多元协同原则。党委政府的领导是中国特色乡村振兴和"三农"发展道路的重要方面[②]。无论是脱贫攻坚还是乡村振兴，都离不开党委政府的核心力量和主导作用。通过党委政府的正确引导和协调，可以促进社会多方力量参与共建共治，协同行动。

协同推进乡村振兴还包含层级协同，从顶层设计到基层实践，需要相互协同的工作机制。一方面，顶层要在准确掌握基层实际情况和具体需求基础上，对振兴的方案和措施做科学合理且精准的设计；另一方面，基层要在具体振兴实践中，准确领会顶层设计的精神、原则，以及核心重点，精准发力，高效实施。

此外，横向协同在协同振兴中也有重要作用。乡村振兴战略目标的实现，必须有全社会多方力量的支持和广泛参与。要将参与和介入乡村振兴的各种力量统合起来，形成强大的振兴合力，就要建立有效的横向协同机制。在精准扶贫实施过程中，有诸如对口支援、结对帮扶、定点扶持、消费扶贫等社

---

① 中华人民共和国乡村振兴促进法（全文）．（2022－05－25）[2023－10－10]．http://hnxtyt.gov.cn/17407/17408/17425/20561/content_1028199.html.

② 陈锡文，韩俊．中国特色"三农"发展道路研究．北京：清华大学出版社，2014：32.

会扶贫机制，这些就是有效的横向协同机制，可以将社会扶贫力量协调整合为扶贫脱贫合力。在乡村振兴的推进过程中，可借鉴已有经验，发挥横向协同机制的积极功能。

（三）融合发展之路

在新发展格局中，实现乡村振兴需要走融合发展之路。要想实现乡村产业兴旺的目标，在推进并深化供给侧结构性改革的过程中，在促进农业高质量发展的同时，必须不断提升农业产业化水平。农业产业化并非单纯的农业现代化，而是乡村产业的融合发展，也就是第一、第二、第三产业的融合，即发挥农业的综合功能，推动乡村第二、第三产业以及新业态的发展。从浙江省乡村相对发达地区的发展经验来看，"乡村业态丰富"和"多元产业发展"的历史和实践[①]，对促进乡村产业发展起到了重要的作用。

新时代乡村振兴的推进离不开现代化、城镇化的大背景，因此，融合发展之路也包括城乡融合发展的要素。构建乡村振兴与脱贫攻坚的精准衔接机制，需要在城乡统筹、城乡联动和城乡融合的大框架下进行，通过要素、资源、体制的再调整和再整合，充分发挥融合发展的效率，促进乡村社会的新发展。

在推进乡村振兴的过程中，还要面对区域发展不均衡的客观现实。区域发展不均衡不仅指不同区域间特别是东西部之间的发展不均衡，也包括区域内的发展不均衡。为应对和解决区域发展不均衡问题，乡村振兴的融合发展之路还须加强区域的融合发展。促进区域融合发展，需要在区域间和区域内建立起互补、合作、支持和均衡机制。区域融合发展机制既要在宏观层面发挥统筹、协调和引导的作用，也要在微观层面探索相互合作、相互支持、互补互助的实践方法。此外，为有效实现区域发展的均衡，还需要在发展战略上推进区域融合发展的制度创新，以实现区域长期的均衡发展。

五、小结

乡村振兴是一项新的伟大事业，也是新时代"三农"工作领域重要的改

---

① 付伟.城乡融合进程中的乡村产业：历史、实践与思考.北京：社会科学文献出版社，2021：234.

革创新。对此，我们需要开展广泛的研究和探索，不断积累知识，增进对其的科学认知，以提升具体振兴实践的合理性和有效性。

关于乡村振兴与脱贫攻坚的精准衔接机制问题的探讨，是从社会学视角进行的一种理想化、理念化的思考和想象。对乡村振兴这一国家重大发展战略的社会学研究，不宜仅局限于经验主义的实证研究，而可以充分发挥社会学的想象力，就其中的重大理论和实践问题展开丰富的构想与理论探索，这也是中国社会学理论自觉和话语体系构建可选择的一条进路。

当然，精准衔接这一乡村振兴的有效实现机制亦非毫无现实基础的"空中楼阁"或凭空想象，而是基于中国精准扶贫战略取得全面胜利的既有事实提出的。脱贫攻坚正是通过精准扶贫脱贫机制的构建，实现了农村区域性整体脱贫，创造了人类减贫史的伟大奇迹。站在新的历史起点，前瞻乡村振兴的远景目标，可以想见，构建乡村振兴与脱贫攻坚的精准衔接机制，对于实现战略目标既是必要的，也是重要的，历史经验表明也是可能和可行的。

精准衔接机制虽追求精准原则、精准方法，但并不意味着推进乡村振兴只有唯一的、理想化的具体路径。倡导构建乡村振兴与脱贫攻坚的精准衔接机制，基本宗旨在于强调：在推进乡村振兴的具体实践中，首先要全面准确地把握乡村亦即振兴对象的实际情况和实际需要，准确地理解乡村社会的基本性质与乡村振兴的本质意义；其次要正确合理地把握乡村传统传承与现代振兴发展之间的均衡，避免将乡村振兴与现代化误解为城镇化；最后要精准地把握不同乡村的振兴重点，因乡施策，因村施策，精确而有效地执行和落实振兴政策。

如今，促进乡村振兴已经有法可依，法律为实现乡村振兴的战略目标开辟了一条法治路径，提供了一种法治框架。中国乡村仍是丰富多彩的多样性社会，乡村振兴要走中国式农村现代化道路。振兴乡村的路径不会只有一条，而是多样的，维续并保护社会文化系统的多样性本身正是乡村振兴的价值所在。诚然，在现代化建设向纵深发展的大背景下，乡村振兴也要顺势而为，把握产业融合发展的大方向，着力推动农业与第二、第三产业的融合发展；把"小城镇"发展作为"大问题"来看待，在城乡融合发展上"大作文章"，有效地促进乡村更加充分发展与城乡均衡发展。

第十五章　新时代的中国乡村振兴之路

中国乡村社会变迁与发展进入一个新时代，乡村面临着是继续衰落还是重新振兴的巨大挑战。乡村振兴战略的提出，表明中国在发展战略上的选择是重新振兴乡村。为顺利推进和实施乡村振兴战略，可能还需要在乡村振兴的必要性及可行性方面凝聚更多的共识。当越来越多的人真正理解了为何要振兴乡村以及为何乡村振兴是可行的时，支持和参与乡村振兴的社会力量也就会越来越广泛。本章将主要结合笔者已有的对乡村社会的调查研究经验，探讨和阐述乡村振兴的现实条件、乡村振兴与城镇化的关系、乡村振兴的路径选择和乡村振兴的大方向等四个问题。

一、空心化抑或新常态

在乡村开展观察和调查活动时，我们常会听到乡村基层干部和民众提出这样一些问题："乡村能振兴吗？""村里都没什么人了，还怎么振兴？"解读基层社会的这一话语体系，不难发现推进和实施乡村振兴所面临的现实困境。那么，乡村振兴是在什么样的现实基础上推进的呢？如何看待当前乡村社会发展的现实状况呢？

对当前中国乡村社会现实的理解，有不同的理论视角，笔者曾尝试用"后乡土中国"来概括当下乡村社会的基本性质，意指费孝通所概括的乡土社会在经历土地革命、社会主义改造、农村改革和市场转型等几次关键性历史变迁之后，已经迈入"后乡土社会"。如今的中国乡村既保留了村落共同体、熟悉社会和小农经营等部分乡土性特征，也伴随着"大流动"时代的到来而形成了"后乡土性"特征。① 后乡土中国的视角所强调的就是乡村社会流动这一兼具结构性和过程性的社会事实，由此抓住当前乡村社会的一个突出特征，亦即乡村流动带来的变化和挑战。

也有学者从"城乡中国"的视角来看乡村社会的性质，认为中国已经"从以农为本、以土为生、以村而治、根植于土的'乡土中国'，进入乡土变故土、告别过密化农业、乡村变故乡、城乡互动的'城乡中国'"②。城乡中国的理论概括突出了中国社会转型过程中乡村社会主体和产业结构所发生的巨大变迁，以及城乡关系的变化，强调要从城市与乡村所构成的社会新格局的角度来认识和理解当前乡村社会的现实。

无论是从后乡土中国还是从城乡中国的视角，都可看到乡土中国的转型和变迁。从社会学的角度来看，变迁的乡村目前最为突出的形态和特征就是流动，在这个意义上，也就出现了"流动的乡村"。乡村社会的流动不仅是人口与劳动力的向外流动（migration），也包括职业的流动与分化（mobility），类似于刘守英等所说的"农二代引发代际革命"。

在某种意义上，乡村人口与劳动力的流动可以说是乡村变迁的一个最为明显的表征。每年春节之后，村庄里多数的青壮年劳动力要向城镇流动，由此构成了全国规模 2.9 亿左右的"农民工"群体或流动人口。随着乡村劳动力外流，平时留守在村庄里的主要是老人、妇女和儿童。如今，随着举家流动的现象增多，越来越多的妇女和儿童也在跟随一起流动，这样，村庄里的留守人群则变成主要是老年人群体，一年中的大多数时间里，很多村庄看上去空荡荡的，显得非常寂静和萧条。或许，正是基于这样的现实景象，学界流行的观点是将乡村人口大量外流的事实概括为乡村空心化③，田毅鹏则将这一现状概括为乡村社会的"过疏化"④。在笔者看来，乡村空心化的概括并不十分准确，因为空心化意味着衰竭和终结之趋势，就如同老树空心之后，将面临慢慢死亡的结局。目前乡村社会确实普遍存在着青壮年劳动力外出打

　① 陆益龙. 后乡土中国. 北京：商务印书馆，2017：1—15.

　② 刘守英，王一鸽. 从乡土中国到城乡中国：中国转型的乡村变迁视角. 管理世界，2018，34
（10）.

　③ 刘彦随，刘玉，翟荣新. 中国农村空心化的地理学研究与整治实践. 地理学报，2009，64
（10）.

　④ 田毅鹏. 乡村"过疏化"背景下城乡一体化的两难. 浙江学刊，2011（5）.

工和营生现象，而且人口向外净流出的趋势较为明显。但是，无论是从抽样调查的事实来看，还是从理论上看，中国的村庄、中国的乡村在相当长的时期内是不会走向终结的[①]。将乡村社会流动的现状视为空心化，显示出对乡村发展和乡村未来过于悲观。有意突出空心化也可能造成唱衰乡村的传播效果，甚至可能误导政策决策。

诚然，乡村社会流动不论是人口外流还是职业流动，所产生的社会影响都是巨大的。对乡村流动所带来的社会影响，不宜片面地理解为是乡村空心化或乡村走向终结的表征，而需要辩证和理性地加以分析和认识。对乡村人口外流所带来的社会结果，或许可以从乡村"空巢社会"来临的角度加以中性地理解[②]。

就社会学意义而言，乡村"空巢社会"的出现并非指乡村已经"空"了或"空心"了，而是显现出乡村在现代转型与变迁过程中的一种新的形态，在这个意义上可以将其视为乡村社会的"新常态"。就如同"空巢家庭"是家庭结构变迁的一种形态一样，乡村"空巢社会"就是乡村年轻人或青壮年劳动力从农业和农村分离出来之后——本质上是生计或职业与家庭生活相分离之后——形成的一种社会结构状态。以往，乡村居民的生计和职业是嵌入社会生活和家庭生活之中的，而如今他们为了营生，则需要背井离乡。

作为一种"新常态"，乡村"空巢社会"的形态如图15-1所示，在时间、空间和结构等三个重要维度都具有二元化的特征。在时间上，乡村社会主体的生活周期分为团聚周期与流动周期，在重要节假日、特殊日子和农忙时间里，外出的人们会重回乡村团聚，而在一年大部分时间里甚至长年处于流动在外的状态。在空间上，乡村居民的生活空间实际上有两个，一个是家庭所在的乡村家居空间，另一个则是在城镇打工生活的城镇栖居空间。有较多乡村居民在村里盖起了非常气派的楼房，而在外出打工期间为了少付房租，只能蜗居在城镇狭小的空间里。在结构方面，乡村社会成员实际上已分化成两个群体——留守人群和流动人群，而且两个群体的分化是动态的而非固定的，当家庭成员进入适宜流动阶段并选择流动之后，他们也就进入了乡村

---

① 陆益龙. 村庄会终结吗？：城镇化与中国村庄的现状及未来. 学习与探索，2013（10）.

② 陆益龙. 农村劳动力流动及其社会影响：来自皖东T村的经验. 中国人民大学学报，2015，29（1）.

"流动大军"的群体之中，与此同时也总会有人选择留守在村里。正是这些留守人群，支撑起了乡村社会常规的运转。乡村尽管在平常时间里显得空落、凋敝，但实际上仍然处于持续的运行状态，只不过乡村大多像"空巢家庭"那样，显得有点"老态龙钟"而已。

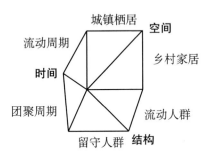

图 15 - 1　乡村"空巢社会"二元形态示意图

乡村社会流动成为乡村社会的新常态，是由新时代的大背景、大趋势所决定的，现代化、市场化社会的一个基本特征就是高流动性。因此，考量"三农"问题的解决路径或乡村振兴之路，都需要把这一客观现实作为一个重要前提。我们或许在局部可以减少乡村流动，但流动的大趋势则是不可逆的。

尽管乡村劳动力与人口流动以及职业的分化在较大程度上削弱了乡村内部发展动能，但同时我们也要看到乡村社会流动给乡村居民创造了更多的市场机会，乡村居民通过"闯市场"机制[①]，获得了经济收入水平和生活水平的大幅提高。倪志伟通过实证研究也发现，改革开放后随着"市场社会"的兴起，农民明显从市场中获得了更多的收入增长的机会[②]。所以，乡村社会流动之于乡村振兴而言，既是一种现实基础，也是一种路径选择。向外流动与乡村振兴并非绝对对立的。从现实经验中，我们也能发现，大量村庄虽然平时并没有多少人，但一幢幢楼房则不断地建立起来。较多村民盖起楼房，正是依靠外出打工或经营所挣得的收入。从这个角度看，乡村劳动力和人口的外流之于乡村振兴既是一种挑战，同时也创造了一些机会。

----

① 陆益龙. 关系网络与农户劳动力的非农化转移：基于 2006 年中国综合社会调查的实证分析. 中国人民大学学报，2011，25（1）.

② NEE V. The emergency of a market society：changing mechanisms of stratification in China. American journal of sociology，1996，101：908 - 949.

二、城镇化还是乡村振兴

在乡村振兴的路径选择上，人们面临着如何看待和处理城镇化与乡村振兴的关系问题。由于加快推进城镇化也是一项宏观战略，因而一些经济学者和地理学者有一种观点就是质疑乡村振兴的必要性，认为通过城镇化来实现城乡一体化，也就没有必要专门实施乡村振兴的战略了。按照西方经济学效率优先的思维逻辑，随着大量乡村劳动力向城镇非农业转移，居住生活在乡村的人口越来越少，乡村出现了所谓的空心化，如果再向乡村基础设施和公共服务增加投入，那么公共物品的供给效率将会很低。与其增加对乡村振兴的投入，还不如大力发展城镇化。例如，一些乡村小学就读学生非常少，那就不如拆除向城镇合并。此类观点，看似是合理的逻辑推论，实际上遮蔽了很多推论的前提。

首先，一个国家、一个社会的发展，并非仅仅是经济的发展，而需要经济与社会、历史、文化和政治协调发展。虽然经济发展具有基础性的作用，但经济发展的本质是为更广大的人群带来更多的福利。其次，虽然效率原则在经济领域很重要，但其并非适用于所有领域。特别是在公益领域、公共服务领域，公平、正义的原则需要得到充分的体现。虽然留守在乡村社会的人口并不多，但这并不能成为其不享受公共物品供给和公共福利的正当理由。相反，正是由于乡村社会在现代化和城镇化进程中已处于发展弱势的地位，因而其更需要获得公共资源的支持和赋能。在某种意义上，随着城镇化步伐的加快，实施乡村振兴战略的必要性和重要性更加凸显出来，因为用更加长远的眼光看，进行乡村重建及保护性的社会文化建设，将有助于规避吉登斯所说的城镇化带来的"现代性意外后果"[①]。此外，实施乡村振兴与推进城镇化并不是一个问题的两个对立面，而是新型发展的"两条腿"，两者具有互补和相互促进的作用。传统的牺牲乡村来发展城镇化的模式或是不要城镇化的发展模式，都是不健全、不均衡的发展模式。在新时代的城镇化大背景下，注重乡村振兴战略的实施，是实现均衡、协调发展的必要选择。尤其是对一

---

① 吉登斯.社会的构成.北京：生活·读书·新知三联书店，1998：423.

个人口大国而言，乡村振兴与发展的意义更加重要。

　　对城镇化与乡村振兴关系的认识也会影响到乡村振兴战略实施的具体实践。如果将乡村振兴的目标看作仅仅是实现乡村城镇化，或是把乡村振兴视为城镇化的组成部分，也就是把乡村建设和发展成城镇，那么，这样的乡村振兴行动实际上是在加速乡村的终结，是将乡村改造成城镇而不是让乡村社会恢复自身的发展生机。

　　目前，无论是在观念上还是在具体实践中，按照城镇化的逻辑来推进乡村振兴都相对较为流行，甚至成为主流。然而很显然，实施乡村振兴战略所要振兴和发展的是当下的乡村社会，而不是旨在将乡村变为城镇。犹如吴重庆等所概括的那样："主流发展理念和发展模式具有浓厚的城市中心主义色彩，乡村振兴必须重建乡村的主体性。"[①] 如果乡村失去了主体性，即不再是整个社会的有机组成部分，社会变成由城镇构成的单一化结构，也就不会存在乡村的振兴了。

　　或许，人们会问：为何乡村振兴就不宜把乡村变为城镇呢？对这个问题需要从战略的视角来加以理解。尽管城镇化是现代社会发展的不可逆的大趋势，城镇正以其在资源配置效率、市场效率和公共物品供给效率等方面的优势，快速地发展，而且迅猛发展的城镇也在削弱乡村发展动能甚至吞噬着大量的乡村。城镇快速发展是大势所趋，其带来的后果也是不可逆的，因而，用战略眼光看，在我们无法预知乡村全部消失后社会将会怎么样的前提下，就需要有保护性的发展。就像生态学中的生物多样性保护理论一样，当一个物种难以适应大环境变化带来的挑战时，人类需要采取一些干预性保护策略。

　　乡村社会、小农经营在当前全球化、市场化和现代化的大环境中确实显示出效率上的劣势状态，但这并不意味着乡村社会已失去价值。推进乡村振兴就是要从战略的高度来看待乡村的潜在价值，在城镇化的大潮中找到乡村生存与发展之道。

　　对乡村振兴的价值及战略意义的认识，关键在于跳出城市中心主义及现

---

　　① 吴重庆，张会鹏. 以农民组织化重建乡村主体性：新时代乡村振兴的基础. 中国农业大学学报（社会科学版），2018，35（3）.

代性的陷阱，发现乡村社会在经济、效率之外的价值，也就是孙庆忠所说的"重新认识乡村社会生态系统和自然系统的价值"，所谓社会生态系统的价值，实际上就是乡村社会所具有的人类社会与文化历史方面的价值。乡村社会是一个历史的连续统，乡村走向终结，就如同历史连续统的中断。而"如果一个村庄、一个民族、一个国家把历史忘却了，也就意味着没有可以期待的未来了"[①]。

目前，按照城市中心主义理念来推进乡村振兴的具体实践主要表现为：随意地拆村并村、颠覆性的土地整治、以扶贫为理由的易地搬迁、"新社区"建设即"赶农民上楼"等。这些措施可能被冠以"乡村振兴"之名，而实质则是在人为加快乡村社会的终结和"家园"及"乡愁"的消失，从而导致乡村社会进一步受到"损蚀"[②]，让乡村成为彻底"回不去"的地方。乡村振兴战略的一个核心价值就在于追求并努力实现社会的公平正义，弥补乡村不均衡不充分发展的缺失。乡村振兴需要在城乡融合发展的大格局下推进，但不是按照城镇化模式来"改造"或是"消灭"乡村。

当然，推进乡村振兴战略的过程，并不排斥发展小城镇，因为乡村与农村之区别就在于乡村社会本身就包含着小城镇，因而促进小城镇的发展，发挥小城镇在乡村振兴中的积极功能有着重要的意义。正如费孝通所指出的那样，"小城镇，大问题"[③]。也就是说，在乡村振兴与发展的进程中，小城镇的发展问题可能是一个大问题。同样，促进小城镇发展为振兴乡村做贡献，并不等同于推进农村的城镇化，而是要加强小城镇建设在乡村重建和发展中的综合性功能，增强乡村社会的凝聚力和内在发展动能。

合理地推进和实施乡村振兴战略，让乡村社会在新时代获得新的发展，需要正确地处理与现代化、城镇化战略的衔接问题，既要顺应现代化、城镇化发展之大势，同时又要从长远战略角度来维持乡村社会多样性发展以及乡村社会和文化历史的延续，既要充分发挥城镇化的反哺作用，又要防止乡村社会被改造、被同化为单一性的城镇。

---

① 孙庆忠. 田野工作与促进生命变革的乡村研究. 中国农业大学学报（社会科学版），2018，35（3）.

② 费孝通. 乡土重建. 长沙：岳麓书社，2012：54—65.

③ 费孝通. 志在富民：从沿海到边区的考察. 上海：上海人民出版社，2007：27.

三、理想化还是多样化的道路

在对乡村振兴之路的探讨中，还有一个问题尤为值得辨析，那就是通往乡村振兴目标之路，有没有一种可以效仿的模式或一条理想化的捷径。如果有，那么这种理想化的道路是什么样的？如果没有，那么研究乡村振兴问题的意义何在？

关于乡村振兴的路径选择问题，实质上仍是乡村发展道路问题。在此问题上，经济社会学和经济人类学领域一直存有两种观点之争：一是形式主义的观点，二是实体主义的观点。像亚当·斯密和马克思的"经典模式"，强调乡村发展遵循着市场经济的发展规律，通过大力发展商品经济，即可达到乡村社会的整体发展。[①] 形式主义的发展观并不强调乡村发展的特殊性和差异性，而是把乡村社会置于一般社会之中来加以认识，用社会发展的一般原理来解释乡村社会发展问题。

雷德菲尔德则是"实体主义"的典型代表，其观点强调乡村社会具有自身的独特性。乡村社会的"小社区"或"小传统"本身就是一个相对完整的社会系统[②]，因而乡村发展也会遵循自身的法则，而不一定遵循普遍性的规律。

针对乡村发展道路问题的"形式主义"与"实体主义"观点之争，黄宗智提出了一种"中间道路"的观点，认为中国农村在 20 世纪 80 年代后，通过扩大自主权和市场机制，实现了乡村工业化，这一农村发展经验"代表了一种新的农村现代化的道路"[③]。然而，乡村工业化的发展经验只是局部的，主要在东南沿海地区出现，而并未在农村地区普遍兴起。这种"工业下乡"的发展模式，需要具备一些先决条件，如周边城市的工业转移、农村承接工业生产的基础以及便利的市场环境。虽然乡村工业化的发展路径解决了农村

---

① 黄宗智. 长江三角洲小农家庭与乡村发展. 北京：中华书局，1992.

② REDFIELD R. The little community and peasant society and culture. Chicago：The University of Chicago Press，1973：7.

③ 黄宗智. 中国农村的过密化与现代化：规范认识危机及出路. 上海：上海社会科学出版社，1992：168.

劳动力转移问题和人口向城市聚集问题，亦即通过"离土不离乡"的方式实现了乡村工业化和收入水平的增长，但随着产业的转型升级以及生态环境保护压力的增加，乡村工业化的发展道路也将受到更多约束条件的制约。虽然乡村振兴包括产业的振兴，但乡村产业发展并不意味着都要实现工业化，而且并不是所有乡村都具备工业化的条件。

目前，乡村振兴的路径选择问题已成为一个热点问题，有较多不同的观点。韩俊提出，乡村振兴要抓八个关键问题，如绿色发展、农业生态治理、生态保护和修复、生态补偿机制、人居环境整治、乡村精神文明建设以及乡村治理和善治等①。叶敬忠则提出乡村振兴的"五不"原则，认为乡村振兴不是"去小农化"、不宜让乡村过度产业化、不要盲目地推进土地流转、不能消灭农民生活方式的差异化、不可轻视基层的"三农"工作②。而赵旭东认为，乡村振兴关键是要重建一种循环社会体系，即让乡村复振起来，最终要把乡村建设成热爱家乡的人能够回得去的乡村③。

不论是关于乡村发展道路问题，还是关于中国的乡村振兴之路，都有不同的见解和不同的主张，这表明如何发展乡村、如何振兴乡村的问题是开放的、复杂的问题。各种不同的观点和主张，是在丰富对这一问题的认识，提供多种可能的选择。因此，在这个意义上，并不存在理想化的、唯一的乡村振兴之路。

然而，在乡村发展或乡村振兴的理论研究及实践中，往往会出现一种寻求理想化发展模式和最优化路径的幻想：试图找到一种最优的模式或捷径，通过复制推广即可实现乡村普遍的振兴。

对理想化、最优化的乡村振兴之路的幻想实际上是科学主义、主观主义方法论的产物，因为在科学主义看来，通过科学地、人为地规划、计划和设计，即可构建起一条最优化的路径。事实上，乡村社会发展与乡村振兴是一个系统的、动态的过程，虽然一些规划设计对指导某些具体实践有一定作用，

---

① 韩俊.关于实施乡村振兴战略的八个关键性问题.中国党政干部论坛，2018（4）.
② 叶敬忠.乡村振兴战略：历史沿循、总体布局与路径省思.华南师范大学学报（社会科学版），2018（2）.
③ 赵旭东.乡村何以振兴?：自然与文化对立与交互作用的维度.中国农业大学学报（社会科学版），2018，35（3）.

但其并不能涵盖所有的发展与振兴之道。如果用单一的发展模式来统领所有的发展实践，那么极易在具体实践中产生巨大的偏差，甚至出现与基本目标的完全背离。

之所以说寻求乡村振兴理想化的唯一路径是一种幻想，还因为中国乡村社会有着巨大的差异性，试图用一种模式来复制乡村振兴，或是让不同的乡村走一条设计好的"理想大道"，这些努力其实是乌托邦式的想象，结果可能非但达不到振兴之目标，反而造成"瞎指挥"的意外后果。从历史的角度看，此类教训可以说很深刻。例如，"大跃进"运动的兴起，就是幻想着通过"一大二公"的模式来实现农业、农村跨越式的发展，而最终却导致了严重的危机。

既然没有所谓理想化、最优化的模式和唯一路径可寻，那么研究乡村振兴的路径选择问题又有何意义呢？虽然对乡村振兴路径选择问题的研究难以发现和寻求到理想化的唯一路径，但研究的重要意义可能在于从基层变革实践中发现振兴乡村的一些必要条件，揭示各种不同振兴实践和振兴过程的具体机制，由此而倡导乡村振兴实践的多种可能性的理念。

乡村振兴之所以有多种可能，是因为处于现代性困境中的乡村所面对的问题各式各样，解决这些问题可能需要具体问题具体对待，而不能指望有放之四海而皆准的标准化路径。所以，笔者认为："对中国农村发展道路问题的探讨，需要跳出二选一或三选一的认识范式，同时也需要走出乌托邦式的理想化的困境。"① 在推进和实施乡村振兴战略的过程中，尤其要警惕模式的复制和不切实际的路径设计。

差异性是认识乡村社会发展的一个重要视角。农民、农户、村庄、集镇是乡村社会的主体构成，在乡村社会的广阔天地间，每个农民、每个农户、每个村庄和每个集镇既具有自己的独立性，彼此之间的差异性也十分明显。乡村的差异性不仅源自自然生态环境的差异，而且包括社会文化历史乃至个体性的差异。要让差异性极大的乡村社会全面振兴起来，用一种模式、走一条道路显然是行不通的，而只能因地制宜，发挥地方性社会的主体能动性和创造性，摸索和探索出与本地实际相适应的乡村振兴之路。

---

① 陆益龙.制度、市场与中国农村发展.北京：中国人民大学出版社，2013：328.

虽然因地制宜的原则在有关"三农"政策中一直被强调，然而具体的政策实践常常会受到理想主义的一元化思维逻辑的支配，亦即通过强制推行统一的发展模式来达到某种共同目标。如果按照一种模式来振兴乡村，那么最终的结果可能并不是乡村社会的振兴，而是乡村社会的消失，因为所有乡村可能都被"格式化"为单一的城市社会。

当然，乡村社会的发展和振兴需要与时俱进，乡村社会也要推进现代化，但乡村社会现代化并不只有城镇化这一条路径。如果从人类社会文化生态系统的战略眼光看，乡村社会现代化必须规避单一的城镇化路径和结局，想方设法维持社会文化系统的多样性。或许，在未来的发展中，我们可能并不稀罕发达的城市社会，但可能会因为看不到像样的乡村社会而感到无比遗憾。基于此，振兴乡村必须坚持多样性的原则，走多样化的发展道路，真正让各地乡村恢复、重建和维续其各具特色的社会文化系统，尽最大可能保护和保留乡村社会的差异性和多样性。

在城市中心主义和现代性发展指标的话语霸权下，多样性原则与乡村振兴道路多样化的声音可能是微弱的，因为越来越多的人受到数字化指标和"活在当下"的现代性价值的控制，那种"前人栽树，后人乘凉"的心性已淡漠。传承历史、保留特色、重建乡土的选择由于并不契合注重眼前的效率原则，因此在实践中越来越被轻视甚至抛弃。乡村振兴要走多样化的道路，就要对这样的现实进行反思和提出挑战，为子孙后代的发展留点余地。

四、产业融合：乡村振兴的大方向

探寻乡村振兴之路，强调坚持多样性、差异性原则的重要性，并不意味着要排斥对乡村振兴共性之处的认识。就乡村振兴的具体实践和路径选择问题而言，研究可能是一个探索性过程，一时并不可能总结出一般性的规律，更不可能提供所谓最优化的路径。然而，我们可以结合历史经验和社会转型的大势，对乡村振兴的大方向做出一种判断。实施乡村振兴的路径可以有多样的选择，但在探索振兴道路过程中，需要与时代特征和大方向保持一致。在新时代，乡村振兴整体上可以沿着产业融合的大方向往前推进。

所谓乡村产业融合，经济学界的界定是："通过产业联动、要素集聚、技术渗透、体制创新等方式，对资本、技术以及资源要素进行跨界集约化配置"，以实现农业产业链延伸、产业范围扩展和农民增收①。从历史角度来看，传统乡村社会中的产业实际上是融合在一起的，手工业与农业是相辅相成、相互融合的，犹如波兰尼所说的经济活动嵌入社会之中，而不存在大转型带来的经济"脱嵌"问题②。当前乡村劳动力流出乡村，根本原因就在于非农产业脱嵌于乡村，迫使乡村劳动力为了获得理想收入而不得不走出乡村，到外面"闯市场"。

新时代的乡村振兴，既背负恢复和重建的任务，也面临变革与创新的重任。在经济转型和社会现代化的大背景下，乡村要适应新形势的发展需要，就必须进行变革，其中产业结构的调整和改革是基础和关键。乡村社会如果仅仅依靠单一化的农业，那么将难以适应现代社会的发展需要。

尽管农业发展面临诸多挑战，但农业仍将是乡村振兴的基础和中心，乡村产业融合发展需要在农业发展方面进行变革，也就是要推进中国特色的农业现代化。乡村社会的农业发展需要现代化，但农业现代化并不是只有一种路径和方式，而是可以因地制宜地推进。如叶敬忠等强调，在"大国小农"的国情下，农业现代化的过程要注重小农户与现代农业发展的"人格衔接、组织衔接和关系衔接"，要注重小农户与小农的差异性，发掘小农自身所蕴藏的丰富的自然社会关系③。也有研究基于四川省的经验而提出，乡村产业融合可优先考虑集体资源开发型的发展模式，因为这一开发模式具有资源内生驱动与自主发展的优越性，以及可持续性强、长期效果好等优势④。

诚然，农业现代化的意义不仅是业态的现代模式，还在于解决千千万万个小农户的增收问题。要实现农民增收以满足对美好生活需要的目标，乡村农业的现代转型就要走融合发展之路，小农户必须找到与市场衔接的路子，

---

① 夏荣静. 推进农村产业融合发展的探讨综述. 经济研究参考，2016（30）.
② 波兰尼. 巨变：当代政治与经济的起源. 黄树民，译. 北京：社会科学文献出版社，2013：129.
③ 叶敬忠，豆书龙，张明皓. 小农户和现代农业发展：如何有机衔接？. 中国农村经济，2018（11）.
④ 史敦友，段龙龙. 供给侧改革视域下农村产业融合发展模式比较研究：以四川省为例. 农业经济，2019（1）.

并在市场中争取到更高的经济效益。在这个意义上，乡村产业融合实际上也就是农户与市场的融合。

乡村社会要提高农业的经济效益，促进农户增收，一个重要的变革方向就是在农产品加工方面发掘潜力，此外，要将农业、农产品加工业和商业服务业有机结合起来。虽然乡村工业发展之于富民而言很重要，但乡村全面工业化不仅不现实，带来的潜在环境风险也非常巨大。对多数乡村来说，发展第二产业需要与农业紧密结合，在农产品深加工和提升农产品附加值上多做文章。这样不仅能促进乡村农业有创新发展，而且有助于解决乡村劳动力的就业和收入增长问题。

提高乡村社会农业的经济效益的另一个重要方向就是实现第一产业与第三产业的融合，亦即小农户与大市场的对接。以往的小农户只要关注和负责自家的农业生产即可，然而在市场化的社会里，小农户需要根据市场变革自己的生产经营方式，要让农业资源在市场中获得更多的收入机会，这就需要将农业与乡村第三产业的发展有机融合起来。目前，一些乡村发展起了观光农业、旅游农业、休闲农业、特色农业等，正是发挥农业的综合功能，通过将农业及乡村社会文化资源化，进一步拓展旅游服务业等第三产业的发展，有效地解决农民就地转移就业和农民增收问题。

乡村产业融合发展是实现乡村振兴的一个大方向，也可以说是理想型目标。现实情况可能与理想目标还有较大距离，如何弥补上这个差距正是乡村产业振兴所面临的困境。而要走出这一结构性的困境，也不是一蹴而就的事，可能需要一个探索、变革和适应的渐进过程。在这个过程中，仅依靠某一种机制和力量难以助推乡村产业的融合。如市场机制可能有助于解决乡村产业发展的资源配置效率问题，但并不能解决乡村社会中一些小农户与市场衔接及其发展的问题，政府的投入通常是有选择的而非全面的，因而对乡村产业融合发展的作用不是全能的而是有限的，那么，对农户和乡村社区而言，在面对现代性的困境问题时，自身的能动性也会受到较大限制，因而也难以完全依靠自主的和内生的动能来实现产业融合发展。面对这一困局，人们往往会期望有一个理想模式供大家效仿，其实简单地模仿和复制模式经验并不一定可取，可靠的方法还是因地制宜，发现传统，创造特色，动员和运用自身的自然、生态、历史、文化资源，并将农业生产资源化，通过政府打造的平台和提供的基础设施，充分发挥市场的配置和联动机制，把乡村社会中的产业与大市场有机衔接起来，实现乡村产业的振兴。

五、余论

新时代的乡村振兴是一项国家战略，那么在乡村振兴的路径选择问题上，可能就存在着国家意志与农民主体性的关系、顶层设计与基层实践的关系等问题。关于乡村振兴中的农民主体性问题，不仅在理论和实践中，而且在体制和政策上都还没有清晰的界定，也一直没有得到很好解决[①]。尽管乡村振兴在方针政策上强调要尊重农民的主体地位，充分调动广大农民群众的积极性、主动性和创造性，维护农民的根本利益，不断提升农民的获得感、幸福感和安全感。然而在基层实践中，就乡村居民期望什么样的乡村振兴，以及会选择什么样的振兴路径，似乎目前仍缺乏有效的机制来体现和调动农民的主体性，总体的环境和更多的实践好像是在形式化地执行一个笼统的战略原则。

如今的乡村社会，随着村庄里的劳动力的大量外流及人口的减少，乡村呈现出周期性的空落化景象。这种景象是否就意味着乡村空心化并走向终结？是否就意味着乡村居民向往的是城市并走向城市化？乡村振兴是不是就是要解决这些问题，以减缓或阻止这一进程？这些问题实际上涉及对乡村振兴战略意义的理解。推进新时代的乡村振兴，可能不只是关心村庄的未来，不只是关心农民的出路问题，更重要的是关心现代化背景下乡村社会的走向问题[②]。对村庄而言，对农民而言，只要不受不合理的管制，各自都会遵从理性选择的原则而得到相应的发展。然而对乡村社会而言，在大环境发生巨变的背景下，作为一种自然的、历史的以及社会文化的系统，其究竟向何处去则是一个大问题。

既然乡村振兴的路径选择所涉及的是社会系统调整和协调的大问题，那也就不仅仅是一些主体的选择问题，更不是个体的选择问题，而是系统的选

---

① 王春光. 关于乡村振兴中农民主体性问题的思考. 社会发展研究，2018，5（1）.
② 卢晖临. 村庄的未来：来自田野的观察和思考. 学海，2019（1）.

择问题。就像对生态系统的保护那样，不能只遵从自然选择的法则，而是需要引入人文主义的保护法则。在推进乡村振兴战略的过程中，顶层设计需要更多地体现出在将保护性原则与尊重主体性选择有机结合的基础上，尽可能地修复和重建乡村社会系统，促进乡村社会与现代化、城镇化更加协调地发展。在基层的振兴实践中，尤其需要正确地将乡村振兴与城镇化区分开来，不可按照城镇化的逻辑来改造乡村、改造农民，而是要在变革中探寻乡村和小农户与现代社会及市场进行有机衔接和互动的机制。由于乡村在自然、历史、文化和社会等多方面存在着较高独立性和差异性，因而各地的乡村振兴需要根据自身的条件，利用自身的独特资源，在实践中探索符合实际的道路。如果过于强调甚至强行推行统一的规划、唯一的模式，那么在实践中往往会出现一些与愿望相背离的现象。因此，在乡村振兴的路径选择上，坚持差异性和多样性原则也就格外重要。

主要参考文献

艾森斯塔特．反思现代性．北京：生活·读书·新知三联书店，2006．

奥斯特罗姆．公共事物的治理之道．余逊达，陈旭东，译．上海：上海三联书店，2000．

鲍曼．流动的现代性．欧阳景根，译．北京：中国人民大学出版社，2018．

本尼迪克（本尼迪克特）．文化模式．何锡章，黄欢，译．北京：华夏出版社，1987．

波兰尼．巨变：当代政治与经济的起源．黄树民，译．北京：社会科学文献出版社，2013．

波普诺．社会学（第十版）．李强，等译．北京：中国人民大学出版社，1999．

薄一波．若干重大决策与事件的回顾．北京：中共中央党校出版社，1993．

布迪厄，华康德．实践与反思：反思社会学导引．李猛，李康，译．北京：中央编译出版社，1998．

陈明，刘义强．交互式群治理：互联网时代农村治理模式研究．农业经济问题，2019（2）．

陈锡文．当前我国农村改革发展面临的几个重大问题．农业经济问题，2013，34（1）．

陈锡文．构建新型农业经营体系刻不容缓．求是，2013（22）．

陈锡文，韩俊．中国特色"三农"发展道路研究．北京：清华大学出版社，2014．

陈锡文．适应经济发展新常态 加快转变农业发展方式：学习贯彻习近平总书记在中央经济工作会议上的重要讲话精神．求是，2015（6）．

陈锡文．我国城镇化进程中的"三农"问题．国家行政学院学报，2012（6）．

陈锡文．中国特色农业现代化的几个主要问题．改革，2012（10）．

党国英．论乡村民主政治的发展：兼论中国乡村的民主政治改革．开放导报，2004（6）．

邓小平．邓小平文选：第2卷．北京：人民出版社，1994．

邓小平．邓小平文选：第3卷．北京：人民出版社，1993．

狄金华 . 被困的治理：河镇的复合治理与农户策略（1980—2009）. 北京：生活·读书·新知三联书店，2015.

杜润生 . 杜润生自述：中国农村体制变革重大决策纪实 . 北京：人民出版社，2005.

杜润生 . 中国农村改革发展论集 . 北京：中国言实出版社，2018.

杜赞奇 . 全球现代性的危机：亚洲传统和可持续的未来 . 黄彦杰，译，北京：商务印书馆，2017.

范德普勒格 . 新小农阶级：帝国和全球化时代为了自主性和可持续性的斗争 . 潘璐，叶敬忠，等译 . 北京：社会科学文献出版社，2013.

费孝通 . 从实求知录 . 北京：北京大学出版社，1998.

费孝通 . 江村经济：中国农民的生活 . 北京：商务印书馆，2001.

费孝通 . 乡土中国 生育制度 . 北京：北京大学出版社，1998.

费孝通 . 乡土中国 乡土重建 . 上海：上海世纪出版集团，2007.

费孝通 . 乡土重建 . 长沙：岳麓书社，2012.

费孝通 . 学术自述与反思 . 北京：生活·读书·新知三联书店，1996.

费孝通 . 志在富民：从沿海到边区的考察 . 上海：上海人民出版社，2007.

费孝通 . 中国文化的重建 . 上海：华东师范大学出版社，2014.

付伟 . 城乡融合进程中的乡村产业：历史、实践与思考 . 北京：社会科学文献出版社，2021.

高强 . 脱贫攻坚与乡村振兴的统筹衔接：形势任务与战略转型 . 中国人民大学学报，2020，34（6）.

顾朝林，曹根榕，顾江，等 . 中国面向高质量发展的基础设施空间布局研究 . 经济地理，2020，40（5）.

顾复 . 农村社会学 . 上海：上海商务印书馆，1924.

国家统计局农村社会经济调查司 . 历史的跨越：农村改革开放 30 年 . 北京：中国统计出版社，2008.

哈贝马斯 . 交往与社会进化 . 重庆：重庆出版社，1989.

韩俊 . 关于实施乡村振兴战略的八个关键性问题 . 中国党政干部论坛，2018（4）.

韩俊 . 统筹城乡发展，夯实农业农村发展基础 . 中国党政干部论坛，2010（11）.

韩俊 . 中国"三农"问题的症结与政策展望 . 中国农村经济，2013（1）.

贺雪峰 . 大国之基：中国乡村振兴诸问题 . 北京：东方出版社，2019.

亨廷顿 . 文明的冲突与世界秩序的重建（修订版）. 北京：新华出版社，2010.

洪大用 . 巨变时代的实践自觉：学思践悟集 . 北京：中国社会科学出版社，2020.

黄承伟. 中国特色减贫道路论纲. 求索, 2020 (4).

黄守宏. 乡镇企业是国民经济发展的推动力量. 经济研究, 1990 (5).

黄宗智. 长江三角洲小农家庭与乡村发展. 北京: 中华书局, 1992.

黄宗智. 华北的小农经济与社会变迁. 北京: 中华书局, 2000.

黄宗智. 中国农村的过密化与现代化: 规范认识危机及出路. 上海: 上海社会科学出版社, 1992.

黄祖辉, 宋文豪, 叶春辉, 等. 政府支持农民工返乡创业的县域经济增长效应: 基于返乡创业试点政策的考察. 中国农村经济, 2022 (1).

黄祖辉, 徐旭初, 蒋文华. 中国"三农"问题: 分析框架、现实研判和解决思路. 中国农村经济, 2009 (7).

黄祖辉. 准确把握中国乡村振兴战略. 中国农村经济, 2018 (4).

吉登斯. 社会的构成. 北京: 生活·读书·新知三联书店, 1998.

简新华, 黄锟. 中国农民工最新生存状况研究: 基于 765 名农民工调查数据的分析. 人口研究, 2007 (6).

姜长云, 等. 乡村振兴战略: 理论、政策和规划研究. 2 版. 北京: 中国财政经济出版社, 2020.

蒋和平, 王德林. 中国农业现代化发展水平的定量综合评价. 农业现代化研究, 2006 (2).

蒋和平. 中国特色农业现代化应走什么道路. 经济学家, 2009 (10).

柯鲁克, 柯鲁克. 十里店 (二): 中国一个村庄的群众运动. 安强, 高建, 译. 上海: 上海人民出版社, 2007.

科斯, 阿尔钦, 诺斯, 等. 财产权利与制度变迁. 刘守英, 等译. 上海: 上海三联书店, 上海人民出版社, 1994.

孔祥智, 刘同山. 论我国农村基本经营制度: 历史, 挑战与选择. 政治经济学评论, 2013, 4 (4).

孔祥智. 新型农业经营主体的地位和顶层设计. 改革, 2014 (5).

雷洪. 中国目前的"盲流"现象探析: 矛盾、弊端与冲击、震荡. 社会主义研究, 1996 (6).

李培林. 另一只看不见的手: 社会结构转型. 中国社会科学, 1992 (5).

李强, 陈宇琳, 刘精明. 中国城镇化"推进模式"研究. 中国社会科学, 2012 (7).

李强, 张莹, 陈振华. 就地城镇化模式研究. 江苏行政学院学报, 2016 (1).

李强. 中国大陆城市农民工的职业流动. 社会学研究, 1999 (3).

李守经，邱泽奇．中国农村社会学十年：课题与观点．社会学研究，1989（6）．

李涛．中国乡村旅游投资发展过程及其主体特征演化．中国农村观察，2018（4）．

李友梅．当代中国社会治理转型的经验逻辑．中国社会科学，2018（11）．

李云才．小城镇新论．北京：气象出版社，1994．

李志龙．乡村振兴-乡村旅游系统耦合机制与协调发展研究：以湖南凤凰县为例．地理研究，2019，38（3）．

林坚．试论中国农村经济发展模式的研究．经济研究，1987（8）．

林聚任．村庄合并与农村社区化发展．人文杂志，2012（1）．

林毅夫．关于社会主义新农村建设的几点思考．中国国情国力，2006（4）．

林毅夫．六问中国经济奇迹可否再续?．领导文萃，2015（8）．

林毅夫，姚洋．中国奇迹：回顾与展望．北京：北京大学出版社，2006．

林毅夫．再论制度、技术与中国农业发展．北京：北京大学出版社，2000．

刘守英，王一鸽．从乡土中国到城乡中国：中国转型的乡村变迁视角．管理世界，2018，34（10）．

刘曙光．全球化与文化自觉．山西大学学报（哲学社会科学版），2002（5）．

刘涛，李继霞，霍静娟．中国农业高质量发展的时空格局与影响因素．干旱区资源与环境，2020，34（10）．

刘彦随，刘玉，翟荣新．中国农村空心化的地理学研究与整治实践．地理学报，2009，64（10）．

刘彦随．中国乡村振兴规划的基础理论与方法论．地理学报，2020，75（6）．

卢晖临．村庄的未来：来自田野的观察和思考．学海，2019（1）．

陆学艺．改革中的农村与农民：对大寨、刘庄、华西等13个村庄的实证研究．北京：中共中央党校出版社，1992．

陆学艺．"三农论"：当代中国农业、农村、农民研究．北京：社会科学文献出版社，2002．

陆学艺．"三农"新论：当前中国农业、农村、农民问题研究．北京：社会科学文献出版社，2005．

陆学艺．"三农"续论：当代中国农业、农村、农民问题研究．重庆：重庆出版社，2013．

陆学艺．中国农村现代化的道路．教学与研究，1995（5）．

陆学艺．中国"三农"问题的由来和发展．当代中国史研究，2004（3）．

陆益龙．村庄会终结吗?：城镇化与中国村庄的现状及未来．学习与探索，2013（10）．

陆益龙. 大寨与小岗：农村典型建构及意义的再认识. 南京农业大学学报（社会科学版），2014，14（5）.

陆益龙. 多样性：真正理想的农村发展道路. 人民论坛·学术前沿，2012（10）.

陆益龙. 关系网络与农户劳动力的非农化转移：基于 2006 年中国综合社会调查的实证分析. 中国人民大学学报，2011，25（1）.

陆益龙. 后乡土中国. 北京：商务印书馆，2017.

陆益龙. 后乡土中国的自力养老及其限度：皖东 T 村经验引发的思考. 南京农业大学学报（社会科学版），2017，17（1）.

陆益龙. 农村劳动力流动及其社会影响：来自皖东 T 村的经验. 中国人民大学学报，2015，29（1）.

陆益龙. 农民中国：后乡土社会与新农村建设研究. 北京：中国人民大学出版社，2010.

陆益龙. 嵌入性政治与村落经济的变迁：安徽小岗村调查. 上海：上海人民出版社，2007.

陆益龙. 社会主义新农村建设的背景、模式及误区：一种社会学的理解. 北京大学学报（哲学社会科学版），2007（5）.

陆益龙. 现代农业发展的困境与变革方向：河北定州的经验. 华南师范大学学报（社会科学版），2016（5）.

陆益龙. 乡村社会治理创新：现实基础、主要问题与实现路径. 中共中央党校学报，2015，19（5）.

陆益龙. 乡土重建：可能抑或怀旧情结. 学海，2016（3）.

陆益龙. 制度、市场与中国农村发展. 北京：中国人民大学出版社，2013.

陆益龙. 转型社会的农村各阶层分析：新农村建设的经验研究. 中国人民大学学报，2009，23（2）.

吕承超，崔悦. 乡村振兴发展：指标评价体系，地区差距与空间极化. 农业经济问题，2021（5）.

麻国庆. 走进他者的世界. 北京：学苑出版社，2001.

马林诺夫斯基. 文化论. 费孝通，等译. 北京：中国民间文艺出版社，1987.

马林诺夫斯基. 西太平洋上的航海者. 北京：商务印书馆，2017.

马斯洛. 动机与人格. 北京：华夏出版社，1987.

毛丹. 一个村落共同体的变迁：关于尖山下村的单位化的观察与阐释. 上海：学林出版社，2000.

梅燕，鹿雨慧，毛丹灵．典型发达国家数字乡村发展模式总结与比较分析．经济社会体制比较，2021（3）.

孟德拉斯．农民的终结．李培林，译．北京：社会科学文献出版社，2010.

孟德拉斯．农民的终结．李培林，译．北京．中国社会科学出版社，1991.

诺思．经济史中的结构与变迁．陈郁，罗华平，等译．上海：上海三联书店，上海人民出版社，1994.

派克．论中国//北京大学社会学人类学研究所．社区与功能：派克、布朗社会学文集及学记．北京：北京大学出版社，2002.

潘慧，章元．中国战胜农村贫困：从理论到实践．北京：北京大学出版社，2017.

潘秀玲．中国小城镇建设．北京：中国科学技术出版社，1995.

彭超．数字乡村战略推进的逻辑．人民论坛，2019（33）.

邱泽奇．农村社会学在中国：1989—1992 年．社会科学研究，1993（4）.

渠敬东，周飞舟，应星．从总体支配到技术治理：基于中国 30 年改革经验的社会学分析．中国社会科学，2009（6）.

沈费伟，叶温馨．数字乡村建设：实现高质量乡村振兴的策略选择．南京农业大学学报（社会科学版），2021，21（5）.

史敦友，段龙龙．供给侧改革视域下农村产业融合发展模式比较研究：以四川省为例．农业经济，2019（1）.

舒尔茨．改造传统农业．梁小民，译．北京：商务印书馆，1987.

宋林飞．"民工潮"的形成、趋势与对策．中国社会科学，1995（4）.

速水佑次郎．发展经济学：从贫困到富裕．李周，译．北京：社会科学文献出版社，2003.

孙庆忠．田野工作与促进生命变革的乡村研究．中国农业大学学报（社会科学版），2018，35（3）.

陶文昭．后物质主义及其在中国的发轫．毛泽东邓小平理论研究，2008（6）.

田毅鹏．乡村"过疏化"背景下城乡一体化的两难．浙江学刊，2011（5）.

图海纳．我们能否共同生存?．狄玉明，李平沤，译．北京：商务印书馆，2003.

涂圣伟．脱贫攻坚与乡村振兴有机衔接：目标导向、重点领域与关键举措．中国农村经济，2020（8）.

汪谦慎．特色资源开发、现代农业扶持与市场能力培育：革命老区岳西脱贫致富的"三元驱动"．安徽师范大学学报（人文社会科学版），2012，40（4）.

汪世荣，褚宸舸．"枫桥经验"：基层社会治理体系和能力现代化实证研究．北京：

法律出版社，2018.

王春光，BEJA J-P. 温州人在巴黎：一种独特的社会融入模式. 中国社会科学，1999
（6）.

王春光. 关于乡村振兴中农民主体性问题的思考. 社会发展研究，2018，5（1）.

王春光. 社会流动和社会重构：京城"浙江村"研究. 杭州：浙江人民出版社，1995.

王春光. 乡村建设与全面小康社会的实践逻辑. 中国社会科学，2020（10）.

王春光. 乡村振兴中的农民主体性问题. 中国乡村发现，2018（4）.

王春光. 新生代农村流动人口的社会认同与城乡融合的关系. 社会学研究，2001（3）.

王春光. 移民空间的建构：巴黎温州人跟踪研究. 北京：社会科学文献出版社，
2018.

王春光. 中国社会发展中的社会文化主体性：以40年农村发展和减贫为例. 中国社
会科学，2019（11）.

王国刚，刘彦随，王介勇. 中国农村空心化的演进机理与调控策略. 农业现代化研
究，2015，36（1）.

王洪春. 中国"民工潮"与经济发展. 社会学研究，1997（4）.

王浦劬. 国家治理、政府治理和社会治理的含义及其相互关系. 国家行政学院学报，
2014（3）.

王薇，戴姣，李祥. 数据赋能与系统构建：推进数字乡村治理研究. 世界农业，2021
（6）.

韦伯. 经济与社会：上卷. 林荣远，译. 北京：商务印书馆，1997.

温铁军，董筱丹，石嫣. 中国农业发展方向的转变和政策导向：基于国际比较研究的
视角. 农业经济问题，2010，31（10）.

温铁军. "三农"问题与制度变迁. 北京：中国经济出版社，2009.

温铁军. 我们还需要乡村建设. 开放时代，2005（6）.

温铁军. 新农村建设：挑战与反思. 理论探讨，2006（6）.

吴鹏森. "民工潮"形成原因的社会结构分析. 中国农村经济，1997（6）.

吴毅，吴淼. 村民自治在乡土社会的遭遇：以白村为个案. 武汉：华中师范大学出版
社，2003.

吴毅. 小镇喧嚣：一个乡镇政治运作的演绎与阐释. 北京：生活·读书·新知三联书
店，2018.

吴忠民. 社会矛盾倒逼型改革的来临及去向. 中国党政干部论坛，2012（4）.

吴重庆，张会鹏. 以农民组织化重建乡村主体性：新时代乡村振兴的基础. 中国农业

大学学报（社会科学版），2018，35（3）.

武力，郑有贵. 中国共产党"三农"政策思想史（1921—2013年）. 北京：中国时代经济出版社，2013.

习近平. 习近平谈治国理政：第2卷. 北京：外文出版社，2017.

夏荣静. 推进农村产业融合发展的探讨综述. 经济研究参考，2016（30）.

项飚. 社区何为：对北京流动人口聚居区的研究. 社会学研究，1998（6）.

项继权. 集体经济背景下的乡村治理：南街、向高和方家泉村村治实证研究. 武汉：华中师范大学出版社，2002.

徐勇. 中国农村村民自治. 武汉：华中师范大学出版社，1997.

颜昌盛，汪睿. 民国时期农村经济问题研究：以《乡村建设》为考察对象. 北京：商务印书馆，2018.

晏阳初. 晏阳初全集：第1卷. 天津：天津教育出版社，2013.

晏阳初. 晏阳初全集：第2卷. 长沙：湖南教育出版社，1992.

杨菊华. 生育政策包容性：理论基础、基本意涵与行动策略. 华中科技大学学报（社会科学版），2021，35（3）.

杨宜勇，赵玉峰. 积极促进我国人口长期均衡发展研究. 江淮论坛，2021（3）.

杨玉珍，黄少安. 乡村振兴战略与我国农村发展战略的衔接及其连续性. 农业经济问题，2019（6）.

叶敬忠，豆书龙，张明皓. 小农户和现代农业发展：如何有机衔接?. 中国农村经济，2018（11）.

叶敬忠. 发展的故事：幻象的形成与破灭. 北京：社会科学文献出版社，2015.

叶敬忠. "三农问题"：被夸大的学术概念及其局限. 东南学术，2018（5）.

叶敬忠. 乡村振兴战略：历史沿循、总体布局与路径省思. 华南师范大学学报（社会科学版），2018（2）.

叶敬忠，张明皓. 小农户为主体的现代农业发展：理论转向、实践探索与路径构建. 农业经济问题，2020（1）.

俞可平. 治理与善治. 北京：社会科学文献出版社，2000.

约翰逊. 经济发展中的农业、农村、农民问题. 北京：商务印书馆，2004.

张敦福. 区域发展模式的社会学分析. 天津：天津人民出版社，2002.

张海鹏，郜亮亮，闫坤. 乡村振兴战略思想的理论渊源，主要创新和实现路径. 中国农村经济，2018（11）.

张红宇，陈良彪，胡振通. 构建农业农村优先发展体制机制和政策体系. 中国农村经济，2019（12）.

张红宇，张海阳，李伟毅，等 . 中国特色农业现代化：目标定位与改革创新 . 中国农村经济，2015（1）.

张厚安，徐勇，项继权，等 . 中国农村村级治理：22 个村的调查与比较 . 武汉：华中师范大学出版社，2000.

张静 . 法团主义 . 北京：中国社会科学出版社，1998.

张静 . 基层政权：乡村制度诸问题 . 杭州：浙江人民出版社，2000.

张晓山 . 创新农业基本经营制度 发展现代农业 . 农业经济问题，2006（8）.

张晓山 . 农民专业合作社的发展趋势探析 . 管理世界，2009（5）.

赵树凯 . 纵横城乡 . 北京：中国农业出版社，1998.

赵旭东 . 从文化差异到文化自觉 . 民俗研究，2006（1）.

赵旭东 . 乡村何以振兴？：自然与文化对立与交互作用的维度 . 中国农业大学学报（社会科学版），2018，35（3）.

郑杭生 . 促进中国社会学的"理论自觉"：我们需要什么样的中国社会学？. 江苏社会科学，2009（5）.

郑杭生 . 改革开放三十年：社会发展理论和社会转型理论 . 中国社会科学，2009（2）.

郑杭生 . 中国社会学的"理论自觉". 光明日报，2009 - 10 - 20.

郑杭生 . 中国特色社会学理论的探索 . 北京：中国人民大学出版社，2005.

中国农村经济研究会 . 中国农村社会性质论战 . 上海：新知书店，1935.

中华人民共和国国家统计局 . 中国统计年鉴- 2008. 北京：中国统计出版社，2008.

中华人民共和国农业部 . 新中国农业 60 年统计资料 . 北京：中国农业出版社，2009.

钟涨宝 . 在"四个全面"布局中推进农村社会建设 . 华中农业大学学报（社会科学版），2017（4）.

周其仁 . 农村变革与中国发展 . 香港：牛津大学出版社，1994.

朱通华 . 乡镇工业与小城镇 . 北京：中国展望出版社，1985.

NEE V. The emergency of a market society：changing mechanisms of stratification in China. American journal of sociology，1996，101.

INGLEHART R. Culture shift in advanced industrial society. Princeton：Princeton University Press，1990.

REDFIELD R. The little community and peasant society and culture. Chicago：The University of Chicago Press，1973.

图书在版编目（CIP）数据

振兴之道：迈向共同富裕 / 陆益龙著 . -- 北京：
中国人民大学出版社，2024.9. --（农村社会与乡村振
兴研究丛书）. -- ISBN 978-7-300-32926-0

Ⅰ. F320.3

中国国家版本馆 CIP 数据核字第 20245244E2 号

"十四五"时期国家重点出版物出版专项规划项目

农村社会与乡村振兴研究丛书

振兴之道

迈向共同富裕

陆益龙/著

Zhenxing zhi Dao

出版发行	中国人民大学出版社			
社　址	北京中关村大街 31 号		**邮政编码**	100080
电　话	010 - 62511242（总编室）		010 - 62511770（质管部）	
	010 - 82501766（邮购部）		010 - 62514148（门市部）	
	010 - 62515195（发行公司）		010 - 62515275（盗版举报）	
网　址	http://www.crup.com.cn			
经　销	新华书店			
印　刷	唐山玺诚印务有限公司			
开　本	720 mm×1000 mm　1/16		**版　次**	2024 年 9 月第 1 版
印　张	15.75 插页 2		**印　次**	2024 年 9 月第 1 次印刷
字　数	246 000		**定　价**	79.00 元